工商管理硕士(MBA)系列

# MBA

# 财务管理

CAIWU GUANLI (第2版)

■ **主编** 谭 利　■ **副主编** 李思璇

重庆大学出版社

## 内容简介

本书根据全国工商管理硕士(MBA)教学大纲编写，采用独特的编排体系以及融知识性、实用性和可读性为一体的编写风格，以股份制公司的财务管理为背景，以财务目标为价值导向，以财务战略为整体规划，以筹资、投资、经营和分配等财务活动活动为横线，以预测、决策、预算、控制、分析等管理环节为纵线，构成纵横连贯的距阵式的系统体系，涵盖财务管理基本概念和基本理念、现值计算、风险量化、筹资管理、投资管理、营运资本管理、股利政策、风险收益权衡、资金成本、资本结构、财务杠杆、财务报表阅读与分析等内容。

本书的特点是深入浅出、内容新颖，以案例为导向，理论联系实际，每一部分都配有实例与分析，每章后面都配有相应的思维导图、练习题及解析，便于读者在掌握基本理论和方法的基础上灵活运用。

**图书在版编目(CIP)数据**

财务管理/谭利主编. —2 版. —重庆:重庆大学出版社,
2022.8
工商管理硕士(MBA)系列教材
ISBN 978-7-5689-3466-4

Ⅰ.①财…　Ⅱ.①谭…　Ⅲ.①财务管理—研究生—教
材　Ⅳ.①F275

中国版本图书馆 CIP 数据核字(2022)第 129104 号

**财务管理(第 2 版)**

主　编　谭　利
特约编辑:史　骥
责任编辑:尚东亮　　版式设计:尚东亮
责任校对:谢　芳　　责任印制:张　策

\*

重庆大学出版社出版发行
出版人:饶帮华
社址:重庆市沙坪坝区大学城西路 21 号
邮编:401331
电话:(023) 88617190　88617185(中小学)
传真:(023) 88617186　88617166
网址:http://www.cqup.com.cn
邮箱:fxk@ cqup. com. cn (营销中心)
全国新华书店经销
中雅(重庆)彩色印刷有限公司印刷

\*

开本:787mm×1092mm　1/16　印张:15.25　字数:336 千
2013 年 11 月第 1 版　2022 年 8 月第 2 版　2022 年 8 月第 2 次印刷
印数:3 001—5 000
ISBN 978-7-5689-3466-4　定价:58.00 元

# 前言

重庆大学经济与工商管理学院从 1998 年起开设工商管理硕士（MBA）课程至今已有 20 多年。在教学中编者深感目前的 MBA "财务管理"（即公司理财）课程教材的诸多不便和为难。尤其对一边工作一边攻读 MBA 学位的在职研究生而言，一本适合的教材将大大有助于他们对课程内容的掌握和运用。因此，在学院的支持和组织下，编者根据全国工商管理专业学位研究生教育指导委员会制定的"财务管理"（即公司理财）课程教学大纲的要求和多年的教学工作实践，利用教学和工作之余编写了这本教材。

本书作为重庆大学 MBA 系列教材之一，2013 年首次出版，本次修订，在第 1 版的基础上，根据财务管理学科和有关法律法规的变化，对部分内容进行了修订、更新和补充和完善；提供了许多全新、真实的企业财务管理案例资料，并进行了深度剖析，具有真实性、专题性和实用性；并且融入了编者近 8 年的教学经验和效果。

本书的主要特点如下：

第一，逻辑清晰、结构合理。全书以价值为起点，从概念、理念、理论、方法、影响因素到估值模型，由浅入深。在此基础上，进一步说明了具体财务管理活动如何影响企业价值，与实务工作密切结合。

第二，图文并茂、内容充实、逻辑严密、资料丰富、关注前沿。书中分析了新技术、全球化等发展趋势，并提供了大量资本市场相关的数据资料。

第三，集 30 年教学经验，体现了知识 + 研究 + 思政三位一体，具有内容系统、案例典型、数据翔实、计算可靠，与时俱进的特点。

第四、文字通俗、易于理解，深入浅出。

财务管理的教学和实践从未像今天这样富有挑战性。在过去的 10 多年，我们目睹了市场的深刻变革和金融工具的不断创新。我们从近年来全球信用危机中发现的，全球的金融市场比以往任何时候更加一体化。财务管理的理论和实践在快速变化，因此教学必须与之保持同步发展。

这些变化和发展对"财务管理"这一课程的教学提出了新的任

务。一方面,随着时间推移而不断变化的财务和金融实践使得"财务管理"的教学内容难以紧跟时代的步伐。另一方面,教师必须在纷繁变化的潮流中去伪存真,精选有意义的永久题材。解决这个问题的办法是强调现代财务管理理论的基本原理,并将这些原理与实例结合起来阐述,同时,越来越多地选用来自国内的实例。

本书由谭利担任主编,并负责第 1、3、4 编的编写工作;李思璇担任副主编,并负责第 2 编的编写工作。由于我国在经济转轨过程中新旧财务管理方法的交替和不断变化,加之受编者自身的研究和实践所限,书中的疏漏之处在所难免。恳请读者指正。

本书编写过程中得到重庆大学经济与工商管理学院、重庆大学出版社的热情支持和同行的帮助,在此谨向关心本书出版的人们致以诚挚的感谢!

编　者

2022 年 3 月

# 目录

## 第1编 总 论

## 第2编 投资融资与分配管理

## 第4编　财务报告阅读与分析

# 第 1 编

# 总　论

## 【开篇案例】

### 德隆集团资金链断裂

#### 一、曾经的德隆

唐万里、唐万平、唐万川、唐万新四兄弟,人称"万里平川一片新",用了18年时间一手缔造了庞大的德隆帝国,却在4个月里失去了一切。

1986年德隆创立于新疆乌鲁木齐,只是一家小型彩色照片扩印店。到2004年,公司发展成为一个跨所有制、跨行业、跨区域和跨国经营的大型产业控股与金融控股集团。其经营范围包括:一是控股与参股实业企业262家,涉及水泥、重型汽车、汽车零配件、农业及相关产业、旅游业等,其中正式控股的上市公司一度达到6家;二是先后控股与参股了20家金融机构,包括证券公司、租赁公司、信托公司、商业银行等。其鼎盛时期,共跨越14个产业,控制资产达1 200亿元。德隆的控制者唐氏兄弟曾多次对外界表示,德隆自有的资产达300多亿元。德隆一度被称为中国最大的民营企业集团。

2004年3月和4月,山东某城商行接受指令,立即收回贷给德隆的40亿元巨资,德隆危机呼啸而来。从2004年4月资金链断裂到5月底唐万新失踪,唐氏兄弟对德隆已经全局失控。4月13日,合金投资跌停,次日,新疆屯河和湘火炬也相继跌停。一直在下跌的三只股票再也得不到德隆资金的庇护,轻而易举地就将过去5年的涨幅尽数抹去,流通市值从最高峰时的206.8亿元降到2004年5月25日的50.06亿元,蒸发了156亿元之多。仅仅60天,唐氏兄弟花费18年心血缔造的庞大的德隆帝国轰然倒塌。

2004年4月,唐万里在德隆倒台之后指出,德隆在长、中、短投资组合及其对投资节奏的把握的确欠佳,只注重了横向的、内容方面的互补性的投资,而忽略了在投资节奏方面的结构安排,即长、中、短期投资的比例结构不合理,长期投资比重过大,影响了资产的流动性;更多地看重富有诱惑力的投资机会和产业整合机遇,忽视了公司高速成长带来的潜在风险。

#### 二、新疆德隆发展史

1986年德隆的前生是乌鲁木齐新产品技术开发部和天山商贸公司,最开始是以唐万新为首的几个兄弟和他们的同学朋友一起进行的一次创业实践,当时有非常多的业务,比如彩相冲扩、服装批发、食品加工、计算机销售,在今天看来只是非常单纯的一个商业实践,一个商业模型,没有多少值得探讨的,但是在20多年前的中国,人们对商品经济、金融、经营还没有清晰把握和认识的时候,这几个兄弟和他们的追随者就已经开始进行了非常前沿的市场活动,在当时这批人确实是代表了先进的生产力。

1992年新疆德隆实业公司注册成立,注册资本800万元,同时成立新疆德隆房地产公司,开始进入娱乐、餐饮和房地产的投资领域。在1992年的时候,可以看到这几个兄弟很准确地把握了中国另一个巨大的市场——房地产市场,这也可以认为他们代表了先进的生产力。

1994年,新疆德隆农牧业有限责任公司成立,注册资本1亿元,进行新疆农牧业开发。那时候,在这几兄弟的脑海里已经有了产业概念的雏形,而且已经形成农牧业开发,可见在1994年他们仍然称得上是先进生产力的代表。

1995年新疆德隆国际实业总公司成立,注册资本2亿元,设立北美联络处拓展海外业务,开始国际化运作,有了国际化运作的雏形,可见德隆在1995年之前,确实是中国民营企业的代表,在中国民营企业的发展中确实做出了不可低估的贡献,并且成了这样一批进入海洋之中的绝对试海者。

1996年受让新疆屯河法人股,组建新疆屯河集团,是德隆的一个分水岭,在其发展中有两个分水岭,这是其中之一。1986—1996年,德隆进行的是实业,唐氏四兄弟和他们的追随者深刻地领悟了企业的经营之道。经营之道中最基本的就是成本核算,收入-成本=利润,这是他们赖以生存的一个基本公式。从1996年开始,他们第一次进入了资本领域,第一次进入了资本市场。

1997年受让沈阳合金法人股,进入家用户外维护设备电动工具制造领域,同一年还受让了湘火炬法人股,进入汽车零部件制造领域。经过1996年和1997年两年的运作,德隆成了一个在资本市场上同样叱咤风云的公司,其仅仅用两年控制了3家上市公司,这也是德隆的3架马车,老三股。之后,德隆通过资本运作,虽然在以这3家上市公司为代表的庞大的中国资本市场融得了巨额的资金,得到了巨大的好处,但他们的高度持股使得他们在这3个股上深陷非常大的黑洞,这就是所谓的成也老三股,败也老三股。

德隆三大上市公司:新疆屯河、湘火炬、沈阳合金。其主营业务在德隆人主之后,扩充惊人,新疆屯河7年间,业务规模扩大到原来的19.54倍,沈阳合金6年来扩大到原来的22倍,而湘火炬的变化更惊人,6年时间里,其主营业务收入增长142倍,但利润率却成反比。1997—2003年,新疆屯河利润率从27.64%降至5.49%,沈阳合金利润率从23.18%降至6.29%,湘火炬利润率从18.62%降至2.15%。三大上市公司历年来的净利润只有14.1亿元,而产生的现金流量净额只有当期净利润的1/3不到,三大上市公司只有沈阳合金在2003年10月每股分了0.05元。6年间三大上市公司从未分红利,其实是无现金可分。可见其经营活动质量之差。

德隆产业发展模式可概括为:投资上市公司—输出产业发展战略—战略实施与监控—整合产业—提升产业价值。

德隆概念链条:并购交易完成—销售额增加—利润增加—股价上涨—价值提升—被并购交易完成。

2000—2002年,中国的资本市场经历了从高潮到低谷,继而复苏的一个过程。当时,中国股市从2 000点左右一直跌到1 000点左右,在整个增量不算的情况下,市值就蒸发了一半以上,而德隆控制了老三股以及以老三股为代表的资本市场上的很多股票,最终走上一条不归路。此时德隆的整个实业体系的踪影几乎寻觅不到了。

在前10年德隆有很好的实业盈利模型,但其在资本市场的发展非常顺利,并且取得了一些胜利的果实,使得唐氏四兄弟在资本面前头脑发热,因此在后续的8年里几乎看不到它在实业体系方面真正的发展和运作。

当时的模式:融资——并购新的强大的融资平台（通过增发、担保、抵押、质押、信用的方式）——再融资进行更大的并购（产业整合、资本运作）。德隆不断地整合，没有等待有效消化后又进行新的整合，无疑其系统风险非常大，因为金融是活跃在产业体系之上的，如果把实业理解为基础的话，金融就是其上层建筑，因此当实业体系不牢的时候，如果有任何风吹草动，比如政策的变化，金融体系危害性的放大效应是非常明显的，德隆的经营者们在之后的 8 年里过分地夸大了金融体系理性的、良性的放大效应，而过低地估计了感性的、恶性的放大效应，导致德隆最终分崩瓦解。

### 三、一夜之间灰飞烟灭

三大上市公司 6 年配股获得 8 亿多元资金，只有 4.8 亿元用于上市公司扩大生产，这对三大上市公司来讲，只是杯水车薪，而向银行大举融资以后，投入企业改造的资金 6 年相加也不足 11 亿元，而用于并购、参股等投资活动的资金却高达 60 亿元，银行融资的短期借款，高达整个融资比率的 80%，即用短期筹资的活动支撑长期活动。

事实上德隆庞大的新投入的并购投资项目，绝大部分处于吸血阶段，再加上德隆不擅长产业效益管理，使得这些项目就如一大群吸血鬼，吃掉了德隆注入的高风险的融资成本，一旦筹资活动缓慢就导致经营活动、筹资活动、投资活动三者不能有效、连续循环，最终使一个走过 18 年奋斗历史的企业在半年之内轰然倒塌。企业经营规模越大，经营模式越多元化，企业的风险就越大，一旦发生就是致命的并且是迅速的。

2004 年 10 月 5 日，国务院"德隆系金融处置工作会议"资料显示，德隆系金融机构负债达 340 亿元，案发时 200 多亿元未兑付。

2004 年 11 月，华融资产管理公司入主德隆系。

2005 年 6 月，重庆检察院指控德恒证券变相吸收资金 209 亿元，案发时 68 亿元未兑付。

2005 年 9 月，乌鲁木齐检察院指控金新信托非法吸收存款 202 亿元，主要用于炒作股票和兑付客户到期资金，案发时 43 亿元未兑付。

2006 年 4 月，唐万新被判 8 年（操纵价格 3 年＋非法吸收公众存款 6.5 年），并处 4 万元罚款。

### 四、透视

从专业财务分析角度来看，整个德隆的产业体系脆弱不堪，完全依靠银行资金堆砌而成，经营风险极大。

第一，资产负债率居高不下，借款依存度过高。2003 年年底，与净资产相比，四家公司的借款依存度均大幅超过 100%，其中新疆屯河的借款依存度高达 184%。这表明"德隆系"企业对外部借款的依赖度极大，且主要为银行短期借款，支撑结构性资产，到了欲罢不能的地步，德隆的并购完全依赖银行贷款。

第二，"德隆系"企业的银行借款主要有三个用途:借新还旧（包括短期贷款和到期利息）、进行新的扩张（投资）、覆盖新增的应收款和存货，真正用于生产经营部分的贷款很少。

第三，短贷长投，自有资金严重不足，以银行短期借款支持长期投资现象严重，资产结构严重失衡。这里有诈骗银行贷款的嫌疑，因为贷款投向与用途不符。即使在西方银行，银行提供并购用的过桥贷款，也有严格的条件，如买家必须有一定的自有资金和相应的抵押担保。

第四，在并购驱动下的资产规模扩张虽然带来了销售收入的明显增加，但是盈利能力几乎没有改善，主营业务的偿债能力与其巨额借款相比相差悬殊。从近三年的数据变化情况看，四家上市公司合计净资产增加了54.3%，而长短期借款却上升了75.2%；合计销售收入是2001年底的3.4倍，而净利润却仅增加了121%。除湘火炬外，其余三家上市公司的借款规模达到或超过其销售收入规模，也就是说，有的上市公司把当期所有的销售收入用来还债都还不够。

相应地，这些上市公司能够用于偿债的折旧摊销前利润增加并不明显，主营业务经营获取利润能力及以自身经营积累还债能力很差。主营业务经营所带来的收益与借款压力相比仍显悬殊，除天山水泥偿债期为6.4年外，其他三家公司平均都在20年左右，德隆集团整体则达到了24年，远远高于一般意义上的可接受平均水平（5年）。

第五，短期借款偿付压力巨大。整个德隆集团的营运资金需求保持在37亿元左右，营运资本却经常捉襟见肘（常常为负数）；现金支付能力缺口巨大，且缺口不断扩大（由2001年底的 −37.38亿元扩大到2003年9月底的 −51.46亿元）。

第六，业绩真实性存在疑点。仅以新疆屯河2003年的业绩为例，其前三季度净利润0.59亿元，四季度0.6亿元。但从现金流量表来看，其前三季度的固定资产折旧为0.62亿元，年报中却又减少至0.13亿元，即回吐了0.49亿元，从而"贡献"0.49亿元净利润。难道四季度的16亿元销售额只产生了0.11亿元的净利润？由此，应怀疑其业绩销售的真实性。

另外，几家上市公司和集团还有一个很重大的问题，即大量对外提供资金。德隆集团的其他应收款高达20亿元，显示出该集团复杂的关联交易资金往来关系，说明除了德隆集团及四大上市公司，还有巨额的隐性对外投资和资金运作情况。

**思考：**

（1）试分析德隆危机产生的原因。

（2）德隆发展路径带给你什么启示？

# 第1章　　财务管理概述

**学习目标**：通过本章的学习，要求学生在知识能力方面掌握财务管理内涵，建立新的财务管理理念，明确财务管理目标。理解财务管理目标从"利润最大化"到"股东财富最大化""企业价值最大化""利益相关者财富最大化"，最终到"财务资本和知识资本效用最大化"的变化，理解企业财务关系的实质。认识财务管理的本质就是利益平衡，懂得如何平衡企业的财务关系，寻求最佳解决方案。了解财务管理的对象：筹资系统、投资系统和收益分配系统。理解财务管理的内容：筹资决策、投资决策、股利决策等。了解公司治理结构与财务分层管理的关系，掌握企业财务分层管理制度安排，了解财务管理的基本职能；培养思考能力和学习习惯，在社会能力方面，培养合作能力和协调能力。

## 1.1　　财务管理概念与理念

### 1.1.1　财务管理概念

财务管理（Financial Management）是研究企业货币资源的获得和管理，即研究企业对资金的筹集、计划、使用和分配，以及与以上财务活动有关的企业财务关系。财务管理是基于企业生产经营过程中客观存在的财务活动和财务关系而产生的，它是利用价值形式对企业生产经营过程进行的管理，是企业组织财务活动、处理财务关系的一项综合性管理工作。

首先，企业的经营活动离不开资产，如长期资产——建筑物、设备和各种设施；短期资产——现金、应收账款和存货，而购置这些资产需要资金。企业可从自身经营所得中提取资金用于再投资，也可以从金融市场上以一定的价格发行股票、债券或向金融机构借贷获取资金。企业的财务管理人员在筹集资金过程中要研究和设计最优的筹资方案，使企业筹资的成本最小，所筹集的资本发挥最大的效益，从而使企业的价值最大。因此筹资决策是财务管理的研究对象。

其次，企业资本和资产有效运用于所投资的项目，包括实物资产、技术和人力资源的投入和产出是否经济、合理，投资收益是否高于成本，风险如何补偿等相关问题。企业的投资决策正确与否，直接影响到未来的净现金流量，也影响其资产的增值。因此投资决策也是财务管理中研究的重要问题。

最后，企业的一切财务活动与其外部环境息息相关。国家的经济发展周期、政府财政政策的宽松和紧缩,对企业的财务管理策略有很大影响。与企业筹资直接有关的金融市场及利率是企业财务管理必须熟悉和重点研究的领域。财务管理在企业和资本市场之间、企业和国家宏观财税政策之间的桥梁和资金转换作用是显而易见的。财务管理就是在一定的外部环境下,寻求企业资金运用尽可能有效的方法,这就需要在企业的需求与收益、成本及风险之间进行衡量,做出最终能使股东财富达到最大的决策。

随着经济的发展与社会的进步,财务管理的理念、内容、手段、方法都在不断地丰富与发展。

### 1.1.2　财务管理理念

财务管理是组织资金运动,处理有关方面财务关系的一项经济管理工作。它是一种价值管理,渗透和贯穿于企业一切经济活动之中。企业的生产、经营、进、销、存每一环节都离不开财务的反映、调控、监督和检查。财务管理是企业管理的基础,是企业内部管理的中枢。

企业的核心目标就是围绕如何以较小的消耗取得尽量大的经济效益,加强财务管理能够促进企业节约挖潜、控制费用、降低消耗;通过资金的筹集调度,合力运用资金,提高资金的使用效果,防止资金浪费;通过对存货的管理可以优化库存结构,减少存货积压,做到经济库存;通过价格的拉动,可以增加企业的收入;通过对资产的管理可以促使企业合理有效地使用国有资产,并且做到资产的保值、增值,有效地提高经济效益。

财务管理是实现企业和外部交往的桥梁。通过会计核算,对原始数据进行收集、传递、分类、登记、归纳、总结、储存,将其处理成有用的经济管理信息;然后开展财务分析,对企业财务活动的过程和结果进行评价和分析,并对未来财务活动及其结果做出预算。这一系列财务管理环节,企业能够向外界提供准确、真实的信息,从而有助于国家宏观调控、投资人合理投资、银行做出正确的信贷决策以及税务机关依法征税。

在网络经济时代,信息成为最关键的生产要素,企业的一切经济与管理活动都离不开信息。一方面,随着电子商务的迅猛发展,企业众多的业务活动都将在网上进行,如网上交易、网上结算、网上报税、网上证券投资等,财务信息将得到快速便捷的反映从而实现财务信息的实时动态处理。传统的财务计价、财务控制、结算方式等都要进行革命性的创新,以往的融资、资金管理等将成为财务管理的一个方面而不再是主要内容,信息将成为财务管理的重心。同时,信息网络化使信息传播、处理和反馈速度大大加快,谁在共享信息上抢先一步,及时有效地对内部、外部的各种信息加以选择、利用,谁就可能获得制胜优势。另一方面,全球经济一体化,各企业之间既相互竞争,又相互沟通和协作。这就要求财务所提供的数据信息不仅仅是以货币计量的财务数据,更重要的是诸如市场占有率、客户满意度、虚拟企业创建速度以反映企业竞争力方面的信息,才能在比较优势中实现经济效益最大化。

网络经济不仅使财务与业务的协同成为可能,还扩展了企业财务协同范围。财务协同不仅包括企业内部协同(如网上考勤、工资核算、预算决算等)、供应链协同(如网上询价、网上采购、网上催账等),还包括企业与社会部门的协同(如网上银行、网上保险、网上审计、网上报税等)。这就要求财务人员必须及时将企业内部各部门、各地分支机构以及与客户、供应商等每一节点发生的供、产、销、控制、预测等业务活动信息进行处理并将产生的结果反馈给业务处理系统,保证财务与业务的协同处理并集成各种管理信息,从而全面提高企业效益。

# 1.2 财务管理目标与财务关系

## 1.2.1 企业财务管理目标

企业财务管理目标又称理财目标,是指企业进行财务活动所要达到的根本目的,它决定着企业财务管理的基本方向。财务管理目标是一切财务活动的出发点和归宿,是评价企业活动是否合理的基本标准。财务管理目标也是企业经营目标在财务上的集中和概括,是企业一切活动的出发点和归宿。制定财务管理目标是现代企业财务管理成功的前提,因此,企业应根据自身的实际情况和外部市场对企业财务管理的要求,科学合理地制定财务管理目标。

企业财务管理目标具有代表性的观点有以下几种:

1)利润最大化

利润最大化目标认为:利润代表了企业新创造的财富,利润越多说明企业财富增加得越多,越接近企业的目标。但利润最大化目标存在以下缺点:

①没有明确利润最大化中利润的概念,这就给企业管理者提供了利润操纵的空间。

②不符合货币时间价值的理财原则,它没有考虑利润的取得时间,不符合现代企业"时间就是价值"的理财理念。

③不符合风险-报酬均衡的理财原则。它没有考虑利润和所承担风险的关系,增加了企业的经营风险和财务风险。

④没有考虑利润取得与投入资本额的关系。该利润是绝对指标,不能真正衡量企业经营业绩的优劣,也不利于企业在同行业中竞争优势的确立。

2)股东财富最大化

股东财富最大化是指通过财务上的合理经营,为股东创造最多的财富,实现企业财务管理目标。不可否认,该目标具有积极的意义。然而,该目标仍存在以下不足:

①适用范围存在限制。该目标只适用于上市公司,不适用于非上市公司,因此不具有代表性。

②不符合可控性原则。股票价格的高低受各种因素的影响,如国家政策的调整、国内外经济形势的变化、股民的心理等,这些因素对企业管理者而言是不可能完全加以控

制的。

③不符合理财主体假设。理财主体假设认为,企业的财务管理工作应限于每一个在经营上和财务上均具有独立性的单位组织,而股东财富最大化将股东这一理财主体与企业这一理财主体相混同,不符合理财主体假设。

④不符合证券市场的发展。证券市场既是股东筹资和投资的场所,也是债权人进行投资的重要场所,同时还是经理人市场形成的重要条件,股东财富最大化片面强调资本市场的重要性,不利于证券市场的全面发展。

### 3) 企业价值最大化

企业价值最大化是指采用最优的财务结构,充分考虑资金的时间价值以及风险与报酬的关系,使企业价值达到最大。该目标的一个显著特点就是全面地考虑了企业利益相关者和社会责任对企业财务管理目标的影响,但该目标也有许多问题:

①企业价值计量方面存在问题。首先,把不同理财主体的自由现金流混合折现不具有可比性。其次,把不同时点的现金流共同折现不具有说服力。

②不易为管理者理解和掌握。企业价值最大化实际上是几个具体财务管理目标的综合体,包括股东财富最大化、债权人财富最大化和其他各种利益财富最大化,这些具体目标的衡量有不同的评价指标,使财务管理人员无所适从。

③没有考虑股权资本成本。在现代社会,股权资本和债权资本一样,不是免费取得的,如果不能获得最低的投资报酬,股东们就会转移资本投向。

### 4) 利益相关者财富最大化

现代企业是一个由多个利益相关者组成的集合体,财务管理是正确组织财务活动、妥善处理财务关系的一项经济管理工作,财务管理目标应从更广泛、更长远的角度来找到一个更为合适的理财目标,这就是利益相关者财富最大化。但此观点也有明显的缺点:企业在特定的经营时期,几乎不可能使利益相关者财富最大化,只能做到协调化。

### 5) 财务资本和知识资本效用最大化

在网络经济时代,财务资本虽然仍是企业生存与发展必不可少的生产要素,但知识资本在整个社会进程中,特别是在可持续发展中的作用更为重要。知识资本是企业财富的主要创造力,知识资本可以控制和支配财务资本,未来社会不再是财务资本支配劳动,而是智力劳动支配财务资本。知识资本将成为企业竞争能力的重要因素。人力资源是企业生存与发展的首要因素。人力资本对经济增长的效用远大于物力资本。人力资本与物力资本一样具有产权特征,同样享有所有权、使用权、收益权和处分权。

资本形态的变化必然引起企业产权结构的变化,企业所有者投入的不仅仅是有形资本,无形资本、知识产权和对其的管理能力将比有形资本更为重要。知识资本的出现使企业的价值不再体现在企业规模的大小上,而是体现在对知识资本的拥有上。

在资本运作方面,不仅要关注财务资本的取得、运用和资本收益分配等问题,更重要的是关注知识资本。在知识资本的取得上,要关注从什么渠道用什么方式取得知识资本;在知识资本的运用上,要关注知识资本与财务资本如何结合使用,如何有效配置企业的财务资本和知识资本,提高知识资本的利用效率;在知识资本的收益分配上,要关注知识资本如何参与企业的收益分配。从这个意义上看,知识资本构成了财务管理的重要内容,而其效用则成为财务管理所追求的目标。

从"利润最大化"到"股东财富最大化""企业价值最大化""利益相关者财富最大化",最终到"财务资本和知识资本效用最大化",无疑是质的飞跃。虽然知识资本(人力资本)的管理目前还未能纳入企业财务管理系统之中,但知识资本在网络经济条件下的核心地位和主导作用将使其成为一个不可逆转的趋势。因此,企业财务管理的目标应包括知识资本的效用。

### 1.2.2 企业财务关系

企业财务关系就是企业组织财务活动过程中与有关各方所发生的经济利益关系,包括以下几方面:

1)企业与政府之间

国家作为社会管理者,担负着维护社会正常秩序、保卫国家安全、组织和管理社会活动等任务,为企业生产经营活动提供公平竞争的经营环境和公共设施等条件,为此所发挥的"社会费用",须从受益企业的生产费用中扣除,从而形成具有强制性的纳税活动。

因此,政府以收缴各种税费的形式,与企业之间产生财务关系,这是一种强制性分配关系,企业应照章纳税。

2)企业与出资者之间

企业与出资者之间的关系是指投资者向企业投入资金,企业向其支付投资报酬所形成的经济关系。

企业的所有者要按照投资合同、协议、章程的约定履行出资义务,以便及时形成企业的资本,其拥有参与或监督企业经营、参与企业剩余权益分配的权利,并承担一定的风险;同时,管理企业利用资本进行营运,对出资者承担资本保值、增值的责任,实现盈利后,应该按照出资比例或合同、章程的约定,向其所有者支付报酬。一般而言,所有者的出资不同,他们各自对企业承担的责任也不同,对企业享有的权利也不相同。

因此,企业与出资者之间的关系是风险与共和以资本保值、增值为核心的剩余权益分配的关系,体现了一种经营权与所有权之间的关系。

3)企业与债权人之间

企业与债权人之间的关系是指企业向债权人借入资金,并按借款合同的规定按时支付利息和归还本金所形成的经济关系。

企业除利用资本进行经营活动外,还要借入一定数量的资金,以便降低企业资金成本,扩大企业经营规模。企业利用债权人的资金,要按约定的利息率,及时向债权人支付利息;债务到期时,要合理调度资金,按时向债权人归还本金。

因此,企业与债权人之间的关系是建立在契约之上的债务—债权关系。

#### 4)企业与受资者之间

企业与受资者之间的关系是企业以购买股票或直接投资的形式向其他企业投资形成的经济利益关系,是体现所有权性质的投资与受资的关系。

#### 5)企业与债务人之间

企业与债务人之间的关系是指企业将其资金以购买债券、提供借款或商业信用等形式出借给其他单位所形成的经济关系。企业将资金借出后,有权要求其债务人按约定的条件支付利息和归还本金。企业与债务人之间的关系也就是债权—债务关系。

#### 6)企业内部各单位之间

企业内部各单位之间的关系是指企业内部各单位之间在生产经营各环节中相互提供产品或劳务所形成的经济利益关系。

企业在实行厂内经济核算制和企业内部经营责任制的条件下,企业供、产、销各个部门以及各个生产单位之间相互提供劳务和产品要计价结算。

这种在企业内部资金使用中的权责关系、利益分配关系与内部结算关系,体现了企业内部各单位之间的经济利益关系。

#### 7)企业与职工之间

企业与职工之间的关系是指企业向职工支付劳动报酬过程中所形成的经济关系。

职工是企业的劳动者,他们以自身提供的劳动作为参加企业分配的依据。企业根据经营者的职务能力和经营能力高低,根据一般职工业务能力和劳动业绩大小,用其收入向职工支付工薪、津贴和奖金,并按规定提取公益金等。

企业与职工之间是以权、责、劳、绩为依据在劳动成果上的分配关系。

#### 8)企业与董事会、监事会之间

董事会决定企业经营计划和投资方案,制订企业年度财务预决算、利润分配、弥补亏损和增减注册资本等方案,企业要为董事会支付董事会经费,因此,企业与董事会之间产生经济利益关系。监事会负责检查企业财务,企业执行董事会决议的一切财务收支,都要接受监事会的检查监督,同时企业也要支付一部分监事会经费,因此,也与企业产生经济利益关系。

总之,企业财务关系的实质见表1.1。

表1.1 企业财务关系的实质

| 内容 | 实质 |
| --- | --- |
| 企业与政府(税务机关) | 强制性与无偿性的分配关系 |
| 企业与出资者 | 经营权与所有权的关系 |
| 企业与受资者 | 投资与受资的关系 |
| 企业与债权人 | 债务与债权的关系 |
| 企业与债务人 | 债权与债务的关系 |
| 企业内部各单位 | 内部各单位之间的利益关系 |
| 企业与职工 | 劳动成果的分配关系 |
| 企业与董事会、监事会 | 董事、监事的利益关系 |

财务管理的本质就是平衡各方利益,协调各方矛盾,如图 1.1 所示。

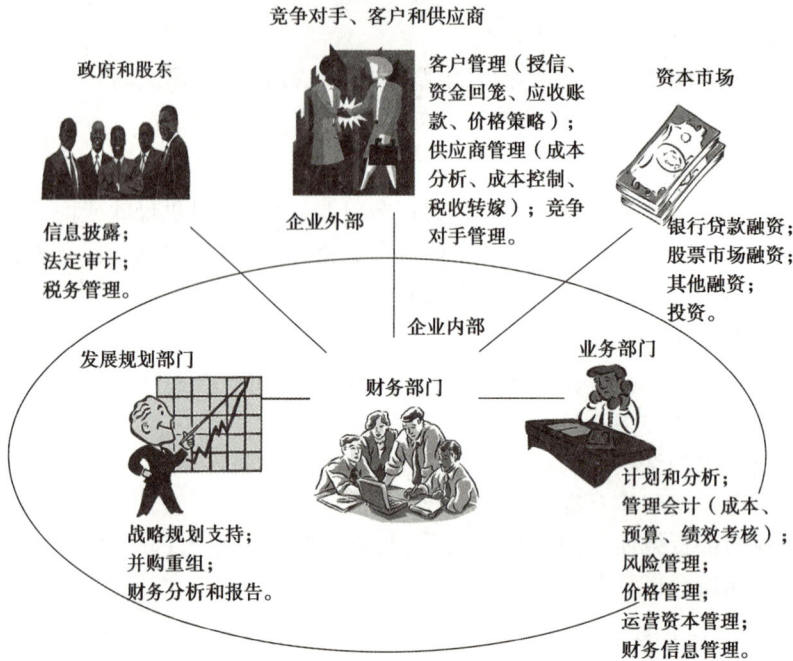

图 1.1　财务管理的本质:利益平衡

### 1.2.3　股东与经营者、债权人之间的冲突与协调

股东与经营者、债权人之间的冲突与协调见表 1.2。

表 1.2　股东与经营者、债权人之间的冲突与协调

| 项目 | 冲突 | 表现 | 协调方法 |
|---|---|---|---|
| 股东和经营者之间的冲突与协调 | 股东和经营者的目标并不完全一致。股东的目标是使企业财富最大化,经营者的目标是享受在职消费和避免风险 | 经营者背离股东目标的表现,主要体现为道德风险和逆向选择 | 协调方法是监督和激励。最佳的解决办法是:力求使监督成本、激励成本和偏离股东目标的损失三者之和最小 |
| 股东和债权人之间的冲突与协调 | 债权人希望到期安全收回本金和利息;而股东由于其承担有限责任,在总资产报酬率高于借款利息率的前提下,希望进一步扩大负债,以充分发挥负债筹资的财务杠杆效应,以争取更高的权益净利率 | ①股东不经债权人的同意,投资比债权人预期风险要高的新项目;<br>②股东为了提高公司的利润,不征得债权人的同意而指使公司管理者发行新债,致使旧债的价值下降,使旧债权人蒙受损失 | 债权人防止其利益被损害的方法,除了寻求立法保护外,通常采取以下措施:<br>①在借款合同中加入限制性条款,如规定资金的用途,规定不得发行新债或限制发行新债的数额等;<br>②发现公司有损害其债权意图时,拒绝进一步合作,不再提供新的借款或提前收回借款 |

股东与经营者、债权人之间的冲突与协调如图 1.2 所示。

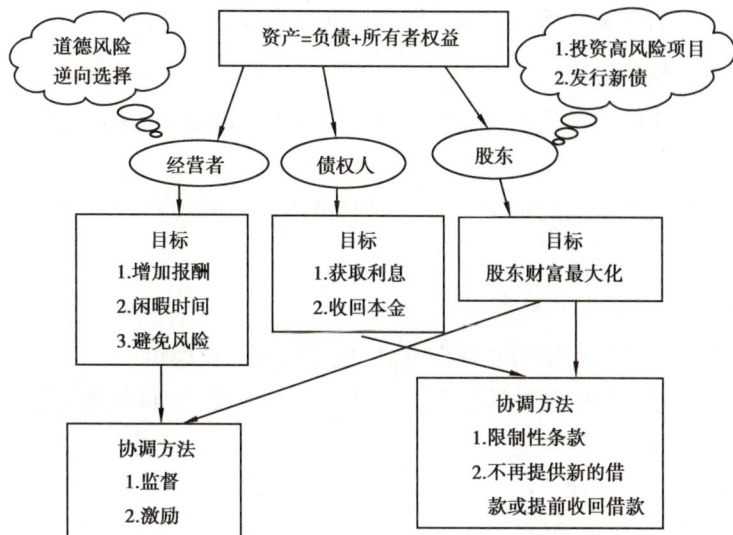

图 1.2　股东与经营者、债权人之间的冲突与协调

监督成本、激励成本和偏离股东目标的损失之间此消彼长,相互制约。股东要权衡轻重,力求找出能使三项之和最小的解决办法,这就是最佳的解决办法。

# 1.3　财务管理对象与内容

财务管理的对象是企业资金运行系统,包括筹资系统、投资系统和收益分配系统。财务管理的内容是财务管理对象的具体内容,主要包括筹资决策、投资决策、股利决策三个方面。

## 1.3.1　筹资决策

筹资是筹集资金。筹资决策要解决的问题是如何取得企业所需要的资金,包括向谁、在什么时候、筹集多少资金。筹资决策是指企业对各种筹资方式的资金代价进行比较分析,使企业资金达到最优结构的过程,也是为满足企业融资的需要,对筹资的途径、筹资的数量、筹资的时间、筹资的成本、筹资风险和筹资方案进行评价和选择,从而确定一个最优资金结构的分析判断过程。筹资决策的核心,就是在多种渠道、多种方式的筹资条件下,如何利用不同的筹资方式力求筹集到最经济、资金成本最低的资金来源,其基本思想是实现资金来源的最佳结构,其核心是在多渠道、多种筹资方式条件下,力求筹集到最经济、资金成本最低的资金来源。筹资决策的基本方法有三种:一是比较筹资代价法,包括比较筹资成本代价、比较筹资条件代价、比较筹资时间代价等;二是比较筹资机会法,包括比较筹资的实施机会,比较筹资的风险程度;三是比较筹资的收益与代价法,如果筹资项目预期经济效益大于筹资成本，则该方案可行。

可供企业选择的资金来源形式按不同的标准分为以下两种。

1）权益资金和借入资金

权益资金是企业股东提供的资金。它不需要归还，筹资的风险小，但其期望的报酬率高。

借入资金是债权人提供的资金。它要按期归还，有一定的风险，但其要求的报酬率比权益资金低。

2）长期资金和短期资金

长期资金是企业可长期使用的资金，包括权益资金和长期负债。

短期资金一般是一年内要归还的短期借款。一般来说，短期资金的筹集应主要解决临时的资金需要。

筹资决策的程序步骤如下：

①明确投资需要，制订筹资计划。

②分析寻找筹资渠道，明确可筹资金的来源。

③计算各个筹资渠道的筹资成本费用，即计算筹资费用率——每1万元资金所需筹资成本。

④分析企业现有负债结构，明确还债风险时期。

⑤分析企业未来现金收入流量，明确未来不同时期的还债能力。

⑥对照计算还债风险时期，在优化负债结构的基础上，选择安排新负债。

⑦权衡还债风险和筹资成本，拟订筹资方案。

⑧选择筹资方案，在还债风险可承担的限度内，尽可能选择筹资成本低的筹资渠道以取得资金。

### 1.3.2　投资决策

投资是以收回现金并取得收益为目的而发生的现金流出。投资决策是指投资者为了实现其预期的投资目标，运用一定的科学理论、方法和手段，通过一定的程序对投资必要性、投资目标、投资规模、投资方向、投资结构、投资成本与收益等经济活动中重大问题所进行的分析、判断和方案选择。企业的投资决策，按不同的标准可以分为以下两种。

1）项目投资和证券投资

项目投资是把资金直接投放于生产经营性资产，以便获取营业利润的投资。

证券投资是把资金投放于金融性资产，以便获取股利或者利息收入的投资。

2）长期投资和短期投资

长期投资是影响所及超过1年的投资。长期投资又称资本性投资。用于股票和债券的长期投资，在必要时可以出售变现，而较难以改变的是生产经营性的固定资产投资。长期投资有时专指固定资产投资。

短期投资是影响所及不超过 1 年的投资,短期投资又称为流动资产投资或营运资产投资。

企业投资决策的程序如下:

①确定投资目标。确定企业投资目标是投资决策的前提。

②选择投资方向。在明确投资目标后,就可以进一步拟订具体的投资方向。

③制订投资方案。在决定投资方向之后,就要着手制订具体的投资方案,并对方案进行可行性论证。

④评价投资方案。主要是对投资风险与回报进行评价分析,由此来断定投资决策方案的可靠性。

⑤投资项目选择。投资项目必须由相应一级的人来承担责任,把责任落实到具体的人,这样便于投资项目的进行。

⑥反馈调整决策方案和投资后的评价。根据环境和需要的不断变化,对原先的决策进行适时调整,从而使投资决策更科学合理。

### 1.3.3 股利分配决策

股利分配是在公司赚得的利润中,将一部分作为股利发放给股东,另一部分留在公司作为再投资。股利分配决策是企业对有关股利分配事项的决策。企业将取得的利润按照国家规定做相应的调整,依法交纳所得税后,才能对税后净利润进行分配。

按照我国公司法的有关规定,股利分配应按下列顺序进行:

①计算可供分配的利润。将本年净利润(或亏损)与年初未分配利润(或亏损)合并,计算出可供分配的利润。如果可供分配的利润为负数(即亏损),则不能进行后续分配;如果可供分配的利润为正数(即本年累计盈利),则进行后续分配。

②计提法定盈余公积金。按抵减年初累计亏损后的本年净利润计提法定盈余公积金。提取盈余公积金的基数,不是可供分配的利润,也不一定是本年的税后利润。只有不存在年初累计亏损时,才能按本年税后利润计算应提取数。这种"补亏"是按账面数字进行的,关键在于不能用资本发放股利,也不能在没有累计盈余的情况下提取盈余公积金。

③计提公益金。

④计提任意盈余公积金。

⑤向股东(投资者)支付股利(分配利润)。

股利分配程序如图 1.3 所示。

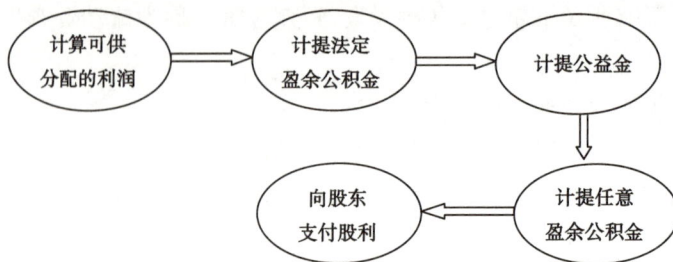

图 1.3　股利分配程序

# 1.4　财务管理组织与职能

财务分层管理是企业财务管理的有效模式。从公司治理结构看,公司财务是分层的,即财务管理的主体及其相对应的职责、权力是不同的。公司治理结构与财务分层管理具体可分为三个层次,如图 1.4 所示。

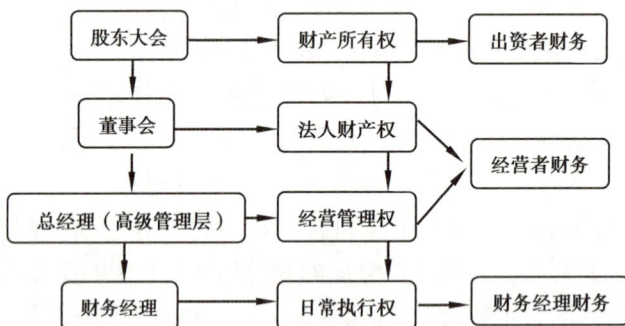

图 1.4　公司治理结构与财务分层管理

第一层次:出资者财务。

产权关系明晰是现代企业制度的基本特征,从公司治理结构看,股东(大会)、董事会、经理层分别在公司内部拥有相互联系又相互制约的权、责、利关系。而这就要求公司具有独立于出资者的法人地位,出资者保留了终极所有权,企业得到了法人所有权和经营权。在这种情况下,出资者就和董事会及经理层之间形成了公司财务的第一个层次——出资者财务。出资者财务约束机制的目标是要求企业管理者提供真实、完整、及时的会计信息,监督管理者的经营管理行为,做出正确的投资决策,实现资本的保值增值。

第二层次:经营者财务。

在公司法人内部,董事会行使法人财产权和直接经营权,全面而直接地参与对公司重大财务事项的决策和管理,从而具有了财务自主权。一方面,由于出资者财务管理是一种监控机制而不是决策机制,资本保值增值的目标主要通过经营者所实际控制的资金运行来实现,以完成出资者的委托;另一方面,董事会和企业经理人员之间发生相应的委托代理关系,董事会通过各种手段控制和协调其中的经济利益关系,以保证企业价值最大经营目标的实现。因此,这又形成一个相对独立的以董事会为管理主体的企业财务层次——经营者财务。董事会财务约束机制的目标主要是保证计划、投资方案、财务预决算方案、利润分配方案等科学、合理、有效地实施,完成出资者的委托责任,实现企业价值最大化。

第三层次:经理财务。

出资者的最终目标要通过董事会的财务决策、组织和协调来实现,而经营者财务的决策和协调又要通过经理和财务人员的具体操作来落实。企业经理人员由董事会委托,经理和财务人员行使的是财务决策事项的执行权与日常管理权,这样就形成了传统意义上的第三层次以经理为管理主体的企业财务层次——经理财务。经理财务约束机制的目标主要是建立经营风险控制系统、保护企业财产安全完整、确保国家有关法律法规和企业内部规章制度的贯彻执行,以实现董事会的财务管理战略和财务决策。

企业财务分层管理制度安排见表1.3。

表1.3　企业财务分层管理制度安排

| 财务管理主体 | 管理对象 | 管理目标 | 管理特征 |
| --- | --- | --- | --- |
| 出资者财务 | 资本 | 资本保值 | 间接控制 |
| 经营者财务 | 法人资产 | 法人资本的有效配置 | 决策控制 |
| 财务经理财务 | 现金流转 | 现金收益性的提高 | 短期经营 |

虽然上述三个层次的内容在整个公司治理中各有侧重,但它们的最终目标是一致的,即实现股东财富(企业价值)最大化,而它们之间的辩证统一是实施有效公司治理的关键。

财务职能是指财务本身所具有的固有功能。按企业资金运动及其所体现的经济关系,表现为筹资、投资、回收、分配等过程中的管理职能,具体包括财务预测、财务决策、财务计划、财务控制、财务分析等职能。传统的财务管理职能理论在引入产权思想后,便以财务分层理论为基础,因此从财务管理主体(所有者和经营者)角度来研究财务管理职能更具科学性,从该角度定义的财务管理职能更倾向于使所有者和经营者为实现企业目标而共同进行的财务管理所具有的职能。所有者的财务职能为决策、监督、调控,经营者的财务职能为组织、协调和控制。

### 1.4.1　所有者的财务职能

1)决策职能

决策是指企业财务人员根据企业经营目标和财务管理目标的总体要求,从若干个可供选择的财务活动方案中选择最优方案的过程。

财务决策程序一般包括:

①确定财务决策目标。

②制订可实现目标的各种方案。

③评价和比较各种方案。

④确定实现目标的最优方案。

2）监督职能

监督职能涉及资金流动的每一个环节，除通常对资金、成本费用、利润等的计划完成情况的总体监控外，还涉及对资金流出和费用耗费的具体业务项目的监督，即包括对企业相关内部部门、相关业务及管理层的监督，也就是从财务专业的角度，从企业整体利益出发，判断业务项目的合理性、合法性、合规性。监督是保证企业财务活动的有效性和财务关系处理合理性的重要手段，是国家财税监督、信用监督和其他宏观经济监督措施得以落实到企业的重要桥梁。

3）调控职能

财务作为一种经济机制对再生产过程具有调控功能。财务作为资金的投入活动，资金投入的规模与方向，一方面受制于生产经营要素形成的规模与结构，另一方面当资金筹集量（可供量）一定时，为执行资产所有者调整结构的决策或贯彻国家有关宏观调控的政策措施，通过资金投向与投量的调整，使企业原有的生产规模与经济结构（技术结构、产品结构等）发生调整，这是财务调控职能的主要内容。在生产经营成果的形成与实现方面，财务作为企业资金的投入活动，通过优化资金配置，进而调节资源配置，达到提高经济效益的目标，这也是财务调控职能的重要内容。发挥财务调控职能，是调整企业经济行为并使之合理化的重要手段，也是国家宏观调控政策作用于企业微观活动的重要连接桥梁。

### 1.4.2　经营者的财务职能

1）组织职能

组织是为了达到某些特定目标经由分工与合作及不同层次的权力和责任制度而构成的集合。组织职能是指按财务计划对企业的活动及其生产要素进行的分派和组合。组织职能对发挥集体力量、合理配置资源、提高劳动生产率具有重要的作用。管理学认为，组织职能一方面是指为了实施计划而建立起来的一种结构，该种结构在很大程度上决定着计划能否得以实现；另一方面是指为了实现计划目标所进行的组织过程。

2）协调职能

协调职能是指组织领导者从实现组织的总体财务目标出发，依据正确的政策、原则和工作计划，运用恰当的方式方法，及时排除各种障碍，理顺各方面关系，促进组织机构正常运转和工作平衡发展的一种管理职能。

3）控制职能

控制职能是指在财务管理中，通过特定手段调节和指导企业的财务活动，以保证企业计划财务目标的实现。财务控制的方式主要有以下几种：

①防护性控制，即在财务活动发生之前，通过建立合理的组织结构、科学的职责分工和完善的规章制度，保证财务目标的实现。

②前瞻性控制，即采用科学的方法，对财务运行系统进行监督，预测可能出现的偏差，以便及时采取相应财务措施，消除偏差。

③反馈性控制，即对财务活动的运行结果进行追踪、记录和计量，及时发现实际与计划之间的差异，确定差异产生的原因，并采取纠正措施消除差异，避免以后出现类似的问题。反馈性控制是在财务管理中最常用的方法。

### 1.4.3　财务的创新职能

财务管理的职能在决策、监督、调控、组织、协调和控制的基础上，必然要进行创新。这样才能使财务管理的职能由传统管理转向现代管理、由生产管理转向风险管理、由面向过去转向面向未来，在企业的经营管理中发挥更为重要的作用。创新职能主要包括以下几方面。

#### 1）资本运营、资源配置职能

资本运营、资源配置职能是指企业可以通过资本运营，将本企业的各类资本和资源与其他企业的资本进行流动与重组，实现生产要素的优化配置和产业结构的动态重组，使企业的运行处于最佳状态，提高资本运营效率，实现自有资本的不断增值。比如，通过资产和债务重组、资产股权置换，以及资产剥离等形式，盘活不良资产，优化资本结构，提高资产质量；通过借壳上市整合企业资源、降低成本，或迅速上市筹集资金以进行并购重组，壮大公司的规模和实力，实现产业结构的日趋合理；进入新兴行业培育新的经济增长点；达到规模经营，实现经营协同、管理协同、财务协同和价值协同。

#### 2）财务分析预测职能

财务分析预测职能需要企业从两个方面进行财务分析：一方面运用财务指标分析体系了解企业的偿债能力、营运能力、获利能力、成长能力等；另一方面运用杜邦财务分析体系进行企业综合财务分析，运用计量学和模糊数学的思想工具，综合剖析经营管理中的薄弱环节，以及存在的问题，以便提出确实可行的弥补措施，减少企业运营风险。财务预测分析除了评价企业过去的经营业绩、了解企业目前的财务状况外，更主要的是预测企业未来的发展趋势，降低决策的盲目性，提高数据的精确性，为实现财务管理目标提供保证。

#### 3）财务信息服务职能

在信息时代，客观上要求企业的财务职能具备财务信息的收集、储备、处理和服务职能。如果企业信息化管理落后，财务部门不能及时准确地为管理者提供可靠的决策支持，则会导致企业的财务风险增加，因此要求企业的财务管理工作者具备丰富的知识和经验，保证有价值的信息能在系统内部实现资源共享，为企业的财务决策提供支撑和服务。

#### 4）财务风险管理职能

财务风险是企业在整个财务活动过程中，由于各种不确定性而遭受损失的机会和可能。企业应依托财务管理，建立风险预警模型，通过对经营杠杆系数、财务杠杆系数和复合杠杆系数等预警指标的计算、分析和识别可能出现的经营风险、财务风险和综合风险等，恰当评估所面临风险的发生概率、风险强度、风险分布、可能造成的损失，积极采取回避、转移或分散风险等风险防范控制，增强企业自身的环境适应能力、应变能力和抗风险能力，实现企业价值最大化。

本章思维导图          练习题          习题答案及解析

# 第2章　财务管理的基本理论

**学习目标:** 通过本章的学习,要求学生在知识能力方面理解和掌握资金的时间价值概念和决定因素,理解并掌握现值、终值、年金、单利、复利、预付年金、递延年金、永续年金的计算;理解利率制定的依据,了解名义利率与实际利率并能用于决策,了解通货膨胀率的原因和类型及其对财务决策的影响,理解风险的概念,了解和掌握风险与报酬的关系;了解财务管理方面有关竞争环境的原则、有关创造价值的原则、有关财务交易的原则;了解资本结构的净收益理论、营业收益理论、MM 理论、权衡模型理论。培养思考能力和学习习惯,在社会能力方面,培养合作能力和协调能力。

## 2.1　资金时间价值

所有的财务活动都是在一定的时间空间内进行的,财务活动从开始到终结,都会经历一定的时间,理财是面向未来的,现值与终值是连接价值世界的两个端点,资金时间价值原理描述的是两者之间的换算关系。

### 2.1.1　资金时间价值的概念

资金时间价值,也称货币时间价值,是指现在的资金比将来的资金有更高的价值。资金时间价值是现代财务管理的基础观念之一,因其非常重要并且涉及所有理财活动,被称为理财的"第一原则",在财务实践中被广泛应用。例如,甲企业拟购买一台设备,以现付方式付款,其价款为 20 万元;若延期 5 年后付款,则价款为 25 万元。假设企业 5 年期存款年利率为 8%,该企业目前已筹集到 20 万元资金,暂不付款,存入银行,按单利计算。试问现付同延期付款比较,哪种更有利? 由于这两种付款方式处于不同的时间点,因此要判断哪种付款方式支付的资金更少,就必须考虑资金时间价值。

1) 资金时间价值含义

资金时间价值是指现金经过一定时间的投资和再投资而增加的价值。在商品经济中,有这样一种现象:现在的 1 元钱和 1 年后的 1 元钱,其经济价值不相等,或者说其经济效用不同。现在的 1 元钱比 1 年后的 1 元钱的经济价值更大一些,即使不存在通货膨胀也是如此。为什么会这样呢? 例如,将现在的 1 元钱存入银行,1 年后可得到 1.10 元。这就是资金时间价值。也就是说,资金时间价值是在资金的使用中因时间因素而形成的差额价值,是资金在生产过程中带来的增值额。

随着时间的推移，周转使用中的资金价值发生了增值。现在的1元钱和将来的1元多钱甚至是几元钱在经济上是等效的。换一种说法，就是现在的1元钱和将来的1元钱经济价值不相等。资金在周转使用中为什么会产生时间价值呢？这是因为任何资金使用者把资金投入生产经营以后，劳动者借以生产新产品，创造新价值，都会带来利润，实现增值。周转使用的时间越长，所获得的利润越多，实现的增值额越大。因此资金时间价值的实质，是资金周转使用后的增值额，资金由资金使用者从资金所有者处筹集来进行周转使用以后，资金所有者要分享一部分资金的增值额。

在实务中，人们习惯使用相对数字表示货币时间价值，即用利息率（增加价值占投入货币的百分数）来表示。利息率的实际内容是社会资金利润率。各种形式的利息率（贷款利率、债券利率等）的水平是根据社会资金利润率确定的。但是，一般的利息率除了包括资金的时间价值因素以外，还包括风险价值和通货膨胀因素；资金时间价值通常被认为是在没有风险和没有通货膨胀条件下的社会平均利润率，这是利润平均化规律作用的结果。

资金时间价值通常是评价投资方案的基本标准。根据本章开头所举的例子，甲企业5年后的本利和为：20万元×(1+8%×5)=28万元。这就说明，今年年初的20万元，5年以后价值提高到了28万元了，同25万元比较，企业尚可得到3万元（28万元-25万元）的利益。可见，延期付款25万元比现付20万元更为有利。由于不同时间单位货币的价值不相等，因此不宜将不同时间的货币收入直接进行比较，而需要把它们换算到相同的时间基础上，才能进行大小的比较和比率的计算。

### 2）现金流量时间线

现金流量时间线是资金时间价值分析中最重要的工具之一，有助于特定状况下现金流量的分析与理解。下面用图解的方式说明资金时间线的概念（图2.1）。

图2.1 资金时间线

0代表第一期开始，1表示第一期期末，2为第二期期末，以此类推，图上的4代表第四期期末。时期可以是年、半年、季、月或者天。注意：图上的各数字既代表一个时期的期末，又代表下一个时期的开始。也就是说，数字1既代表第一期期末，又代表第二期期初（图2.2）。

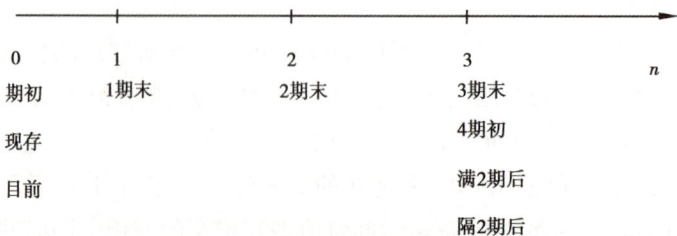

图2.2 资金时间线

将各期的现金流量标注在时间线上方,利率标注在时间线上,用问号表示未知或需要求解的现金流量,就构成了现金流量时间线。

如图 2.3 所示,四个时期的利率均为 10%;第一期、第二期、第三期、第四期期初分别发生了 50 元的现金流入(现金流出用负号表示,现金流入用正号或不用任何符号表示),第五期期初(第四期期末)没有发生现金流动。

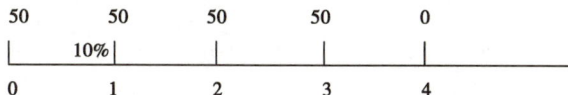

```
50        50        50        50        0

|         |         |         |         |
    10%
0         1         2         3         4
```

图 2.3　现金流量时间线

在思考简单问题的时候,可以不用时间线。但是在处理复杂问题的时候,时间线会很有帮助,可以直接和更准确地把握问题的各个细节,减少错误发生的可能。

### 3)资金时间价值的决定因素

资金时间价值的大小取决于多个方面,从投资者的角度来看,主要有以下三个方面:

①投资利润率,即单位投资所能取得的利润。

②通货膨胀因素,即对因货币贬值造成的损失所做出的补偿。

③风险因素,即对因风险的存在可能带来的损失所做出的补偿。

具体到一个企业来说,由于对资金这种资源的稀缺程度、投资利润率及面临的风险各不相同,相同的资金量其资金时间价值也会不同。

## 2.1.2　货币的时间价值计算

由于货币时间价值的存在,现在的 1 元与 1 年后的 1 元是不等效的。因此,需要把不同时点产生的现金流量调整到一个统一的时点,以便做出客观真实的评价。我们首先要了解不同时点上现金流量现值和终值的含义,掌握货币时间价值的计算方法,这是一项非常基础的技能,并且是对不同类型的投资和融资计划进行分析的理论基础。首先我们要了解两个基本的概念:终值和现值。

### 1)终值和现值

终值是指一定数量的本金按照某个既定的利率计算所得到的某个未来时间点的价值,即本利和,通常记为 $F$。假定你在年利率为 5% 的储蓄账户上存入了 1 000 元进行投资,那么一年后你将有多少钱?你将得到 1 050 元。这 1 050 元就是你原有的本金 1 000 元再加上这一年的利息 50 元,就是 1 000 元的本金在年利率为 5% 时的一年期终值。

现值是指未来某一时点一定量的资金折合到现在的价值,或者说为了在将来取得一定的终值,现在所需要存入的本金,称为货币的现值,通常记为 $P$。假设你明年需要 4 000 元买一台新电脑,利率为 5%。现在你应该准备多少钱投资?这时只需把计算终值的过程颠倒一下,即 4 000 元 ÷ (1 + 5%) = 3 809.5 元。

现在我们只是考虑了一年利率的简单计算,在单利和复利情况下,多个期间的终值和现值的计算方法是不同的。

为了便于说明,本书中假设下列符号的意义如下:$P$ 为本金,又称期初额或现值;$i$ 为利率或者折现率、贴现率;$I$ 为利息;$n$ 为期数;$F$ 为终值,即本金和利息之和(图2.4)。

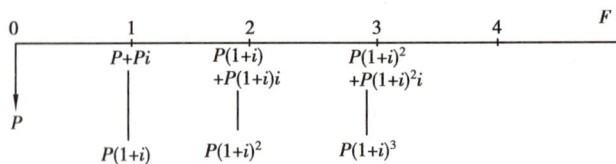

图2.4　现值终值关系图

### 2)单利的计算

（1）单利利息

所谓单利,就是指不管存入的时间多长,每一期所产生的利息均不计入本金计算后面各期的利息。

单利的利息公式如下:

$$I = P \times i \times n$$

【例2.1】　某企业有一张带息票据,面额40 000 元,票面利率为6%,出票日期3 月1 日,到期日9 月1 日,则到期日利息为

$$I = 40\ 000\ 元 \times 6\% \times \frac{6}{12} = 1\ 200\ 元$$

（2）单利终值

单利终值的计算公式为

$$F = P + P \times i \times n = P \times (1 + i \times n)$$

【例2.2】　假设例2.1带息票据到期,则该票据的终值为

$$F = 40\ 000\ 元 \times \left(1 + 6\% \times \frac{6}{12}\right) = 41\ 200\ 元$$

（3）单利现值

单利现值与单利终值互为逆运算,由终值求现值可以用求本金的方式计算,在财务管理中称为"贴现"。其计算公式为

$$P = \frac{F}{1 + i \times n}$$

【例2.3】　假设银行存款年利率为6%,5 年后要从银行取出50 000 元,现在需要存入多少钱?

$$P = \frac{50\ 000\ 元}{1 + 6\% \times 5} \approx 38\ 462\ 元$$

### 3)复利的计算

复利,即复合利息计算法,是指在整个投资期内,本金及利息都要产生利息的一种计息方式;按照这种方法,每经过一个计息期,都要将所产生的利息计入本金再计算利息,

逐期滚算,俗称"利滚利"。

（1）复利终值

复利终值是指一定量的本金按复利计算若干期后的本利和。公式为

$$F = P(1 + i)^n$$

式中　$F$——终值;

　　　$P$——现值;

　　　$(1 + i)^n$——复利终值系数,记为$(F/P, i, n)$。

【例2.4】　某人存入银行100 000元,若银行存款利率为5%,采用年复利计息,5年后的本利和是多少?

复利终值:$F = P(1 + i)^n$,其中$(1 + i)^n$为复利终值系数,记为$(F/P, i, n)$。

$$F = 100\ 000\ 元 \times (1 + 5\%)^5$$

或

$$F = 100\ 000\ 元 \times \left(\frac{F}{P}, 5\%, 5\right)$$

$$= 100\ 000\ 元 \times 1.276\ 3$$

$$= 127\ 630\ 元$$

（2）复利现值

复利现值是若干期后一定量资金折现到现在的金额。公式为

$$P = \frac{F}{(1 + i)^n}$$

式中　$P$——现值;

　　　$F$——终值;

　　　$1/(1 + i)^n$——复利现值系数,记为$(P/F, i, n)$。

【例2.5】　某人存入一笔钱,想5年后得到200 000元,若银行存款利率为5%,采用年复利计息,问现在应存入多少?

复利现值:$P = \dfrac{F}{(1 + i)^n} = F \times (1 + i)^{-n}$,其中$(1 + i)^{-n}$为复利现值系数,记为$(P/F, i, n)$。

$$P = \frac{200\ 000\ 元}{(1 + 5\%)^5} \approx 156\ 705\ 元$$

### 2.1.3　年金终值和现值的计算

年金是指在利率不变的情况下,一定时期内每次等额收付的系列款项,即指一种等额的连续的款项收付,通常记作$A$。如某人向银行申请10年按揭贷款,采用等额本息还款方式,每个月向银行支付的固定还款额就是年金的具体应用。

年金的基本特征有以下三个:等额收付款项,即每个期间收付款项的金额是相同的;连续的一个系列,至少是两个以上;收付款项的间隔时间相同,可以是一个月、一个季度、半年、一年等。

年金按照其每次收付款项发生的时点不同,可以分为普通年金、预付年金、递延年

金、永续年金等类型。

1）普通年金

普通年金指从第一期开始，每期期末等额收付的年金，如图2.5所示。

图2.5　普通年金收付形式

（1）普通年金终值的计算

【例2.6】　每年存款1元，年利率为10%，经过3年，年金终值如图2.6所示。

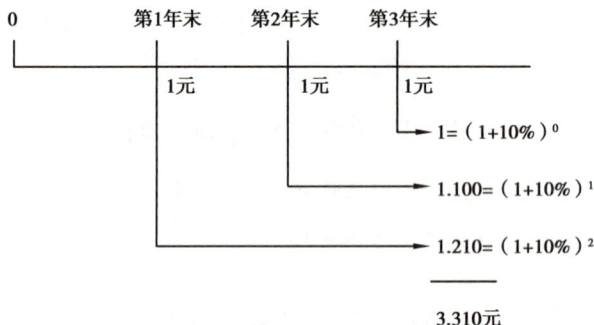

图2.6　1元年金3年的终值

普通年金终值的计算公式为

$$FVA_n = A(1+i)^0 + A(1+i)^1 + A(1+i)^2 + \cdots + A(1+i)^{n-2} + A(1+i)^{n-1}$$

$$= A \times \sum_{i=1}^{n} (1+i)^{n-1} = A \times \frac{(1+i)^n - 1}{i}$$

式中，$\frac{(1+i)^n - 1}{i}$ 是普通年金终值系数，可缩写为 $(F/A, i, n)$，可查1元年金终值表获得。

（2）普通年金现值的计算

普通年金现值的计算是指为在期末取得相等金额的款项，现在需要投入的金额。

【例2.7】　每年取得收益1元，年利率为10%，为期3年，年金现值如图2.7所示。

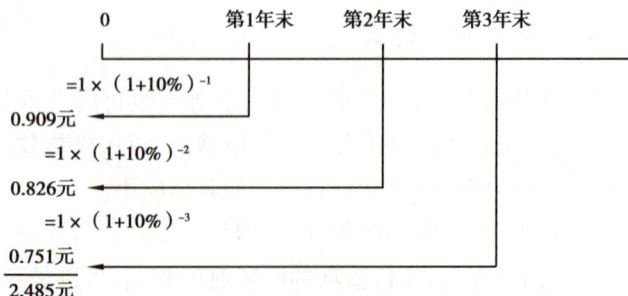

图2.7　1元年金3年的现值

年金现值的一般公式为

$$PVA_n = A \times \frac{1}{(1 + 10\%)^1} + A \times \frac{1}{(1 + 10\%)^2} + \cdots + A \times \frac{1}{(1 + 10\%)^{n-1}} + A \times \frac{1}{(1 + 10\%)^n}$$

$$= A \times \sum_{i=1}^{n} \frac{1}{(1 + 10\%)^n} = A \times \frac{1 - (1 + i)^{-n}}{i}$$

式中，$\dfrac{1 - (1 + i)^{-n}}{i}$是年金现值系数，可简写成$(P/A, i, n)$，则普通年金现值的计算公式可写为 $PVA_n = A \times (P/A, i, n)$。

【例2.8】 某人出国 3 年，拟请人代付房租，每年租金 100 元，设银行存款利率为 10%，现在应在银行存多少钱?

$$P = A \times (P/A, 10\%, 3) = 100 \text{元} \times 2.487 = 248.7 \text{元}$$

【例2.9】 某企业拟购柴油机更换现有的汽油机，每月可节省燃料费 60 元，但柴油机价格较汽油机高 1 500 元，问柴油机应使用多少年才划算(假设利率 12%，每月复利一次)。

$$P = 1\,500 \text{元}, A = 60 \text{元}$$

$$1\,500 \text{元} = 60 \text{元} \times \left(\frac{P}{A}, 12\%, n\right) = 25$$

查表得 $n = 29$ 个月。

(3)与普通年金求终值和现值相联系的问题

①偿债基金与偿债基金系数。

偿债基金:已知年金的终值，通过普通年金终值公式的逆运算求每一年年末所发生的年金 $A$，这个求出来的年金 $A$ 就称为偿债基金。

年偿债基金的计算:

$$A = F \times \frac{1}{(F/A, i, n)}$$

偿债基金系数:普通年金终值系数的倒数是偿债基金系数，记为$(A/F, i, n)$。

【例2.10】 20 年后预计需要 100 万元用于某一个投资项目，假设银行的借款利率是 5%，那么从现在开始，每年的年末应该至少在银行存入多少钱，才能够确保第 20 年的时候正好可以从银行一次性地取出 100 万元。

$$每年存入的金额 = 100 \text{万元} \times (A/F, 5\%, 20)$$

$$= 100 \text{万元} \div (F/A, 5\%, 20)$$

$$= 100 \text{万元} \div 33.066$$

$$= 3.02 \text{万元}$$

②年资本回收额与资本回收系数。

普通年金现值的计算公式:

$$P = A \times (P/A, i, n)$$

年资本回收额是年金现值的逆运算:

$$A = P \times \frac{i}{1 - (1 + i)^{-n}}$$

式中　$A$——年资本回收额；

$\dfrac{i}{1 - (1 + i)^{-n}}$——资本回收系数，记为$(A/P, i, n)$。

资本回收系数是普通年金现值系数的倒数，普通年金的现值是资本回收额的一个逆运算，或者说求资本回收额是普通年金求现值的逆运算。

【例2.11】　一个项目需要投入100万元，项目预计使用年限5年，要求的最低投资回报率是15%，那么从第1年年末到第5年年末，每年年末收回多少投资额才能确保在第5年年末的时候，正好可以把当初投入的100万元全部收回？

$$每年收回投资 = 100 万元 \times (A/P, 15\%, 5)$$
$$= 100 万元 \times \frac{1}{(P/A, 15\%, 5)}$$
$$= 100 万元 \div 3.352\,2$$
$$= 29.83 万元$$

总结上述资金时间价值的计算公式，下面的系数均互为倒数关系：复利终值系数与复利现值系数；偿债基金系数与普通年金终值系数；资本回收系数与普通年金现值系数。

2）预付年金

预付年金也称先付年金，是指从第一期开始每期期初等额收付的年金。

预付年金终值系数的计算与普通年金终值系数相比，期数加1，而系数减1，记作$[(P/A, i, n+1) - 1]$；预付年金现值的计算与普通年金现值系数相比，期数减1，而系数加1，记作$[(P/A, i, n-1) + 1]$。

【例2.12】　6年分期付款购物，每年初付200元，设银行利率为10%，该项分期付款相当于一次性付款多少？

$$P = A \times [(P/A, i, n-1) + 1] = 200 元 \times [(P/A, 10\%, 5) + 1]$$
$$= 200 元 \times (3.791 + 1) = 958.2 元$$

3）递延年金

递延年金是指第一次收付款发生时间与第一期无关，而是隔若干期$(m)$后才开始等额收付的系列款项，$m$表示递延期数，即$m$期没有发生过支付，第一次支付发生在$m+1$期期末。递延年金的终值大小与递延期无关，故其计算方法与普通年金终值的计算方法相同。

递延年金的现值计算方法有两种。方法一：把递延年金视为$n$期普通年金，求出递延期末的现值，然后再将此现值调整到第一期期初。方法二：假设递延期中也进行支付，先求出$(m+n)$期的年金现值，然后扣除实际并未支付的递延期$(m)$的年金现值，即可得出结果。

$$P_A = A \times [(P/A, i, m+n) - (P_A, i+m)]$$

$$P_A = A \times \left[ (F/A, i, n) \times (P/F, i, n+m) \right]$$

或

$$P_A = A \times (P/A, i, n) \times (P/F, i, m)$$

### 4）永续年金

永续年金是无限期的普通年金,即期限趋于无穷的普通年金。现实中的存本取息,即为这种情况。永续年金因没有终止的时间,也就没有终值。

永续年金现值的计算公式为

$$PVA_n = A \times \sum_{i=1}^{n} \frac{1}{(1+i)^n} = A \times \lim_{n \to \infty} \frac{1-(1+i)^{-n}}{i} = A \times \frac{1}{i}$$

【例2.13】　设立一项永久的奖学金,每年计划颁发10 000元奖金,现在应存入多少钱?如果一股优先股,每季分得股息2元,而利率为6%,或如果此优先股每年分得股息2元,则应以多少钱来购买?

$$P = 10\ 000\ 元 \div 10\% = 100\ 000\ 元$$
$$P = 2\ 元 \div 1.5\% = 133.33\ 元$$
$$P = 2\ 元 \div 6\% = 33.33\ 元$$

上述关于时间价值计算的方法,在财务管理中有广泛的用途,如存货管理、养老金决策、租赁决策、资产和负债估价、长期投资决策等。随着财务问题日益复杂化,时间价值的应用也将日益增加。现总结现值与终值、年金、单利、复利的关系如图2.8所示。

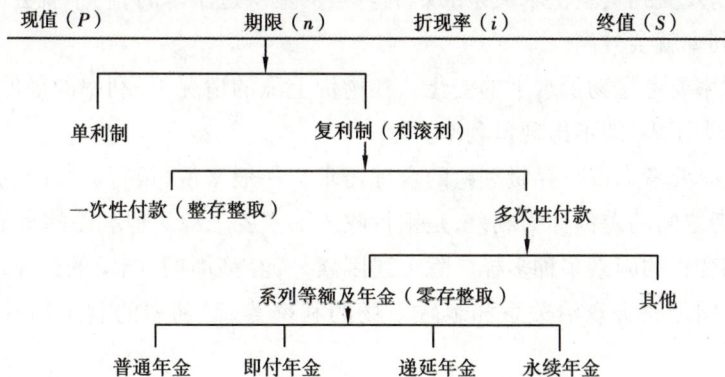

图2.8　现值与终值、年金、单利、复利的关系图

## 2.2　利率与通货膨胀率

### 2.2.1　利息和利息率的表示

利息是在信用基础上产生的,是资金所有者将资金暂时让渡给使用者收取的报酬。对需要资金的企业来说,利息则是使用资金时必须要付出的代价。由于资金是一种特殊

的商品,在资金市场上进行资金交易活动一般以利息为标准,因此,也可以把利息看作资金的价格。

利息率简称利率,是一定时期内利息额与借贷资金额(本金)的比率。它一般是指借贷资金的双方在发生信用关系时所使用的利率。

利率一般分为年利率、月利率和日利率。年利率又称年息率,月利率又称月息率,日利率又称日息率(也叫拆息)。按我国传统习惯,不论是年息、月息、日息,利率的基本单位都是"厘",1/10 厘为 1"毫",1/100 厘为 1"丝"。由厘往上计,10 厘为 1"分"。利率一般到"分"为止,没有分以上的单位。

### 2.2.2 利率的决定因素

#### 1)利率制订的依据

利率是个人、企业或有关部门借入资金时支付的价格。利息是资金需求者为借入资金而支付的成本(费用)。按资金供应者的观点,利息是借出资金而应得到的收益。

①制订利率要以平均利润率为最高界限。利息来源于企业的纯收入,是企业利润的一部分,因此利率的高低会受到平均利润率的制约。利率总是在平均利润率与零之间上下波动。在其他条件不变的情况下,平均利润率越高,利率一般也就越高;反之,则越低。

②制订利率要考虑资金的供求状况。在平均利润率不变的条件下,利率高低如同商品的价格一样,要受到资金供求关系的影响。当资金供过于求时,利率就会下降;当资金供不应求时,利率就会升高。

③制订利率要考虑物价水平的变化。在物价上涨的情况下,利率的最低限是要切实保证实际利率大于零,即不出现负利率。

④制订利率要考虑银行存贷利差的合理需求。一般来说,银行放款的利率应高于存款利率,这两者之间的差额称为利差,是银行收入的主要来源。但利差的水平必须适当。

影响利率变化的因素多种多样。除上述因素外,经济周期、国家的产业政策、货币政策、财政政策、国际经济政治关系和金融市场的利率等,对利率的制定均有不同程度的影响。

#### 2)市场利率的计算

我国的利率分官方利率和市场利率。官方利率是政府通过中央银行确定公布,各银行都必须执行的利率,主要包括中央银行基准利率、金融机构对客户的存贷款利率等。市场利率是金融市场上资金供求双方竞争形成的利率,随资金供求关系的变化而变化,主要包括同业拆借利率、国债二级市场利率等。市场利率要受官方利率的影响,官方确定利率时也要考虑市场的资金供求状况。一般来说,市场利率的一般计算公式可表示如下:

市场利率 = 纯利率 + 通货膨胀补偿率 + 风险报酬率

①纯利率是指没有风险和通货膨胀情况下的均衡利率。例如,在无通货膨胀时,国

库券的利率可以视为纯利率。纯利率的高低,受平均利润率、资金供求关系和国家宏观调控的影响。

②通货膨胀补偿率是指由于持续的通货膨胀会不断降低货币的实际购买力,为补偿其购买力损失要求提高的利率。

③风险报酬率包括违约风险报酬率、流动性风险报酬率和期限风险报酬率。

a. 违约风险报酬率是指弥补因债务人无法按时还本付息而带来的损失,由债权人要求提高的利率。

b. 流动性风险报酬率是指为弥补因债务人资产流动不好而带来的损失,由债权人要求提高的利率。

c. 期限风险报酬率是指为弥补因偿债期长而带来的损失,由债权人要求提高的利率。

因此,市场利率的一般计算公式也可表示为

$$利率 = 纯利率 + 通货膨胀补偿率 + 违约风险报酬率 +$$
$$流动性风险报酬率 + 期限风险报酬率$$

**3)利率的类型**

利率按照不同的标准可分为不同的种类,见表2.1。

表2.1　利率分类表

| 按利率之间的变动关系分 | 基准利率(起决定作用的利率) |
|---|---|
|  | 套算利率(换算出来的利率) |
| 按利率与市场的供求关系分 | 固定利率(借贷期内固定不变) |
|  | 浮动利率(借贷期内可以调整) |
| 按利率形成机制分 | 市场利率(取决于资金市场的供求关系) |
|  | 法定利率(金融管理部门或中央银行决定) |

**4)名义利率与实际利率的换算**

在企业筹资和借贷活动中,经常遇到这种情况,给定年利率,但是计息周期是半年、季或月,即按半年、季或月甚至日计算复利。例如,有的抵押贷款每月计息一次,银行之间拆借资金为每天计息一次。如果以年作为基本计息期,给定的年利率就叫作名义利率。如果每年计算一次复利,名义利率就等于实际利率。如果按照短于一年的计息期计算复利,并将全年利息额除以年初的本金,此时得到的利率就叫作实际利率,实际利率与名义利率必然不同。

【例2.14】 某公司向银行借款1 000万元,利率12%。问:

①若每年计息一次,1年后本息为多少?

②若每半年计息一次,1年后本息为多少?

③若每季度计息一次,1 年后本息为多少?

解:①若每年计息一次。

$$1 年后的本息 = 1\ 000\ 万元 \times (1 + 12\%) = 1\ 120\ 万元$$

$$实际利率 = [(1\ 120 - 1\ 000) 万元 \div 1\ 000\ 万元] \times 100\% = 12\%$$

②若每半年计息一次。

$$1 年后的本息 = 1\ 000\ 万元 \times (1 + 6\%)^2 \approx 1\ 124\ 万元$$

$$实际利率 = [(1\ 124 - 1\ 000) 万元 \div 1\ 000\ 万元] \times 100\% = 12.4\%$$

③若每季度计息一次。

$$1 年后的本息 = 1\ 000\ 万元 \times (1 + 3\%)^4 \approx 1\ 126\ 万元$$

$$实际利率 = [(1\ 126 - 1\ 000) 万元 \div 1\ 000\ 万元] \times 100\% = 12.6\%$$

由此可得出:

名义利率和实际利率的换算关系为

$$i = \left(1 + \frac{r}{m}\right)^m - 1$$

式中　$i$——年实际利率;

　　　$r$——年名义利率;

　　　$m$——每年复利计息的次数。

计息周期与名义利率的利息周期不同时,终值的计算公式为

$$F = P \times \left(1 + \frac{r}{m}\right)^{m \times n}$$

式中　$F$——终值;

　　　$P$——现值;

　　　$n$——年数;

其他符号含义同上。

5）贴息贷款的实际利率

一些银行在提供贷款时,要求借款人在期初支付利息,由于借款人得到贷款之初银行即将利息扣除,其所得到的实际资金数额少于贷款面值,这种贷款叫作贴息贷款。在这种贷款中,因为借款人实际能够使用的资金数额少于银行的贷款面值,贷款的实际成本将发生变化。

$$贷款的实际利率 = \frac{I}{M - I}$$

式中　$I$——贷款利息;

　　　$M$——贷款面值。

如果贴息贷款的期限小于 1 年,则贷款的实际年利率为

$$\left(1 + \frac{I}{M - I}\right)^n - 1$$

式中　$n$——1 年内贷款次数或利息支付次数。

6）分期等额偿还贷款的实际利率

分期等额偿还贷款是指银行要求借款人在贷款期内分期偿还贷款，在贷款时把贷款利息加至贷款额中，计算每期应偿还的资金数额。借款人在整个贷款期间，随着时间的推移，可使用的贷款等额递减，而利息却是按贷款期初的全额计算的，贷款的实际利率将发生很大变化。

实际利率的计算公式为

$$实际利率 = \frac{2 \times (360/T) \times I}{M(n+1)}$$

式中　$T$——每期还款的天数；

$I$——贷款利息；

$M$——贷款面值；

$n$——贷款期内的还款次数。

### 2.2.3　通货膨胀率

通货膨胀是指因货币供给大于货币实际需求，即现实购买力大于产出供给，导致货币贬值，而引起的一段时间内物价持续而普遍的上涨现象。实质是社会总需求大于社会总供给。

1）通货膨胀率含义

通货膨胀率（Inflation），也称为物价变化率，是货币超发部分与实际需要的货币量之比，用以反映通货膨胀、货币贬值的程度。

通货膨胀率通常用价格指数增长率来间接表示。如果价格指数增长率大于零，说明存在通货膨胀；如果价格指数增长率小于零，说明存在通货紧缩。测定通货膨胀率时，需要选择一种价格指数来代表一般价格水平的变动，可供选择的价格指数主要有：商品批发价格指数、商品零售价格指数、居民消费价格指数和国内生产总值价格指数。

通过价格指数的增长率来计算通货膨胀率，价格指数可以分别采用消费者价格指数（Consumer Price Index，CPI）、生产者价格指数（Producer Price Index，PPI）、国民生产总值（Gross National Product，GNP）折算价格指数。经常采用的是第一种，其公式如下：

$$\text{CPI} = a_1(P_{1t}/P_{10}) + a_2(P_{2t}/P_{20}) + \cdots + a_n(P_{nt}/P_{n0})$$

（注：式中的数字为期数，$t$ 代表消费品种类，$P$ 代表消费品的价格，$a$ 为权重。）

计算方法：

①通过价格指数变化计算。

通货膨胀率（物价上涨率）＝｛（现期物价水平－基期物价水平）/基期物价水平｝

价格上涨率是从低到高，以基期物价水平为基数。

通货膨胀率不是价格指数，即不是价格的上升率，而是价格指数的上升率。

②利用基本概念推导计算。

通货膨胀率(价格上涨率)=(已发行的货币量-流通中实际所需要的货币量)/流通中实际所需要的货币量×100%

真实的通胀率=M2%-GDP%,也就是当期广义货币增速减去 GDP 的增速,例如2020 年我国的广义货币(M2)增长率为 10.1%,GDP 增长 2.3%,相差 7.8%,这就是通胀率数据。

**2)通货膨胀的原因**

造成通货膨胀的直接原因是国家财政赤字的增加。政府为了挽救经济危机或弥补庞大的财政赤字,不顾商品流通的实际需要滥发纸币。他们之所以要利用这种办法来弥补财政赤字,是因为这种办法比增加税收、增发国债等办法更有隐蔽性,并且简便易行。

**3)通货膨胀的类型**

通常按照不同的分类标准,通货膨胀有四种类型,见表 2.2。

表 2.2　通货膨胀的类型

| | |
|---|---|
| 按照价格上升的速度分 | 爬行的通货膨胀(每年物价上升比例在 1%~3%) |
| | 温和的通货膨胀(每年物价上升比例在 3%~6%) |
| | 严重的通货膨胀(每年物价上升比例在 6%~9%) |
| | 飞奔的通货膨胀(每年物价上升比例在 10%~50%) |
| | 恶性的通货膨胀(每年物价上升比例在 50%以上) |
| 按照人们的预料程度分 | 未预期到的通货膨胀 |
| | 预期到的通货膨胀 |
| 按照对价格影响的差别分 | 平衡的通货膨胀(每种商品的价格都按照相同比例上升) |
| | 非平衡的通货膨胀(各种商品价格上升的比例并不完全相同) |
| 按照表现形式的不同分 | 公开性通货膨胀 |
| | 隐蔽性通货膨胀 |
| | 抑制性通货膨胀 |
| 按照成因不同分 | 需求拉动通货膨胀(即通货膨胀的根源在于总需求过度增长) |
| | 成本推动通货膨胀(即通货膨胀的根源在于总供给方面的变化) |
| | 结构性通货膨胀(即物价上涨是因为对某些部门的产品需求过多) |
| | 混合型通货膨胀(由于需求、成本和社会经济结构共同作用形成的) |
| | 财政赤字型通货膨胀(因财产出现巨额赤字而滥发货币引起的通货膨胀) |
| | 信用扩张型通货膨胀(即贷款没有相应的经济保证,导致信用过度创造而引起物价通货膨胀) |
| | 国际传播型通货膨胀(又称输入型通货膨胀,指由进口商品物价上升,费用增加而引起的通货膨胀) |

# 2.3　风险与报酬

在讨论时间价值时,货币时间价值通常被描述为没有风险和通货膨胀情况下的社会平均投资报酬率。然而事实上,做任何投资几乎都是有风险的。公司的财务决策几乎都是在包含风险和不确定的情况下做出的,风险是客观存在的。

## 2.3.1　风险的概念

风险通常是指决策结果的不确定性。这种不确定性可能是积极的或正向的,也可能是消极的或逆向的。在财务管理中的风险通常描述为未来损失的可能性。

按风险的程度不同,可以把公司的财务决策分为三种类型。

1) 确定性决策

决策者对未来的情况是完全确定的或已知的决策,称为确定性决策。比如投资于短期国库券,由于国家实力雄厚,到期得到报酬几乎是肯定的,因此一般认为这种投资为确定性投资。

2) 风险性决策

决策者对未来的情况不能完全确定,但不确定性出现的可能性是已知的或可以估计的,这种情况下的决策称为风险性决策。

3) 不确定性决策

决策者对未来的情况不仅不能完全确定,而且对不确定性可能出现的概率也不清楚,这种情况下的决策为不确定性决策。

从理论上讲,不确定性是无法计量的,但在财务管理中,通常为不确定性规定一些主观的概率,以便进行定量分析。规定了主观概率后,不确定性决策与风险性决策就十分近似了。因此,在公司财务管理中,对风险与不确定性并不做严格区分,当谈到风险时,可能是风险,也可能是不确定性。有些分类也将不确定性决策归入风险性决策中。

## 2.3.2　风险与报酬的关系及计量

1) 单项资产投资的风险计量

这种投资意指在决策中只需要就此项投资本身进行考虑,无须考虑与其他项目间的相互影响。其风险计量通常需要使用概率和数理统计方法。对风险进行衡量的步骤如下:

(1) 确定概率分布

概率分布是概率论的基本概念之一,用以表述随机变量取值的概率规律。事件的概率表示一次试验中某一个结果发生的可能性大小。若要全面了解试验,则必须知道试验的全部可能结果及各种可能结果发生的概率,即必须知道随机试验的概率分布。为了使用方便,根据随机变量所属类型的不同,选择不同表现形式的概率分布。正态分布的概率分布图如图 2.9 所示。

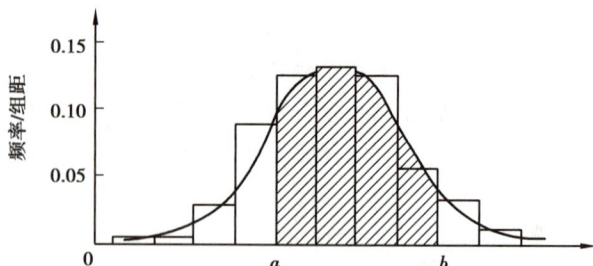

图 2.9　正态分布的概率分布图

【例 2.15】　某公司有两个投资项目可供选择,A 投资项目和 B 投资项目。假设 A 项目和 B 项目的报酬率都只受未来经济状况的影响,而未来经济状况有繁荣、一般、衰退三种可能性。有关的概率分布和预计实际报酬率见表 2.3。

表 2.3　某公司有关的概率分布和预计实际报酬率

| 未来经济状况 | 发生概率 | 预计报酬率/% | |
| --- | --- | --- | --- |
| | | A 投资项目 | B 投资项目 |
| 繁荣 | 0.20 | 40 | 50 |
| 一般 | 0.60 | 20 | 20 |
| 衰退 | 0.20 | 0 | − 10 |

(2)计算期望值

期望值又称均值,它是随机变量可能取值以概率为加权数的加权平均值。在这里我们需要计算项目的期望报酬率。

$$\bar{r} = P_1 r_1 + P_2 r_2 + \cdots + P_n r_n = \sum_{i=1}^{n} P_i r_i$$

式中　$r_i$——第 $i$ 种可能结果;

　　　$P_i$——第 $i$ 种结果的概率;

　　　$n$——所有可能结果的数目。

根据上述期望报酬的计算公式,分别计算 A 投资项目和 B 投资项目的期望报酬率。

A 投资项目:

$$\bar{r} = 0.2 \times 40\% + 0.6 \times 20\% + 0.2 \times 0\% = 20\%$$

B 投资项目:

$$\bar{r} = 0.2 \times 50\% + 0.6 \times 20\% + 0.2 \times (-10\%) = 20\%$$

表中给出的资料反映的是未来经济状况只有繁荣、一般、衰退三种情况下的概率分布(预计报酬率作为一个随机变量,只取有限的三个数值,则该随机变量属于离散型分布）。实际上未来经济状况可以在极度繁荣和极度衰退之间产生无数种可能。

（3）计算标准离差

为了能准确度量风险的大小，因此引入标准差这一度量概率分布密度的指标。标准差越小，概率分布越集中，同时，相应的风险也就越小。标准差的计算公式为

$$\delta = \sqrt{\sum_{i=1}^{n} (r_i - \bar{r})^2 P_i}$$

根据标准离差的计算公式，分别计算 A 投资项目和 B 投资项目的标准离差。

A 投资项目：

$$\delta_A = \sqrt{(40\% - 20\%)^2 \times 0.2 + (20\% - 20\%)^2 \times 0.6 + (0 - 20\%)^2 \times 0.2}$$
$$= 12.65\%$$

B 投资项目：

$$\delta_B = \sqrt{(50\% - 20\%)^2 \times 0.2 + (20\% - 20\%)^2 \times 0.6 + (-10\% - 20\%)^2 \times 0.2}$$
$$= 18.97\%$$

通过计算，A 投资项目的标准离差小于 B 投资项目的标准离差。标准离差越小，说明实际报酬率偏离期望报酬率的可能性越小，因此风险也就越小。所以，A 投资项目的风险小于 B 投资项目的风险。

但这一结论是在 A 投资项目和 B 投资项目的期望报酬率相等的情况下得出的。如果 A 投资项目和 B 投资项目的期望报酬率不相等，上面得出的结论就可能是错误的。这时应计算标准离差率，通过对标准离差率的比较，判断风险的大小。

（4）标准离差率

标准离差率又称变异系数，是标准离差与期望值之比。通常用符号 $V$ 表示。标准离差率是以相对数形式反映决策方案的风险程度。标准离差是绝对数，只适用于期望值相同方案的比较，对于期望值不同的决策方案，只能通过比较标准离差率来确定方案风险的大小。

标准离差率的计算公式为

$$V = \frac{\delta}{\bar{r}}$$

计算 A 投资项目和 B 投资项目的标准离差率：

$$V_A = 12.65\% \div 20\% = 63.25\%$$
$$V_B = 18.97\% \div 20\% = 94.85\%$$

通过计算，A 投资项目的标准离差率小于 B 投资项目的标准离差率，因此，A 投资项目的风险小于 B 投资项目的风险。

2）风险与报酬的关系

投资的风险报酬是指投资者由于冒风险进行投资而获得的额外收益，又称投资风险收益、投资风险价值。由于市场竞争，高风险的投资必须有高收益，否则没有人投资；低

收益的投资必须风险也低, 否则也没有人去投资。风险与收益的各种关系是客观存在的, 而且投资者所冒的风险越大, 得到的风险收益应该越高。也就是说, 风险收益的大小应与所冒风险的大小成正比。

风险报酬与风险的关系可通过下式表示:

$$风险报酬率 = 风险报酬系数 \times 标准离差率$$

$$R_R = bV$$

投资者期望的投资收益率应在无风险收益率的基础上再加上风险收益率, 即

$$期望的投资收益率 = 无风险报酬率 + 风险报酬率$$

$$R = R_F + R_R = R_F + bV$$

无风险收益率一般是指投资国库券的收益率, 它包括通货膨胀附加率和资金的时间价值。

假设 A 投资项目的风险报酬系数为 6%, B 投资项目的风险报酬系数为 8%, 分别计算 A 投资项目和 B 投资项目的风险报酬率:

$$R_F(A) = 6\% \times 63.25\% = 3.80\%$$

$$R_F(B) = 8\% \times 94.85\% = 7.59\%$$

根据计算结果, A 投资项目的风险报酬率低于 B 投资项目的风险报酬率。这是因为 A 投资项目的风险小于 B 投资项目的风险。毫无疑问, 风险小的 A 投资项目要求得到的风险补偿低于风险大的 B 投资项目要求得到的风险补偿。当然, 风险报酬率的高低还取决于风险报酬系数的高低。风险报酬系数的确定方法通常有以下两种:

①根据同等风险投资项目的有关历史数据确定。只要能够找到一个同等风险的投资项目, 并掌握它的实际报酬率、无风险报酬率、标准离差或标准离差率等有关数据, 就可以推断出该投资项目的风险报酬斜率。

②根据主观经验确定。在没有同等风险的投资项目可供参照的情况下, 可由决策者根据以往的主观经验加以确定。这时, 风险报酬系数的确定, 在很大程度上会受到决策者个性特点及其对待风险的态度的影响。

3) 多项资产组合的风险及分散化

一般来说, 随着资产组合中资产个数的增加, 资产组合的风险会逐渐降低, 当资产的个数增加到一定程度时, 资产组合的风险程度将趋于平稳, 这时组合风险的降低将非常缓慢直到不再降低。

(1) 资产组合的总风险

随着资产组合中资产数目的增加, 由方差表示的各资产本身的风险状况对组合风险的影响逐渐减少, 乃至最终消失。但由协方差表示的各资产收益率之间相互作用、共同运动所产生的风险并不能随着组合中资产个数的增大而消失, 它是始终存在的。

那些只反映资产本身特性, 可通过增加组合中资产的数目而最终消除的风险称为非系统风险。那些反映资产之间相互关系、共同运动, 无法最终消除的风险称为系统风险。资产组合的总风险由系统风险和非系统风险两部分组成。

①系统风险（不可分散风险）。系统风险是指市场收益率整体变化所引起的市场上所有资产的收益率的变动性，它是由那些影响整个市场的风险因素引起的，因而又称为市场风险。这些风险因素包括宏观经济形势的变动、税制改革、国家经济政策变动、战争、自然灾害等。这类风险涉及所有企业或投资项目，不能通过多元化投资来分散。当然，尽管绝大多数企业或投资项目都不可避免地受到系统风险的影响，但并不意味着所有企业或投资项目都有完全相同的影响。有的企业或投资项目可能受系统风险的影响较大，有的则可能较小。

②非系统风险（可分散风险）。非系统风险是指某一种特定因素对某一特定资产收益率造成影响的可能性，即发生于个别企业的特有事项所造成的风险，所以又称为公司特有风险。公司特有风险可进一步分为经营风险和财务风险。经营风险是指由生产经营方面给企业目标带来不利影响的可能性。财务风险是指由举债经营而给企业目标带来不利影响的可能性。非系统风险与政治、经济和其他影响所有资产的系统因素无关，这类事件是随机发生的，可以通过多元化投资来分散。在多数发达国家的股票市场上，非系统风险占总风险的60%～75%。通过分散投资，能够降低或消除非系统风险。

（2）多项资产组合风险的分散化

在投资实践中经常出现以下情况：在资产组合中投资项目增加的初期，风险分散的效应比较明显，但增加到一定程度时，风险分散的效应就会逐渐减弱。经验数据显示，当资产组合中的资产数量达到20个左右时，绝大多数非系统风险可被消除，此时，如果继续增加投资项目，对分散风险已没有多大实际意义，更不能指望通过风险分散化来达到完全消除全部风险的目的。这是因为被分散的风险只是非系统风险，而系统风险是不能通过风险的分散来消除的。资产组合风险的分散情况如图2.10所示。

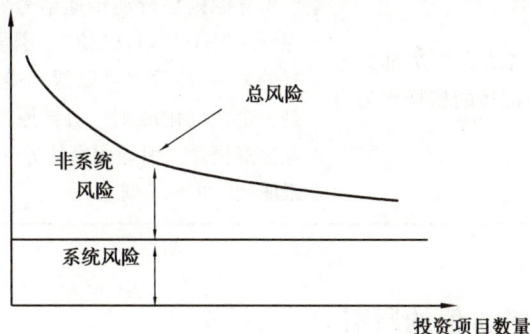

图 2.10 投资组合风险分散示意图

## 2.4 财务管理基本原则

财务管理基本原则，也称理财原则，是指人们对财务活动的共同认识，如何概括理财原则，人们的认识不完全相同。道格拉斯·R.爱默瑞和约翰·D.芬尼特的观点具有代表性,他们将理财原则概括为三类。

### 2.4.1 有关竞争环境的原则

有关竞争环境的原则是对资本市场中人的行为规律的基本认识。具体原则见表2.4。

表2.4 有关竞争环境的原则

| 原则 | 含义 | 要点 |
|------|------|------|
| 自利行为原则 | 自利行为原则是指人们在进行决策时按照自己的财务利益行事,在其他条件相同的情况下,人们会做出对自己经济利益最大的决策 | 自利行为原则的依据是理性的经济人假设。自利行为原则的一个重要应用是委托-代理理论。自利行为原则的另一个重要应用是机会成本的概念 |
| 双方交易原则 | 双方交易原则是指每一项交易都至少存在两方,在一方根据自己的经济利益决策时,另一方也会按照自己的经济利益行动,并且对方同样聪明、勤奋和富有创造力,因此在决策时要正确预见对方的反应 | 双方交易原则的建立依据是商业交易至少有两方交易是"零和博弈",以及各方都是自利的。双方交易原则要求在理解财务交易时不能"以我为中心",在谋求自身利益的同时要注意对方的存在,以及对方也在遵循双方交易原则行事。双方交易原则还要求在财务交易时注意税收的影响 |
| 信号传递原则 | 信号传递原则是指行动可以传递信息,并且比公司的声明更有说服力 | 信号传递原则是自利行为原则的延伸。信号传递原则要求根据公司的行为判断它未来的收益状况。信号传递原则还要求公司在决策时不仅要考虑行动方案本身,还要考虑该项行动可能给人们传达的信息 |
| 引导原则 | 引导原则是指当所有办法都失败时,寻找一个可以信赖的榜样作为自己的引导 | 引导原则是行动传递信号原则的一种运用。引导原则不等于"盲目模仿"。引导原则不会帮你找到最好的方案,却常常可以帮你避免采取最差的行动,它是一个次优化准则。引导原则的一个重要应用是行业标准概念。引导原则的另一个重要应用就是"免费跟庄(搭便车)"概念 |

### 2.4.2 有关创造价值的原则

有关创造价值的原则,是人们对增加企业财富规律的认识。具体原则见表2.5。

表2.5 有关创造价值的原则

| 原则 | 含义 | 要点 |
|------|------|------|
| 有价值的创意原则 | 有价值的创意原则是指新创意能获得额外报酬 | 有价值的创意原则主要应用于直接投资项目,还可应用于经营和销售活动 |

续表

| 原则 | 含义 | 要点 |
|------|------|------|
| 比较优势原则 | 比较优势原则是指专长能创造价值 | 比较优势原则的依据是分工理论。比较优势原则的一个应用是"人尽其才、物尽其用",另一个应用是优势互补。比较优势原则要求企业把主要精力放在自己的比较优势上,而不是日常的运行上 |
| 期权原则 | 期权原则是指在估价时要考虑期权的价值 | 广义的期权不限于金融合约,任何不附带义务的权利都属于期权。有时一项资产附带的期权比该资产本身更有价值 |
| 净增效益原则 | 净增效益原则是指财务决策建立在净增效益的基础上,一项决策的价值取决于它和替代方案相比所增加的净收益 | 净增效益原则的应用领域之一是差额分析法,另一个应用是沉没成本概念 |

### 2.4.3　有关财务交易的原则

有关财务交易的原则,是人们对于财务交易基本规律的认识。具体原则见表2.6。

**表2.6　有关财务交易的原则**

| 原则 | 含义 | 要点 |
|------|------|------|
| 风险-报酬权衡原则 | 风险-报酬权衡原则是指风险和报酬之间存在一个对等关系,投资人必须对报酬和风险做出权衡,为追求较高报酬而承担较大风险,或者为减少风险而接受较低的报酬 | 所谓"对等关系",是指高收益的投资机会必然伴随巨大风险,风险小的投资机会必然只有较低的收益 |
| 投资分散化原则 | 投资分散化原则是指不要把全部财富都投资于一个公司,而要分散投资 | 投资分散化原则的理论依据是投资组合理论。分散化原则具有普遍意义,不仅适用于证券投资,公司各项决策都应注意分散化原则 |
| 资本市场有效原则 | 资本市场有效原则,是指在资本市场上频繁交易的金融资产的市场价格反映了所有可获得的信息,而且面对新信息完全能迅速地做出调整 | 资本市场有效原则要求理财时重视市场对企业的估价。市场有效性原则要求理财时慎重使用金融工具。如果资本市场是有效的,购买或出售金融工具的交易的净现值就为零 |
| 货币时间价值原则 | 货币时间价值原则,是指在进行财务计量时要考虑货币时间价值因素 | 货币时间价值原则的首要应用是现值概念。货币时间价值的另一个重要应用是"早收晚付"概念 |

# 2.5　资本结构理论

资本结构有广义和狭义之分。广义的资本结构是指全部资金(包括长期资金、短期资金)的构成及其比例,一般而言,广义资本结构包括债务资本和股权资本的结构、长期资本与短期资本的结构,以及债务资本的内部结构、长期资本的内部结构和股权资本的内部结构等。狭义的资本结构是指各种长期资本构成及其比例,尤其是指长期债务资本与(长期)股权资本之间的构成及其比例关系。

资本结构是企业筹资决策的核心问题,企业应综合考虑有关影响因素,运用适当的方法确定最佳资本结构,并在以后追加筹资中继续保持。资本结构理论包括净收益理论、净营业收益理论、MM 理论、代理理论和等级筹资理论等。

## 2.5.1　净收益理论

该理论认为,负债可以降低企业的资本成本,负债程度越高,企业价值越大。因为债务利息和权益资本成本均不受财务杠杆的影响,无论负债程度多高,债务资本和权益资本成本都不会变化,因此只要负债成本低于权益成本,那么负债越多,权益的加权平均资本成本就越低,权益的价值就越大。当负债比率为 100% 时,权益加权平均资本成本最低,权益价值将达到最大值(图 2.11)。

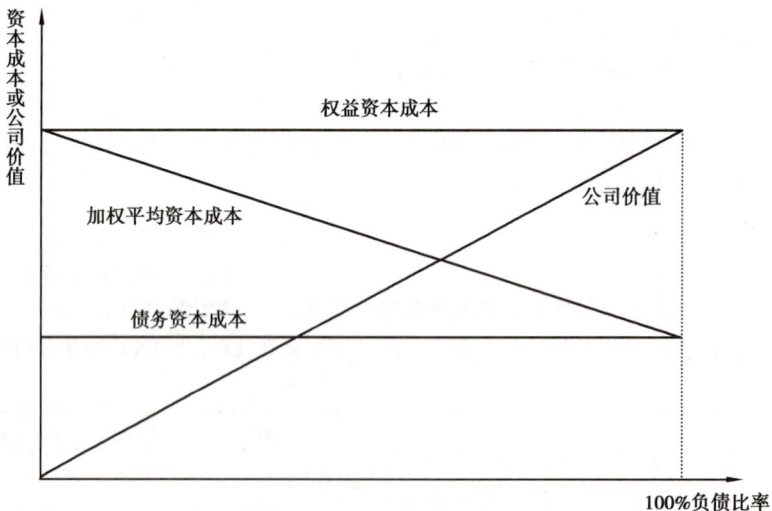

图 2.11　净收益理论示意图

## 2.5.2　营业收益理论

该理论认为,资本结构与企业的价值无关,决定企业价值高低的关键要素是企业的净营业收益。企业利用财务杠杆时,尽管增加了成本较低的债务资金,但同时也加大了企业的风险,导致权益资金成本提高,企业的综合资金成本仍保持不变。不论企业的财务杠杆程度如何,其整体的加权平均资金成本不变,企业的价值也就不受资本结构的影响,因而不存在最佳资本结构,如图2.12所示。

可见,营业收益理论和净收益理论是完全相反的两种理论。

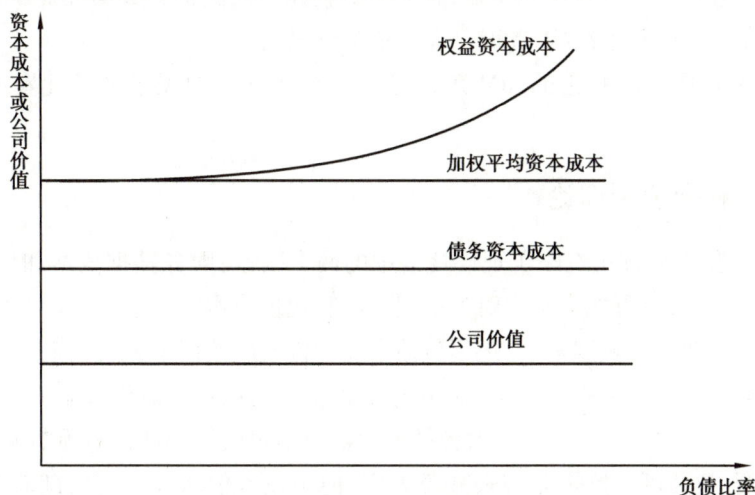

图2.12　营业收益理论示意图

### 2.5.3　MM 理论

1958 年6 月由美国的 Modigliani 和 Miller(简称 MM)教授提出了"资本结构、企业财务与资本"的基本思想(MM 理论),MM 理论的基本假设前提为以下六个方面。

1)基本假设

①企业的经营风险是可衡量的,有相同经营风险的企业即处于同一风险等级。

②现在和将来的投资者对企业未来的 *EBIT* 估计完全相同,即投资者对企业未来收益和取得这些收益所面临风险的预期是一致的。

③证券市场是完善的,没有交易成本。

④投资者可同企业一样以同等利率获得借款。

⑤无论借债多少,企业及个人的负债均无风险,故负债利率为无风险利率。

⑥投资者预期的息税前盈余不变,即假设企业的增长率为零,则所有现金流量都是年金。

2)纯 MM 理论(不含税条件下的资本结构理论)

MM 于 1958 年6 月提出:在不考虑企业所得税,且企业经营风险相同而只有资本结构不同时,企业的资本结构与其市场价值无关。或者说,当企业的债务比率由 0% 增加到100 % 时,企业的资本总成本及总价值不会发生任何变动,即企业价值与企业是否负债无关,不存在最佳资本结构问题。

3) 修正的 MM 理论(含税条件下的资本结构理论)

MM 于 1963 年发现,在考虑企业所得税的情况下,负债的利息是免税支出,可以降低综合资本成本,增加企业的价值。因此,企业只要通过不断增加财务杠杆利益,不断降低资本成本,负债越多,杠杆作用越明显,企业价值就越大。当债务成本在资本结构中趋近100%时,才是最佳的资本结构,此时企业价值达到最大。

最初的 MM 理论和修正的 MM 理论是资本结构理论中关于债务配置的两个极端看法。

### 2.5.4  权衡模型理论

该理论认为,MM 理论忽略了现代社会中的两个因素:财务拮据成本和代理成本,而只要运用负债经营,就可能会发生财务拮据成本和代理成本。

在考虑以上两项影响因素后,运用负债企业的价值应按以下公式确定:

运用负债企业价值 = 无负债企业价值 + 运用负债减税收益 –
财务拮据预期成本现值 – 代理成本预期现值

上式表明,负债可以给企业带来减税效应,使企业价值增大;但是,随着负债减税收益的增加,两种成本的现值也会增加。只有在负债减税利益和负债产生的财务拮据成本及代理成本之间保持平衡时,才能够确定企业的最佳资本结构,即最佳的基本结构应为减税收益等于两种成本现值之和时的负债比例(图 2.13)。

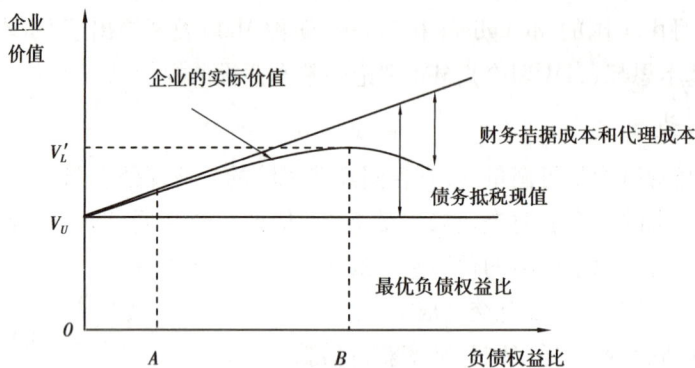

图 2.13  权衡模型

根据纯 MM 理论,企业的价值由无负债时的企业价值和债务抵税现值两部分组成。但是由于财务拮据和代理成本的存在,负债企业的价值评估模型将修正为

$$V'_L = V_U + T \times D - FPV - TPV$$

式中  $FPV$——预期财务拮据成本的现值;

$TPV$——预期代理成本的现值;

$T \times D$——债务抵税现值;

$V_L$——企业价值;

$V_U$——无负债时的企业。

由图 2.13 可知,在负债权益比达到 A 点之前,债务抵税收益起主导作用;当负债权益比达到 A 点之后,负债减税效果逐渐被与破产相关的财务拮据和代理成本抵消;到达 B 点时,负债的边际减税收益等于边际负债相关损失,此时负债企业的价值最大;超过 B 点,负债引起的边际损失将超过边际减税收益,企业的总价值甚至可能加速下降。权衡模型说明了企业有一个最优负债量,即存在着最优资本结构,按此资本结构筹资,企业的价值最大,加权平均资本成本最低。

未来现金流不稳定以及对经济冲击高度敏感的企业,如果使用过多的债务,会导致陷入财务困境,出现财务危机甚至破产。企业陷入财务困境后引发的成本分为直接成本与间接成本。直接成本是指企业因破产、清算或重组所发生的法律费用和管理费用等;间接成本是指财务困境所引发企业资信状况恶化以及持续经营能力下降而导致的企业价值损失。具体表现为企业客户、供应商、员工的流失,由投资者的警觉与谨慎导致的融资成本增加,被迫接受保全他人利益的交易条款等。

权衡理论强调的是在平衡债务利息的抵税收益与财务困境成本的基础上,实现企业价值最大化时的最佳资本结构。此时所确定的债务比率是债务抵税收益的边际价值等于增加的财务困境成本的现值。

由于债务利息的抵税收益,负债增加会增加企业的价值。随着债务比率的增加,财务困境成本的现值也增加。在初期阶段,债务抵税收益起主导作用;当债务抵税收益与财务困境成本相平衡,企业价值达到最大,此时的债务与权益比率即为最佳资本结构;超过这一平衡点,财务困境的不利影响将超过抵税收益,企业价值甚至可能加速下降。

本章思维导图　　　　　　　练习题　　　　　　　习题答案及解析

# 第 2 编

# 投资融资与分配管理

## 国美控制权之争

### 一、背景资料

国美电器有限公司是一家以经营各类家用电器为主的全国性家电零售连锁企业,创始人为黄光裕。

1998 年,黄光裕成立了鹏润投资有限公司,总资产约 50 亿元。鹏润投资下属企业是国美电器、鹏润地产、鹏泰投资。

国美电器控股有限公司(简称"国美")是在英属百慕大群岛注册、香港交易所上市的综合公司,它是中国大陆最大的家电零售连锁企业。陈晓曾经是令黄光裕头疼的竞争对手,他创立的永乐电器一度是中国第三大家电零售企业,在上海等地具有绝对垄断的市场地位。

2006 年 7 月,永乐被国美收购之后,陈晓成为国美电器 CEO。黄光裕与陈晓之间的恩怨离合也就此开始。

2008 年 11 月,时任国美董事局主席黄光裕的命运发生惊天逆转,他因非法经营和内幕交易被捕入狱。突如其来的变故,让国美一时陷入混乱之中。28 日公司宣布启动紧急措施,委任总裁陈晓代理董事会主席。国美遭遇了严重的资金危机。为解决资金链断裂问题,陈晓引入贝恩资本的资金,缓解了公司的难题。

虽然被捕入狱,但并未阻止黄光裕对公司施加影响,他曾多次通过律师给国美董事会和管理层发出指令,强调其个人在国美的地位,并希望国美将其个人作用与企业生存发展相捆绑,要求国美采取有利其个人和减轻罪责判罚的措施。但是,这些要求并未被以陈晓为领导的管理团队接纳。在陈晓看来,董事会代表所有股东利益,而不仅仅是为大股东服务。其后,国美董事会开始偏离大股东的利益诉求,相继实施一系列"去黄光裕化"运动,并最终引发轰动一时的控制权之争。国美电器"控制权之争"关键事件与演化趋势见表 1。

2010 年 9 月 28 日下午,正在香港富豪酒店举行的国美特别股东大会是中国公司发展史上的一个里程碑事件。全体股东需要通过投票方式对国美电器的未来做出抉择,这也是投资者在法律框架下对创始大股东黄光裕与以董事局主席陈晓为核心的管理层之间控制权争夺的公开评判。

**表 1　国美电器"控制权之争"关键事件与演化趋势**

| 基本背景 | 2008 年 11 月,黄光裕因非法经营和内幕交易被捕入狱,总裁陈晓接任董事会主席,从而取得对国美电器的实际控制权。国美也正式告别黄光裕的家族权威治理,转而进入以陈晓为核心的职业经理人治理时代 |
| --- | --- |

续表

| | | |
|---|---|---|
| 冲突诱因 | 引入贝恩 | 2009年6月22日,国美向全球私人股权投资公司贝恩资本发行18.04亿港元可转债,并在融资协议中签署苛刻附属条款。此举撼动了黄氏家族控股权地位,引发了创始大股东对职业经理人的信任危机 |
| | 股权激励 | 2009年7月7日,国美推出"股权激励方案",包括陈晓在内的105位管理层获得总计3.83亿股,近7.3亿港元的股票期权。此举被外界解读为陈晓在收买人心,分化跟随黄光裕创业的国美旧臣 |
| | 调整战略 | 2009年,陈晓就任董事会主席不久就将黄光裕时代"数量至上、快速扩张"的战略调整为"质量优先,提高单店盈利能力",并关停部分盈利状态不好的门店。此举被狱中的黄光裕视为一种公然背叛 |
| 矛盾激化 | 行使否决权 | 2010年5月11日,在国美股东周年大会上,持有33.98%股份的黄光裕一怒之下在12项决议中连投5项否决票,包括否决委任贝恩代表为国美非执行董事的议案。当晚,陈晓紧急召开董事会,重新提名贝恩三名前任董事加入国美董事会,并称黄光裕的决定不代表所有股东意见 |
| | 短兵相接 | 2010年8月4日,黄光裕发布公告,要求撤销董事会一般授权;撤销陈晓董事局主席和孙一丁执行董事职务;提名邹晓春、黄燕虹为执行董事候选人。8月6日,国美电器上诉至香港高等法院,要求大股东就2008年回购股份时违反公司董事信托责任与信任行为做出赔偿 |
| 博弈结果 | 股东大会 | 黄光裕提请召开特别股东大会,对重要问题投票表决。最终表决结果中创始大股东与职业经理人互有胜负,各获所需:创始股东取消了董事会特别授权,确保股权不再被稀释,而职业经理人也获得了留任机会 |
| | 私下角力 | 股东大会让"控制权之争"暂告段落,但却无法真正化解大股东与管理层的潜在矛盾。随后,"国美分裂""非上市门店分拆"等传闻喧嚣尘上,双方阵营私下角力仍在持续 |
| | 尘埃落定 | 2011年3月9日,国美任命原大中电器创办人张大中为国美董事会主席及非执行董事,而现任董事会主席陈晓以私人理由辞去了董事会主席及执行董事职务 |

## 二、国美电器"控制权之争"的诱发机理

国美电器"控制权之争"是一场创始大股东与职业经理人之间的内部斗争。它恰好发生在国美电器这一家族控股上市公司由传统家族治理模式向职业经理人治理模式的转型过程中。上述治理转型是由于创始人黄光裕被捕入狱这一突发事件而在短期内被动完成的。治理转型导致国美控制权由创始大股东黄光裕转移给职业经理人陈晓。表2的董事会构成表明,虽然黄氏家族占有约三分之一股权,但在董事会却没有一个有效代

言席位,陈晓阵营持股比例不足十分之一,却在董事会拥有多数席位(见表2)。

因此,从控制权机制而言,国美电器控制权结构已经从"创始大股东控制"转化为"经理人(绑定贝恩资本)控制"。

表2　国美电器董事会结构

| 姓名 | 职务 | 代表利益方 |
| --- | --- | --- |
| 陈晓 | 主席兼执行董事 | 3 |
| Lan Andrew Reynolds | 非执行董事 | 2 |
| 王俊洲 | 总裁兼执行董事 | 3 |
| 王励弘 | 非执行董事 | 2 |
| 孙一丁 | 副总裁兼执行董事 | 3 |
| 史习平 | 独立非执行董事 | — |
| 吴建华 | 执行董事 | 3 |
| 陈玉生 | 独立非执行董事 | — |
| 魏秋立 | 执行董事 | 3 |
| Thom as Joseph Manning | 独立非执行董事 | 2 |

陈晓阵营在获得国美电器控制权后采取的系列举措及其对各自利益主体的影响效应表明(表3),虽然陈晓一再宣称,其所有决策均是基于企业价值最大化和公司所有股东的利益,但他利用控制权地位为自己谋求了私利,并损害了创始大股东黄氏家族的利益却是不争的事实。

表3　国美电器"控制权转移"引发的控制权私利及实现路径

| | 经理人策略 | 经理人攫取的控制权私利 | 大股东的利益损失 |
| --- | --- | --- | --- |
| 途径一 | 引入贝恩资本,签署苛刻附属条款 | 其一,缓解国美资金压力,迅速稳定混乱局面,为管理团队赢得声誉支持;其二,签署陈晓、王俊洲、魏秋立离职赔偿的附属协议,为管理团队失去控制权设置客观障碍;其三,以可转债稀释黄氏家族股份,弱化大股东对国美电器和管理团队的控制能力 | 对黄氏家族极为看重的控股权地位构成严重威胁,弱化了黄光裕对国美电器的控制能力 |
| 途径二 | 将"快速扩张"战略调整为"精细发展"战略 | 陈晓在永乐就创立"精细化管理理念",但担任国美总裁期间一直无法贯彻。对陈晓这种具有创业经历和企业家精神的复合型职业经理人而言,其战略思想落实能够带来巨大的成就感和心理收益 | 被狱中的黄光裕视为国美管理层对其经营理念和个人权威的公然背叛 |
| 途径三 | 推出管理层股票期权激励计划 | 被外界和黄氏家族解读为陈晓在笼络人心,分化跟随黄光裕创业的国美旧臣,进而巩固自身权力 | 导致黄氏家族股权被进一步稀释,并使一干创业重臣渐行渐离黄光裕 |

**思考：**

（1）基于控制权配置视角分析国美治理结构存在的问题。

（2）试分析"股东—董事会"的受托责任。

（3）国美之争给你的启示是什么？

# 第3章 流动资产管理

**学习目标**：通过本章的学习，要求学生在知识能力方面了解流动资产的特点、内容及管理要求，了解货币资金管理技巧，掌握货币资金持有量的确定，理解企业的自由现金流并在决策中合理应用。明确应收账款的持有动机，能够制定合理的应收账款政策，掌握应收账款日常管理，明确存货管理目标，掌握存货管理方法；培养思考能力和学习习惯，在社会能力方面，培养合作能力和协调能力。

## 3.1 流动资产管理概述

流动资产是指在一年内或超过一年的一个营业周期内变现或运用的资产，它由货币资金、应收款项、预付款项、存货、短期投资等项目组成。

### 3.1.1 流动资产的特点

①流动资产流动性大，不断改变形态。
②流动资产的价值会一次消耗、转移或实现。
③流动资产占用资金数量具有波动性。

### 3.1.2 流动资产管理要求

为了管好、用好流动资产，必须符合流动资产管理的三个要求：
①保证流动资产的需要量，确保生产经营活动正常进行。
②尽量控制流动资产的占用量。占用量过多，会增加资金成本，影响经济效益。
③加速流动资金的周转。周转快，意味着占用资金少，会带来更多的经济效益。

### 3.1.3 流动资产管理的主要内容

①货币资金管理。货币资金是指企业在生产经营活动中停留在货币形态的那一部分资金，包括现金和各种存款。做好这一管理，具体要求是：第一，做好现金管理，遵守国家规定的现金管理条例；第二，做好转账结算，以维护企业自身利益，加速资金周转。做好货币资金管理还应编制货币资金计划。为此应做好货币资金收支的预测；确定货币资金最佳持有量；编制货币资金收支计划，使货币资金收入和支出保持平衡。

②应收账款管理。首先要做好应收账款的计划。这一计划主要包括三项内容，即核

定应收账款成本;编制账龄分析课;预计坏账损失,计算坏账准备金。

③存货管理。存货是指企业为销售或生产中耗用而储备的物资,包括原材料、外购件、在产品、产成品等,存货又不能超额储备而占用大量资金,影响企业经济效益。为此要编制好存货计划,作为合理安排储备资金的依据。同时要求加强存货产品控制,以最小的存货投资获得最大的利润。用好 ABC 重点管理法、比率分析法、经济订购批量法、订货点法等库存控制法,实现对企业存货的科学控制。

# 3.2  货币资金管理

货币资金是停留在货币形态,随时都可以用作购买手段和支付手段的资金。根据货币资金的存放地点以及使用上是否受到约束,可以将企业单位的货币资金分为库存现金、银行存款和其他货币资金。其他货币资金是指性质与现金、银行存款相同,但存放地点和用途不同的货币资金,包括外埠存款、银行汇票存款、银行本票存款、存出投资款、信用证保证金存款和在途货币资金等。

## 3.2.1  货币资金的安全性管理

### 1)建立货币资金业务岗位责任制

明确相关部门和岗位的职责权限,确保办理货币资金业务的不相容岗位相互分离、制约和监督。出纳人员不得兼任稽核、会计档案的保管和收入、支出,费用、债权债务账目的登记工作。单位不得由一人负责办理货币资金业务的全过程。人员应根据具体情况进行岗位轮换。

### 2)建立严格的授权批准制度

明确批准人对货币资金业务的授权批准方式、权限、程序、责任和相关控制措施,规定经办人办理货币资金业务的职责范围和工作要求。审批人应当根据货币资金授权批准制度的规定,在授权范围内进行审批,不得超越审批权限。经办人应当在职责范围内,按照审批人的批准意见办理货币资金业务。对于审批人超越授权范围审批的货币资金业务,经办人员有权拒绝办理,并应及时向审批人的上级授权部门报告。对于重要的货币资金支付业务,应当实行集体决策和审批,并建立责任追究制度,防范贪污、侵占、挪用货币资金等行为。最后,应当加强票据及有关印章的管理,设置登记簿对相关票据进行记录,防止空白票据遗失和被盗用。

### 3)加强银行预留印鉴的管理

财务专用章应由专人保管,个人名章必须由本人或者其授权人员保管。严禁一人保管支付款项所需的全部印章。

4) 严格遵守《中华人民共和国现金管理暂行条例》及其实施细则

除按照规定的收支范围可以使用现金进行结算的以外,其他情况应到开户银行办理转账结算。开户银行应当核定企业库存现金的最高限额,各个企业单位必须严格遵照执行。企业单位由于业务范围、内容发生变化,需要增加或者减少限额时,应向开户银行提出申请,经过开户银行批准以后方可调整库存现金限额。各个企业单位在日常发生的经济业务中收入的现金,应于当日送存开户银行,不得坐支现金。出于特殊原因需要坐支现金的,要事先报经开户银行审查批准。此外,企业必须定期或者不定期进行现金清查,对现金清查过程中发现的盘盈(长款)或盘亏(短款),必须认真查明原因,及时报请有关部门人员批准,并按规定进行相关的账务处理。

5) 严格遵守《支付结算办法》等有关规定

加强银行账户的管理,严格按照规定开立账户,办理存款、取款和结算。单位应当定期检查、清理银行账户的开立及使用情况,发现问题,及时应对。单位应当加强对银行结算凭证的填制、传递及保管等环节的管理和控制。单位应当严格遵守银行结算纪律,不得签发没有资金保证的票据或远期支票,套取银行信用;不准签发、取得和转让没有真实交易和债权债务的票据,套取银行和他人资金;不准无理拒绝付款,任意占用他人资金;不准违反规定开立和使用银行账户。单位应当制定专人定期核对银行账户制度,每月至少核对一次,编制银行存款余额调节表,使银行存款账面余额和银行对账单调节相符。如调节不符,应查明原因,及时处理。

### 3.2.2 货币资金的适度性管理

1) 持有货币资金的动机

凯恩斯把公司及其他经济单位的货币资金持有动机分为三类,如图 3.1 所示。

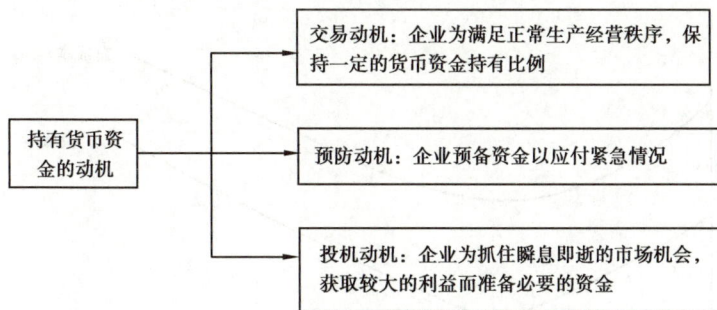

交易动机:企业为满足正常生产经营秩序,保持一定的货币资金持有比例

持有货币资金的动机 —— 预防动机:企业预备资金以应付紧急情况

投机动机:企业为抓住瞬息即逝的市场机会,获取较大的利益而准备必要的资金

图 3.1 货币资金的持有动机

2) 货币资金相关的成本

货币资金的相关成本如图 3.2 所示。

3) 货币资金的持有量确定方法

从上面可以看出,企业需要持有一定的资金以满足日常经营、投机和风险防范;但

是,持有资金又会产生相应的成本。因此,企业需要在合理确定资金持有量的基础上,实现风险和收益的平衡。

在这里介绍三个现金持有量的确定方法。

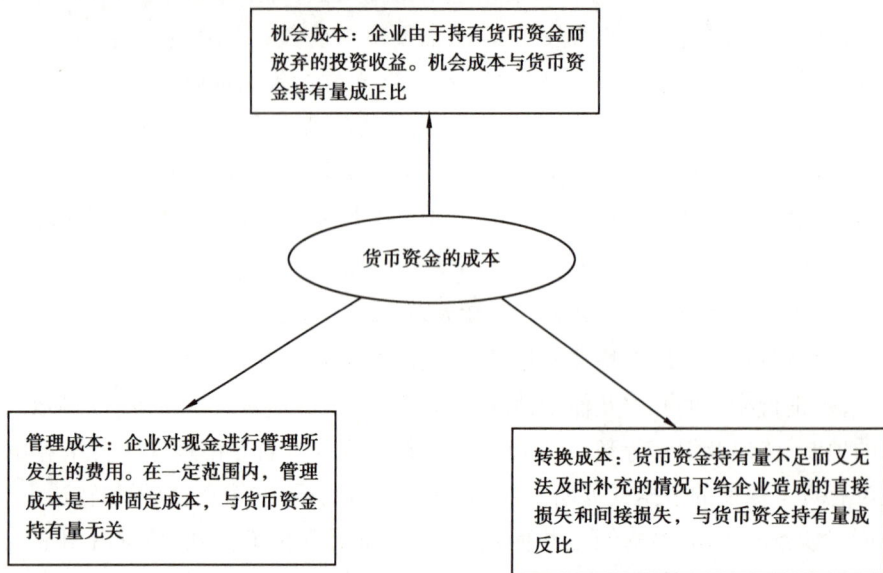

图 3.2　货币资金的相关成本

(1)成本分析模型

成本分析模型是通过分析持有现金的有关成本,进而求得使总成本最低的现金持有量。通过前面介绍可以知道与货币资金相关的成本主要包括机会成本、管理成本和短缺成本三种。上述三项成本之和最小的现金持有量,就是最佳现金持有量。如图 3.3 所示,机会成本线向右上方倾斜,短缺成本线向右下方倾斜,管理成本线为水平直线,总成本是一条抛物线,抛物线的最低点就是最佳货币资金持有量。

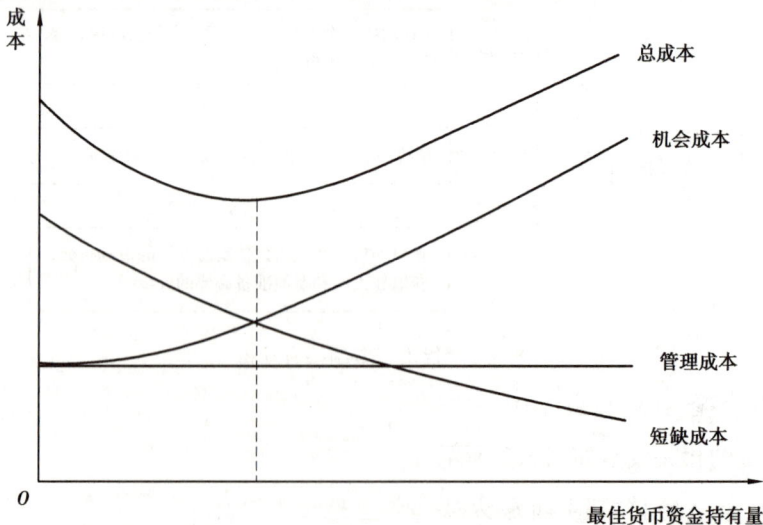

图 3.3　成本分析模型图

该模型简单,易于操作,但是要求能够比较准确地确定相关成本的成本函数,而这通常是很难做到的。所以,企业通常的做法如下:首先,找出几个可供选择的资金持有量;然后,计算出各个货币资金持有量下的总成本;最后,比较不同货币资金持有量下的总成本,最低总成本所对应的持有量即为最佳货币资金持有量。

**【例3.1】** 某企业有 A,B,C 三种货币资金持有方案,有关成本资料见表3.1。

表3.1 现金持有量备选方案表

| 项目 | A | B | C |
|---|---|---|---|
| 现金持有量/元 | 100 000 | 200 000 | 300 000 |
| 机会成本率/% | 10 | 10 | 10 |
| 短缺成本/元 | 48 000 | 25 000 | 10 000 |

根据上表,可采用成本分析模式编制企业最佳货币资金持有量测算表,测算表见表3.2。

表3.2 各方案相关成本测算表 单位:元

| 方案及资金持有量 | 机会成本 | 短缺成本 | 相关总成本 |
|---|---|---|---|
| A(100 000) | 10 000 | 48 000 | 58 000 |
| B(200 000) | 20 000 | 25 000 | 45 000 |
| C(300 000) | 30 000 | 10 000 | 40 000 |

通过比较分析上表中各方案的总成本可知,C 方案的相关总成本最低,因此 300 000元为最佳货币资金持有量。

(2)存货模式

在存货模式中,只对机会成本和固定性转换成本进行考虑,而对管理费用、短缺成本则不予考虑。机会成本和固定性转换成本随着现金持有量的变动而呈现出相反的变动趋向。这就要求企业必须对现金和有价证券的比例分割进行合理安排,从而使机会成本和固定性转换成本保持最佳组合。换言之,能够使现金管理的机会成本与固定性转换成本之和保持最低的现金持有量,即为最佳现金持有量。

运用存货模式确定最佳现金持有量,是以下列假设为前提的:

①企业所需的现金可通过证券变现得到,并且证券变现的不确定性很小。

②企业预算期内的现金需求总量可以被预测。

③现金的支出过程比较稳定、波动较小,而且每当现金余额降至零时,均可将部分证券变现得以补充。

④证券的利率或报酬率以及每次固定性交易费用均可以获悉。

存货模型的具体运用如下,设 $T$ 为一个周期内现金总需求量,$F$ 为每次转换为有价证券的固定成本,$Q$ 为最佳现金持有量(每次证券变现的数量),$K$ 为有价证券利息率(机

会成本），$TC$ 为现金管理相关总成本。则

$$TC = \frac{Q}{2} \times K + \frac{T}{Q} \times F$$

现金管理相关总成本 = 持有机会成本 + 固定性转换成本

持有现金的机会成本与证券变现的交易成本相等的时候，现金管理的相关总成本最低，此时的现金持有量即为最佳现金持有量，即

$$Q = \sqrt{\frac{2TF}{K}}$$

此时的总成本：$TC = \sqrt{2TFK}$

【例 3.2】 某企业现金收支情况稳定，预计全年（按 360 天计算）需要现金 100 000 元，现金与有价证券的转换成本为每次 200 元，有价证券的年利率为 10%，则

$$最佳现金持有量（Q） = \sqrt{\frac{2 \times 100\,000\ 元 \times 200\ 元}{10\%}} = 20\,000\ 元$$

$$最佳现金持有量的相关总成本（TC） = \sqrt{2 \times 100\,000\ 元 \times 200\ 元 \times 10\%} = 2\,000\ 元$$

（3）随机模型

前面两个模型都假定企业经营稳定，并且企业在一定时期的现金需求量可以准确预测出来。在现实中，这往往是难以实现的，在这种情况下，选择随机模型可能更为恰当。

随机模型假定企业每日的净现金流量是完全随机的，无法预先知道。按照这种模式，企业可以制订一个控制区间，当现金余额达到控制上限时，将现金转化为有价证券；当现金余额下降到下限时，则出手有价证券。当处于现金余额控制区间内部的时候，则不采取行动，如图 3.4 所示。

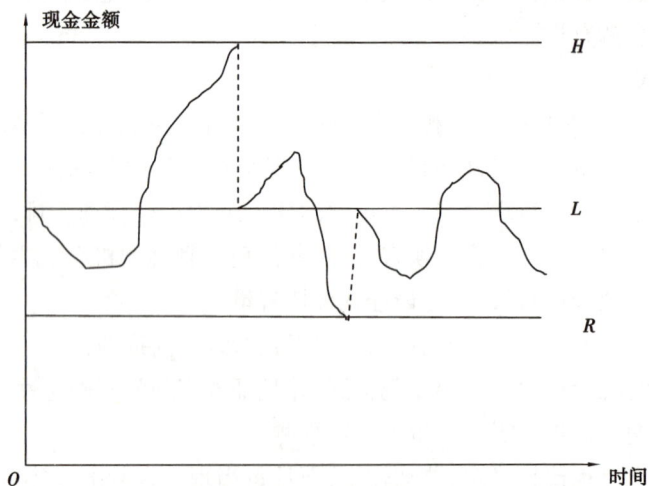

图 3.4　随机模型对现金持有量的控制图

在图 3.4 中，$H$ 和 $L$ 分别代表现金余额的上限和下限，$R$ 代表恢复点。当现金余额在 $H$ 和 $L$ 之间波动的时候，无须进行调整；当现金余额上升至上限 $H$ 时，则将数额为 $H - R$ 的现金用来购买有价证券，使现金余额降至 $R$；当现金余额下降至下限 $L$ 时，将数额为

$R-L$ 的短期有价证券出售用来弥补现金,使现金余额升至 $R$。其中,下限 $L$ 是企业现金的安全储备额,可以为零,但是现实中企业一般不会等到现金余额将为零的时候再去补充,所以 $L$ 一般为大于零的某一数值。$L$ 的确定取决于企业的现金流量情况以及管理者的风险态度。

根据米勒-奥尔(Miller-Orr)模型,$H$ 和 $R$ 可以按照以下公式来确定

$$R = \sqrt[3]{\frac{3F\sigma^2}{4i}} + L$$

式中　$R$——现金余额恢复点;

　　　$F$——有价证券每次转换的固定成本;

　　　$\sigma^2$——每日净现金流量的标准差;

　　　$i$——有价证券的日利率。

计算出恢复点 $R$ 之后,可以按照下列公式求出 $H$

$$H = 3R - 2L$$

【例3.3】　假定某企业持有的有价证券日利率为 0.16%,每次固定转换成本为 80元,企业认为任何时候其银行活期存款及现金余额均不能低于 1 000 元,又根据以往经验推算出现金余额波动的标准差为 300 元,请计算现金返回线 **R** 和现金控制上限 **H**。

已知:$i=0.16\%$,$F=80$ 元/次,$L=1\,000$ 元,$\sigma=300$ 元,则

$$R = \sqrt[3]{\frac{3F\sigma^2}{4i}} + L = \sqrt[3]{\frac{3 \times 80 \times 300^2}{4 \times 0.16\%}}\text{元} + 1\,000\ \text{元} = 2\,500\ \text{元}$$

$$H = 3R - 2L = 3 \times 2\,500\ \text{元} - 2 \times 1\,000\ \text{元} = 5\,500\ \text{元}$$

当企业的现金余额达到 5 500 元时,则应以 3 000 元的现金投资于有价证券,使现金持有量回落为 2 500 元;当企业的现金余额降至 1 000 元时,则应转让 1 500 元的有价证券,使现金持有量升至 2 500 元。

上面介绍了三种最佳现金余额的确定方法。需要注意的是,这些模型都是基于一定的假设条件,因此计算出来的最佳现金余额未必完全符合企业的实际情况。在实际运用中,应当根据具体情况和相关的经验,对结果进行调整。

### 3.2.3　现金管理技巧

#### 1)力求现金流入和现金流出同步化

从理论上来讲,企业如果能够实现现金流入和现金流出在时间与数量上完全同步的话,企业的现金余额就可以降为零。当然,在现实中企业不可能完全做到,但是,在制订现金计划的时候,如果能够有意识地朝这个方向努力,则企业的现金持有量可以显著降低。

#### 2)加速货款回收

应收账款收账期可以分为两个时间段:一是从企业赊销产品开始至客户付款开出支

票这段时间;二是从客户开出支票到货款划入企业开户行存款账户这段时间。如果能够对这两段时间进行合理有效的压缩,企业的资金使用效率无疑会有很大的提高。

3)尽量推迟付款时间

企业在购买商品的时候,供应商一般都会允许客户延期付款,并且如果企业能够提早付款则可以享受一定的现金折扣。企业在不影响信用和节约成本的前提下,应当尽可能地对付款时间进行推迟。

4)充分利用现金浮流量

由于有关结算单据的传递路线和时间不同,某些经济业务的结算单据企业已经入账,而银行尚未入账;或者某些业务的单据银行已经入账,但是企业尚未入账,这时企业账户存款余额和开户行账户存款余额会出现偏差,开户行账户上存款余额会大于企业账户上的存款余额,这就是现金浮流量。对现金浮流量较大的企业而言,充分利用现金浮流量可以显著降低现金余额,从而提高企业的资金使用效率。

5)充分利用闲置资金进行短期债券投资

企业在经营过程中,经常会出现资金的短期闲置,但是由于这笔资金在未来有特定的用途,因此无法用于长期投资。但是如果采用现金形式持有,则会降低收益率,在这种情况下,企业要利用资金进行短期债券投资,增加收益率。

6)现金管理套利

现金管理的主要工具分为货币基金、逆回购。

(1)货币基金概念

货币基金主要用于投资货币市场工具。"货币市场工具"主要包括期限在1年期以内的大额存单、央行票据、债券、债券回购、商业票据等投资工具。货币基金主要投资于期限在1年以内的高信用等级债券。这些短期债券具有期限短、流动性强和风险小的特点,所以也被称为"准货币"。

货币基金有以下特点:

①本金安全。风险极低,一般来说货币基金被看作现金等价物。

②流动性强。流动性可与活期存款媲美。买卖方便,资金到账时间短,场内货币基金当天卖掉,下个交易日可取。

③收益率较高。远高于同期银行活期存款收益,略高于同期1年期银行定期存款。

④交易成本低。买卖货币基金一般都免收手续费、认购费、申购费、赎回费。

⑤投资门槛低。场内货币基金10 000元起投。

货币基金分类:一种是场外货币基金,这种货币基金在基金公司的官网上进行交易,有的也可以通过银行进行交易。另一种是场内货币基金,场内货币基金可以通过证券账户进行交易或申购赎回。目前我国的场内货币基金分为交易型、申赎型和交易兼申赎三种类型。

货币基金的分红规则有两种。从收益计算方式来看场内货币基金的分红规则:上交所的交易型货币基金的计息规则都是算头不算尾,即买入当天享受收益,卖出当天不享受收益;深交所的交易兼申赎型货币基金的计息规则都是算尾不算头,即买入当天不享受收益,卖出当天享受收益。在利息结算方式上来看场内货币基金的分红规则:上交所的交易型货币基金在投资者全部卖出时才以现金方式将收益支付给投资者,卖出部分基金时不支付对应的收益;深交所的交易兼申赎型货币基金在持有期间每月支付收益,全部卖出时支付剩下的所有收益,部分卖出时不支付收益。

(2)逆回购

逆回购本质就是一种有抵押的短期放贷行为。有闲钱的人通过逆回购市场把钱借出去,获得固定的利息收益;缺钱而手里有债券的人,用债券作抵押获得借款,到期后还本付息。借钱给别人的行为称为逆回购,抵押债券借钱的行为称为正回购。

逆回购有以下特点:

①安全性高。风险极低或者说是没有风险,安全系数和银行存款一样。借钱的人需要用国债或高信用等级企业债作抵押,证券交易所监管,不存在资金不能归还的情况。

②收益率相对较高。与活期存款相比,收益率要高很多。在月底、年底市场资金短缺时,7天期逆回购的年化收益率可能高达20%左右。不过这个收益率不是持续的,如果长期操作逆回购,年收益率会比1年期银行定期存款稍高。

③操作方便。直接在证券账户中操作,到期后资金自动返还。

④期限选择多。有1天期、2天期、3天期、4天期、7天期、14天期、28天期、91天期、182天期9种期限可以选择,方便进行现金管理。

⑤手续费低。手续费是根据操作的天数计算,10万元做1天期逆回购就是1元,做2天期就是2元。手续费30元封顶,91天期和182天期的手续费都是30元。

上交所与深交所由于计息规则不同,为投资者带来了套利机会。比如投资者可以进行如下套利:在周五卖出深交所的货币基金,获取周五到周日的三日收益。同时用该资金在周五买入上交所的货币基金,获取周五到周日的三日收益。这样投资者可以在周末多赚2个计息日,实现7天计息9天。比如国庆前几天9月23日操作7天期国债逆回购,可以获得14天的利息收入。9月30号逆回购资金返还后买入上交所货币基金,又可以获得8天利息收入,总计可以获得22天的无风险利息收入。如有30万资金放在银行卡里存活期,9月23日到10月7日大概可以获得40元利息;如果买货币基金,大概可以获得322元利息;如果进行货币基金+逆回购组合操作,大概可以获得645元利息。

### 3.2.4　企业的自由现金流

自由现金流是指企业在扣除了所有经营支出、投资需要和税收之后,在清偿债务之前的剩余现金流量。它以收付实现制为基础,只考虑正常经营活动现金流入,其计算公式为

自由现金流 =(税后净营业利润 + 折旧及摊销)-(资本支出 + 营运资本增加)

=税后经营活动现金流 -(资本支出 + 营运资本增加)

　　自由现金流以扣减实际资本支出代替折旧,直观反映了公司可自由使用的现金流量,自由现金流意义重大,在现实中,企业出现失败的原因如出一辙,都是企业的自由现金流为负。所以,对公司自由现金流的关注,不仅是公司的财务问题,更是战略问题。

　　从自由现金流的计算公式可以看出,自由现金流是由经营活动和筹资活动产生的现金流共同决定的。经营活动现金流反映了企业通过实际经营活动,运用企业资源创造现金的能力,也就是企业的"造血"能力;投资活动现金流是指企业投资于长期资产所产生的现金流,反映了企业的"流血"情况。当企业的"造血" > "流血"的时候,自由现金流为正值;当企业的"造血" < "流血"时,自由现金流为负值。

　　企业应当通过对经营活动和投资活动的控制来有效控制企业的自由现金流。首先,应当加强对经营活动现金流量的挖掘,因为它具有持续性的特点,也就是说,在其他情况不变的情况下,经营活动能够持续创造现金流。其次,企业应当合理控制投资活动,投资活动具有长期性和相对不稳定的特点,过度的投资活动容易给企业带来危机。

# 3.3　应收项目管理

　　应收项目是指企业在日常生产经营过程中发生的各项债权。应收项目包括应收账款、应收票据、其他应收款和预付账款等。应收票据是指企业因向客户提供商品或劳务而收到的由客户签发而在短期内某一确定日期支付一定金额的书面承诺。由于应收票据具有固定的还款日期,而且法律约束力比较强,可操作性比较弱,而其他应收款和预付账款在应收项目中占有的比重比较小,因此这里主要介绍的是应收账款的管理。

## 3.3.1　应收账款的持有动机

　　应收账款的持有动机如图 3.5 所示。

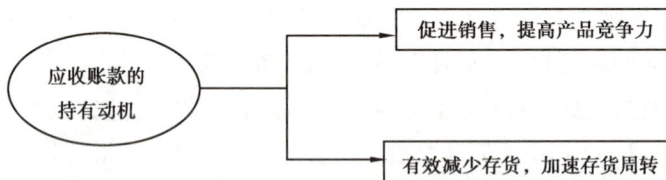

图 3.5　应收账款的持有动机

　　持有应收账款会涉及三个方面的成本,包括机会成本、坏账成本、管理成本,应收账款的持有成本如图 3.6 所示。

　　应收账款政策是指企业要求客户遵守或者允许客户利用的信用筹资制度,主要包括信用标准、信用期间和现金折扣三个部分内容。

机会成本：指企业因资金投放在应收账款上而放弃的投资于其他项目所能获得的收益。这一成本的大小通常与企业维持赊销业务所需要的资金数量以及资本成本有关

应收账款
的成本

坏账成本：即出于客户破产、解散、财务状况恶化、拖欠时间较长等原因，企业无法收回应收账款所带来的损失

管理成本：指企业因对应收账款进行日常管理而耗费的开支，主要包括对客户的资信进行调查的费用，收集各种信息的费用，应收账款账簿记录的费用、收账费用等。一般来讲，收账费用随着应收账款的增加而增加

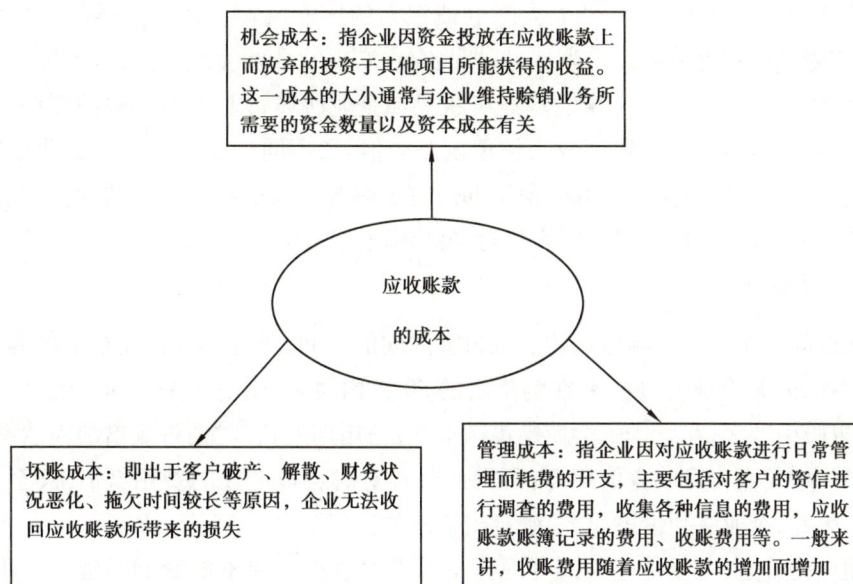

图 3.6  应收账款的持有成本

### 1）信用标准

信用标准是指企业衡量客户是否有资格享受商业信用的标准，也是客户获得企业的交易信用所应具备的基本条件。如果客户达不到该项信用标准，则不能享受公司给予的各种商业信用优惠，或只能享受较低档次的信用优惠。

标准过严可以减少企业的坏账损失和机会成本，但是不利于企业扩大销售，引起企业销售收入的降低，而且会造成市场占有率的降低；相反，如果标准过于宽松，虽然可以增加企业的销售收入，但是会加大企业的收账成本、管理成本以及坏账成本。所以，在确定信用标准的时候，必须在扩大销售与增加成本之间进行权衡。

信用标准通常以预期的坏账损失率作为判别标准，进而划分信用等级。坏账损失率越高，信用等级越低，相应的信用标准也就越高。

常用的坏账可能性评估方法是"5C"分析法，所谓"5C"分析法，是指通过重点分析影响信用的五个方面，而对客户的信用作出定论。

①品质（character），指的是客户忠于承诺、履行如期偿还贷款义务的内在品质。虽然很难评估一个客户的偿债品质，但信用部门还是可根据历史上偿还债务的信用程度，估计客户如期偿还赊销货款在主观上的可能性。

②能力（capacity），指的是客户如期偿还短期债务的能力，客户当前的流动比率和未来现金流量预测值是评估客户短期偿债能力的主要依据。

③资本（capital），即客户所拥有的资本，数值上等于企业净资产。资本度量了客户长期的财务实力，表明了客户可以偿还债务的背景。该指标可从企业财务报表中获取，同时还应分析资产的盈利能力。

④抵押（collateral），指客户提供作为授信安全保证的资产。这对于不知底细或信用

状况有争议的客户尤为重要,可大大降低债权人的坏账风险。客户提供的抵押品越充足,信用安全保障程度就越高。当然,抵押品存在变现的难易、数额大小等问题。

⑤环境(conditions),指未来宏观经济状况和企业所属行业发展态势的预期。显然,经济与金融形势恶化,将导致债务人偿债困难。但是,不同行业以及不同企业抵御经济环境变动的能力是有差异的,为此,信用部门应了解客户以往在困境时期的付款表现,必须对客户进行灵敏度分析,以确定客户对经济环境波动的敏感程度。

2)信用期间

信用期间是企业允许顾客从购货到付款之间的时间,或者说是企业给予顾客的付款期间。例如,若某企业允许顾客在购货后的 50 天内付款,则信用期为 50 天。信用期过短,不足以吸引顾客,在竞争中会使销售额下降;信用期过长,对销售额增加固然有利,但只顾及销售增长而盲目放宽信用期,所得的收益有时会被增长的费用抵消,甚至造成利润较少。因此,企业必须慎重研究,确定出恰当的信用期。

信用期的确定,主要是分析改变现行信用期对收入和成本的影响。延长信用期,会使销售额增加,产生有利影响;与此同时,应收账款、收账费用和坏账损失增加,会产生不利影响。当前者大于后者时,可以延长信用期,否则不宜延长。如果缩短信用期,情况与此相反。

3)现金折扣

现金折扣是企业对顾客在商品价格上所做的扣减。向顾客提供这种价格上的优惠,主要目的在于吸引顾客为享受优惠而提前付款,缩短企业的平均收款期。另外,现金折扣也能招揽一些视折扣为减价出售的顾客前来购货,从而扩大销量。

折扣的表示常采用一些如 5/10,3/20,n/30 这样的符号形式。其中符号 5/10 的含义为:如果 10 天内付款,可享受 5% 的价格优惠,即只需支付原价的 95%。

企业选取什么程度的现金折扣,要与信用期间结合起来考虑。比如,要求顾客最迟不超过 30 天付款,若希望顾客在 20 天、10 天内付款,能给予多大折扣?或者给予 5% 或 3% 的折扣,能吸引顾客在多少天内付款?不论是信用期间还是现金折扣,都可能给企业带来收益,但也会增加成本。现金折扣带给企业的好处前面已经讲过,它是企业增加的成本,指的是价格折扣损失。当企业给予顾客某种现金折扣时,应当考虑折扣所能带来的收益与成本孰高孰低,权衡利弊。

因为现金折扣是与信用期间结合使用的,因此确定折扣程度的方法与程序实际上与前述确定信用期间的方法与程序一致,只不过要把所提供的延期付款时间和折扣综合起来,看各方案的延期与折扣能取得多大的收益增量,再计算各方案带来的成本变化,最终确定最佳方案。

【例3.4】 M 公司现在采用 30 天按发票金额付款的信用政策,拟将信用期放宽至 60 天,同时,为吸引顾客提早付款,提出了 0.8/30,n/60 的现金折扣条件,估计会有一半的顾客(按 60 天信用期所能实现的销售量计)将享受现金折扣优惠,具体情况见表 3.3。

请问采取新信用政策是否恰当?

表3.3　M公司信用期放宽的有关资料表

| 信用期项目 | 30天 | 60天 |
|---|---|---|
| 销售量/件 | 100 000 | 120 000 |
| 销售额/元(单价5元) | 500 000 | 600 000 |
| 变动成本/元(每件4元) | 400 000 | 480 000 |
| 固定成本/元 | 50 000 | 50 000 |
| 可能发生的收账费用/元 | 3 000 | 4 000 |
| 可能发生的坏账损失/元 | 5 000 | 9 000 |

在分析时,先计算放宽信用期得到的收益,然后计算增加的成本,之后根据两者比较的结果做出判断。

①收益的增加。

$$收益的增加 = 销售量的增加 \times 单位边际贡献$$
$$= (120\ 000 - 100\ 000) \times (5-4) 元$$
$$= 20\ 000 元$$

②应收账款占用资金的应收利息增加。

$$30 天信用期应计利息 = \frac{500\ 000}{360} 元 \times 30 \times \frac{400\ 000}{500\ 000} \times 15\% = 5\ 000 元$$

$$提供现金折扣的应计利息 = \frac{600\ 000 元 \times 50\%}{360} \times 60 \times \frac{400\ 000 元 \times 50\%}{500\ 000 元 \times 50\%} \times 15\% +$$

$$\frac{600\ 000 元 \times 50\%}{360} \times 30 \times \frac{400\ 000 元 \times 50\%}{500\ 000 元 \times 50\%} \times 15\%$$

$$= (6\ 000 + 3\ 000) 元$$
$$= 9\ 000 元$$

应计利息的增加 $= 9\ 000 元 - 5\ 000 元 = 4\ 000 元$

③收账费用和坏账损失增加。

收账费用的增加 $= 4\ 000 元 - 3\ 000 元 = 1\ 000 元$

坏账损失的增加 $= 9\ 000 元 - 5\ 000 元 = 4\ 000 元$

④估计现金折扣成本的变化。

$$现金折扣成本增加 = 新的销售水平 \times 新的现金折扣率 \times 享受现金折扣的顾客比例$$
$$= 600\ 000 元 \times 0.8\% \times 50\%$$
$$= 2\ 400 元$$

⑤提供现金折扣后增加的税前损益。

$$收益增加 - 成本费用增加 = 20\ 000 元 - (4\ 000 + 1\ 000 + 4\ 000 + 2\ 400) 元$$
$$= 8\ 600 元$$

由于采用新的信用政策可以提高企业收益,故应放宽信用期,提供现金折扣。

### 3.3.2 应收账款日常管理

建立了合理的信用政策之后,企业还应加强应收账款的日常管理。

1)单个客户的管理

①做好基础记录。基础记录工作包括企业与客户建立信用关系的日期、企业对客户提供的信用条件、客户的付款时间、客户享受现金折扣的情况、客户的欠款情况和客户的信用等级变化等。企业只有在掌握这些信息之后,才能及时采取相应的对策。

②检查客户是否突破信用额度。根据企业对客户提供的每一笔赊销业务,检查是否超过了信用期限,负债总额是否突破信用额度。

③掌握客户已过信用期限的债务。企业应密切关注客户已到期债务的增减动态,以便及时采取措施与客户联系,催促其尽快付款。

2)收账方法

企业必须采取合理的收账方法。

一般的收款方式如下:针对过期较短的客户,不予过多打扰,以免以后失去市场;针对过期较长的客户,可以写信催促;针对过期很长的客户,频繁催促,而且措辞要严厉。

由于收取账款的各个步骤都要发生费用,因此要在收账费用和减少坏账损失之间做出权衡,这一点在很大程度上取决于企业管理人员的经验,也可通过应收账款成本最小化的原理,对各个收账方案的成本大小进行比较,确定收账方法。

3)建立应收账款的坏账准备制度

不论企业采取怎样严厉的信用政策,只要存在商业信用行为,都难免会出现坏账损失,企业应当在期末分析各项应收账款的可回收性,并预计可能发生的坏账损失,计提坏账准备。企业应当制定计提坏账准备的政策,明确计提坏账准备的范围、提取方法、账龄的划分和提取比例,按法律、行政法规的规定报有关方面备案。坏账准备的计提方法一旦确定,不得随意变更,而且应当在财务报表附注中予以说明。

4)监督应收账款的收回情况

企业一般采取账龄分析法来监督应收账款的收回情况。账龄分析法是指通过编制账龄分析表,以显示应收账款账龄的长短,并按时间长短进行排序。企业应当实施严密的监督,随时掌握应收账款的收回情况。实施对应收账款的全过程监督,可以通过编制账龄分析表进行,见表3.4。

表 3.4　账龄分析表

| 应收账款账龄 | 账户数量 | 金额/元 | 比率/% |
| --- | --- | --- | --- |
| 信用期限内 | | | |
| 信用期限超过 1～20 天 | | | |
| 信用期限超过 21～40 天 | | | |
| 信用期限超过 41～60 天 | | | |
| 信用期限超过 61～80 天 | | | |
| 信用期限超过 81～100 天 | | | |
| 信用期限超过 100 天 | | | |
| 合计 | | | |

通过分析账龄分析表,企业财务管理部门可以掌握以下信息:①有多少客户能够在折扣期限内付款;②有多少客户能够在信用期限内付款;③企业有多少应收账款超过了信用期限,有多少客户能够在信用期限后付款;④有多少应收账款拖欠太久,可能会成为坏账。

# 3.4　存货管理

## 3.4.1　存货管理的目标

存货是指企业在日常生产经营中为销售或生产耗用而储备的物资。企业的存货可以分为三种类型,即原材料存货、在制品(半成品)存货和成品存货。

1)存货的功能

①维持正常的生产经营。适量的存货是企业正常生产经营的前提和保证,企业不至于因为停工待料事件而影响生产的连续性,从而造成经济损失。

②增强对市场变化的适应性。存货储备能增强企业在生产销售方面的机动性以及适应市场变化的能力。企业有了足够的存货,才能有效地供应市场,满足顾客的需要。

③降低进货成本。当购货达到一定的数量时,供货方一般会在价格上给予一定的折扣。因此企业采用批量集中进货,能在价格上得到很大程度的优惠。

④维持均衡生产。对于那些生产季节性产品或者生产所需材料供应具有季节性的企业,为实现均衡生产,降低生产成本,必须适当储备一定的存货。否则,就会出现闲时生产能力得不到充分利用,忙时超负荷运转的情形。

2)存货管理目标

存货是公司保障生产和经营的连续性、避免缺货损失(如丧失销售机会等损失)的基础;但是,存货的持有会占用公司的大量资金,而且公司还要面临存货跌价的风险。因此,存货管理的目标就是要降低存货资金占用量,在各种存货成本与收益之间进行利弊权衡,实现最佳组合。

## 3.4.2 与存货相关的成本

与存货相关的成本情况如图 3.7 所示。

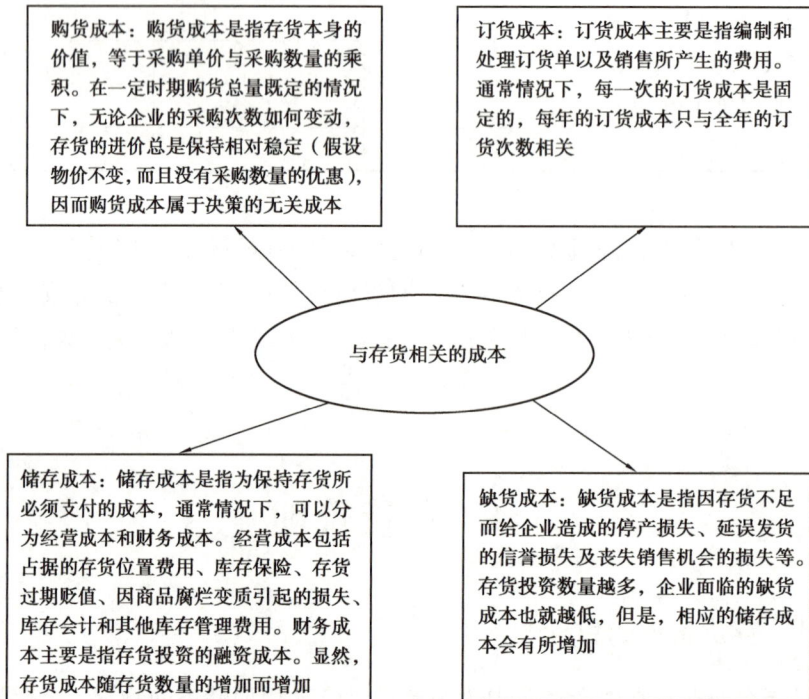

图 3.7 与存货相关的成本

## 3.4.3 存货管理方法

### 1)经济订货批量基本模型

存货管理的一个重要内容就是确定存货采购的经济订货批量,也称经济订货量。所谓经济订货量,是指既能满足生产经营对存货的正常需要,又能使存货总成本最低的订货批量。

经济订货批量基本模型的假设条件如下:

①企业能够及时补充存货,即需要订货时便可立即取得存货。

②不允许出现缺货情形,即无缺货成本。

③需求量稳定,并且可以预测。

④存货的价格稳定,不考虑现金折扣,进货日期完全由企业自行决定,并且每当存货量降为零时,下一批存货均能马上到位。

⑤企业现金充足,不会因为现金短缺而影响进货。

⑥存货市场供应充足。

设立了上述假设之后,存货总成本的公式可以简化如下:

$$存货总成本 = 订货费用 + 储存成本$$

$$= 全年订货总量 \div 每次订货批量 \times 每次订货成本 +$$

$$每次订货批量 \div 2 \times 单位存货年储存成本$$

假设:$D$ 为某种存货年度计划订货总量,$C$ 为平均每次订货费用,$K_C$ 为单位存货年度单位储存成本,$P$ 为订货单价。$Q$ 为每次订货量,$Q^*$ 为经济订货批量,$N$ 为订货次数,存货占用资金为 $I$,则在总成本最小的时候,可以得到如下结论:

经济订货批量 $(Q^*) = \sqrt{\dfrac{2CD}{K_C}}$

相关总成本 $(TC) = \sqrt{2CDK_C}$

年度最佳订货批次 $(N) = \dfrac{D}{Q^*}$

存货占用资金 $(I^*) = \dfrac{PQ^*}{2}$

【例 3.5】　某企业对某种物资的年需求量为 3 650 件;订货费用为 500 元/次;该物资购买价格为 125 元/件;储存成本为产品购买费用的 10%;交货期为 7 天,则其经济订货批量为

$$Q^* = \sqrt{\frac{2CD}{K_C}} = \left( \sqrt{\frac{2 \times 3\ 650 \times 500}{125 \times 10\%}} \right) 件 = 540.37\ 件 \approx 540\ 件$$

### 2)经济订货批量基本模型的扩展

经济订货批量基本模型是在前述各假设的条件下建立的,但是现实生活中,能够满足这些假设条件的情况很少。为使经济订货批量模型的假设更接近实际情况,具有很高的实用性,需要注意放宽假设,同时对模型进行改进。

#### (1)再订货点

一般情况下,企业的存货不能做到随用随补充。因此,不能等存货用完再去订货,而需要在没有用完时提前订货。在提前订货的情况下,企业再次发出订货单的时候,尚有存货的库存量,即再订货点,用 $R$ 表示,它的数量等于交货时间 $L$ 和每日平均需用量 $d$ 的乘积,即 $R = d \times L$,如图 3.8 所示。

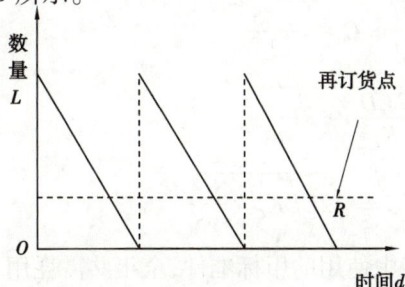

图 3.8　再订货点

【例3.6】 某公司是一个家用电器零售商,目前经营约500种家用电器产品。该公司正在考虑经销一种新的家电产品。据预计该产品年销售量为1 800台,一年按360天计算,平均日销售量为5台;变动的储存成本为100元/台(1年);变动的订货成本为400元/次;公司的进货价格为每台1 000元;订货至到货的时间为4天。

要求计算:

①该商品的经济订货批量。

②该商品按照经济订货批量进货时存货所占用的资金。

③该商品按照经济订货批量进货时相关的存货总成本。

④该商品不含有保险储备量的再订货点。

已知:$D = 1\,800$ 台,$P = 1\,000$ 元/台,$K_c = 100$ 元/台,$C = 400$ 元/次,$d = 5$ 台,$L = 4$ 天,则

经济订货批量 $Q^* = \sqrt{\dfrac{2CD}{K_c}} = \left(\sqrt{\dfrac{2 \times 1\,800 \times 400}{100}}\right)$ 台 $= 120$ 台

存货占用资金 $I^* = \dfrac{Q^*}{2} \times P = \dfrac{120}{2} \times 1\,000$ 元 $= 60\,000$ 元

相关总成本 $TC = \sqrt{2CDK_c} = (\sqrt{2 \times 1\,800 \times 400 \times 100})$ 元 $= 12\,000$ 元

不含有保险储备的再订货点 $R = d \times L = (5 \times 4)$ 台 $= 20$ 台

（2）存货陆续供应和使用

在建立经济订货批量基本模型时是假设存货一次全部到库,存货增加时存量变化为一条垂直的直线。事实上,各种存货可能陆续到库,使存量陆续增加,尤其是产成品入库和产品转移,几乎总是陆续供应和陆续耗用的。

设每批订货数量为 $Q$,每日送货量为 $S$,每日耗用量为 $d$,则

送货需要的时间为 $\dfrac{Q}{S}$,存货在送货的时间里,还要继续使用,因此最高库存量为 $Q - \dfrac{Q}{S}d$,平均存货为 $\dfrac{Q - \dfrac{Q}{S}d}{2}$。

因此,

相关总成本 $TC(Q) = \dfrac{D}{Q} \times C + \dfrac{Q - \dfrac{Q}{S}d}{2}$

经济订货批量 $Q^* = \sqrt{\dfrac{2CD}{K_c} \times \dfrac{S}{S-d}}$

此时最小相关总成本 $TC = \sqrt{2CDK_c \times \dfrac{S-d}{S}}$

【例3.7】 某公司生产中使用的甲标准件,全年共需耗用3 600件,该标准件通过自制方式取得,其日产量为50件,单位生产成本为100元;每次产生准备变动成本为800

元,储备变动成本每件5元。假设一年按360天计算,计算每次经济生产量和最小相关总成本。

已知:$D = 3\,600$ 件,$K_c = 5$ 元/件,$C = 800$ 元/次,$S = 50$ 件,$d = 10$ 件/天,则

$$Q^* = \sqrt{\frac{2CD}{K_c} \times \frac{S}{S-d}} = \left(\sqrt{\frac{2 \times 800 \times 3\,600}{5} \times \frac{50}{50-10}}\right) 件 = 1\,200 \text{ 件}$$

$$TC = \sqrt{2CDK_c \times \frac{S-d}{S}} = \left(\sqrt{2 \times 800 \times 3\,600 \times 5 \times \frac{50-10}{50}}\right) 元 = 4\,800 \text{ 元}$$

(3)实行数量折扣

为了鼓励客户购买更多的商品,销售企业通常会给予不同程度的商业折扣。购买越多,价格折扣也就越多。此时,进货企业对经济订货批量的确定,除了考虑进货费用和储存成本外,还应考虑存货的购置成本,因为此时的存货购置成本已经与进货数量的大小有了直接的联系,属于决策的相关成本。

$$相关总成本 = 订货变动成本 + 储存变动成本 + 购置成本$$

$$= \frac{D}{Q}C + \frac{Q}{2}K_c + DP$$

该模型的步骤如下:

①按基本模型计算经济订货批量。

②计算订货批量对应的存货相关总成本。

③计算各个数量折扣分界点订货量对应的存货相关总成本。

④比较各个订货量的存货相关总成本,找出总成本最低的对应订货批量。

【例3.8】　某种材料全年总需求量为7 200千克,每次变动订货成本为400元,每千克材料的储存成本为100元。购买249千克及以下每千克买价为300元,购买250千克以上每千克买价为280元。请问每次采购多少数量最划算?

已知:$D = 7\,200$ 千克,$K_c = 100$ 元/千克,$C = 400$ 元/次,当不考虑数量折扣条件下的经济订货批量为

$$Q^* = \sqrt{\frac{2CD}{K_c}} = \left(\sqrt{\frac{2 \times 7\,200 \times 400}{100}}\right) 千克 = 240 \text{ 千克}$$

$$相关总成本 = \frac{D}{Q}C + \frac{Q}{2}K_c + DP$$

$$= \left(\sqrt{2 \times 7\,200 \times 400 \times 100}\right) 元 + (240 \times 1\,000) 元$$

$$= 96\,000 \text{ 元}$$

如果考虑数量折扣,每次购买250千克,则

$$相关总成本 = \frac{D}{Q}C + \frac{Q}{2}K_c + DP$$

$$= \left(\frac{7\,200}{250} \times 400\right) 元 + \left(\frac{250}{2} \times 100\right) 元 + (250 \times 280) 元$$

$$= 94\,020 \text{ 元}$$

所以应该每次按 250 千克采购。

（4）安全储备

为了保证企业正常的生产经营，一般企业都不会允许库存原料降低为零，而是会保留一个库存储备，即保险储备。因为企业在实际生产经营中要面对很多不确定的情况，很难做到再订货点的理想状况，使原料使用和各订货批次之间完美衔接，所以安全储备就显得极为重要。这些存货在正常情况下不动用，只有当存货过量使用或送货延迟时才动用。

企业在再订货点发出订货指令，但在所订原料到达之前有一段交货期，这时如果没有安全储备，企业将可能中止生产，带来缺货成本。企业面临的不确定性越大，需要的安全储备量就越多。

一般情况下，在考虑到保险库存时，再订货点 $R$ 的数量应等于交货时间 $L$ 与平均每日需求 $d$ 之积加上保险储备量 $B$。即

$$R = d \times L + B$$

但是，从另一个方面看，安全储备虽然保证了企业在不确定条件下的正常生产，但其存在将导致企业支付更多的储备成本。研究保险储备的目的，就是要找出合理的保险储备量，使缺货或供应中断损失和储备成本之和最小。方法上可先计算出不同保险储备量的总成本，然后再对总成本进行比较，选定其中最低的。

如果设与此有关的总成本为 $TC(S,B)$，缺货成本为 $C_S$，保险储备成本为 $C_B$，则

$$TC(S,B) = C_S + C_B$$

设单位缺货成本为 $K_U$，一次订货缺货量为 $S$，年订货次数为 $N$，保险储备量为 $B$，单位存货储存变动成本为 $K_C$，则

$$C_S = K_U \times S \times N$$
$$C_B = B \times K_C$$
$$TC(S,B) = K_U \times S \times N + B \times K_C$$

现实中，缺货量 $S$ 具有概率性，其概率可根据历史经验估计得出；保险储备量 $B$ 可选择而定。

【例 3.9】 假定某存货的年需要量 $D = 3\ 600$ 件，单位储存变动成本 $K_C = 2$ 元，单位缺货成本 $K_U = 4$ 元，交货时间 $L = 10$ 天；已经计算出经济订货批量 $Q = 300$ 件，每年订货次数 $N = 12$ 次。交货期内的存货需要量及其概率分布见表 3.5。

表 3.5　某种存货交货期内的需要量及其概率分布表

| 需要量（$10 \times d$） | 70 | 80 | 90 | 100 | 110 | 120 | 130 |
|---|---|---|---|---|---|---|---|
| 概率 | 0.01 | 0.04 | 0.20 | 0.50 | 0.20 | 0.04 | 0.01 |

先计算不同保险储备的总成本。

①不设置保险储备量。即令 $B = 0$，且以 100 件为再订货点。此种情况下，当需求量

为 100 件或小于 100 件时，不会发生缺货，其概率为 $0.75(0.01 + 0.04 + 0.20 + 0.50)$；当需求量为 110 件时，缺货 10 件，其概率为 0.20；当需求量为 120 件时，缺货 20 件，其概率为 0.04；当需求量为 130 件时，缺货 30 件，其概率为 0.01。因此，$B = 0$ 时缺货的期望值 $S_0$、总成本 $TC(S,B)$ 可计算如下：

$$S_0 = (10 \times 0.2) 件 + (20 \times 0.04) 件 + (30 \times 0.01) 件 = 3.1 件$$

$$
\begin{aligned}
TC(S,B) &= K_U \times S \times N + B \times K_C \\
&= (4 \times 3.1 \times 12) 元 + (0 \times 2) 元 \\
&= 148.8 元
\end{aligned}
$$

②保险储备量为 10 件。即 $B = 10$ 件，以 110 件为再订货点。此种情况下，当需求量为 110 件或小于 110 件时，不会发生缺货，其概率为 $0.95(0.01 + 0.04 + 0.20 + 0.50 + 0.20)$；当需求量为 120 件时，缺货 10 件，其概率为 0.04；当需求量为 130 件，缺货 20 件，其概率为 0.01。因此，$B = 10$ 件时缺货的期望值为 $S_{10}$、总成本 $TC(S,B)$ 可计算如下：

$$S_{10} = (10 \times 0.04) 件 + (20 \times 0.01) 件 = 0.6 件$$

$$
\begin{aligned}
TC(S,B) &= K_U \times S \times N + B \times K_C \\
&= (4 \times 0.6 \times 12) 元 + (10 \times 2) 元 \\
&= 48.8 元
\end{aligned}
$$

③保险储备量为 20 件。同样运用以上的方法，可计算 $S_{20}$、$TC(S,B)$ 为

$$S_{20} = \left[ (130 - 120) \times 0.01 \right] 件 = 0.1 件$$

$$TC(S,B) = (4 \times 0.1 \times 12) 元 + (20 \times 2) 元 = 44.8 元$$

④保险储备量为 30 件。即 $B = 30$ 件，以 130 件为再订货点。此种情况下可满足最大需求，不会发生缺货，因此

$$S_{30} = 0 件$$

$$TC(S,B) = (4 \times 0 \times 12) 元 + (30 \times 2) 元 = 60 元$$

比较上述不同保险储备量的总成本，以其低者为最佳。

当 $B = 20$ 件时，总成本为 44.8 元，是各总成本中最低的。故应确定保险储备量为 20 件，或者说应确定以 120 件为再订货点。

### 3.4.4 存货的日常管理

**1）采用 ABC 分类管理法**

ABC 分类管理法就是按照一定的标准，将企业的存货划分为 A，B，C 三类，分别实行分品种重点管理、分类别一般控制和按总额灵活掌握的存货管理方法。这是一种相对简单的存货管理方法。

ABC 分类管理法有以下三个步骤：

①要确定存货分类的标准。分类的标准主要有以下两个：一是金额标准；二是品种数量标准。金额标准是最基本的，品种数量标准仅作为参考。一般来讲，A 类存货金额巨大，但是品种数量较少；B 类存货金额一般，品种数量相对较多；C 类存货品种数量繁

多,但金额较小。

可见,由于 A 类存货占用着企业绝大多数的资金,只要能够控制好 A 类存货,基本上就不会出现较大的问题。同时,由于 A 类存货品种数量较少,企业完全有能力按照每一个品种进行管理。B 类存货金额相对金额较小,企业不必像对待 A 类存货那样花费太多的精力。同时,B 类存货的品种数量远远多于 A 类存货,企业通常没有能力对每一个具体品种进行控制,因此可以通过划分类别的方式进行管理,C 类存货尽管品种数量繁多,但其所占有的金额却很小,因此,企业只要把握一个总金额也就可以了。

②根据上述标准将成本进行归类。首先,列明企业的全部存货明细表,计算出每种存货的价值总额以及占全部存货金额的百分比;之后,按照金额标志由大到小进行排序并累加金额百分比;最后,当总金额累加到一定比例（比如 70%）时,以上存货视为 A 类,百分比介于一定区间（比如 70% ~ 90%）的存货作为 B 类存货,其余的则为 C 类存货。

③在对存货进行 ABC 分类的基础上,企业应分清主次,采取相应的对策进行有效管理、控制。企业在组织经济订货批量、储存期分析时,对 A 和 B 两类存货可以分别按照品种、类别进行。对 C 类存货只需要灵活管理即可,一般不必按照上述各方面测算和分析。

2）建立采购业务的预算管理制度

公司应当建立和完善采购业务的预算管理制度。对于预算内采购项目,具有请购权的部门应严格按照预算执行进度办理请购手续;对于超预算和预算外采购项目,应当明确审批权限,由审批人根据其职责、权限以及单位实际需要等对请购申请进行审批。具有请购权的部门应对需求部门提出的申请进行审核后再办理请购手续。

3）加强采购的批准和审批管理

公司应当建立采购申请制度,依据购置物品或劳务等类型,确定归口管理部门,授予相应的请购权,并明确相关部门或人员的职责权限及相应的请购程序。在公司的采购和验收管理制度中,应对采购方式确定、供应商选择、验收程序等做出明确规定,确保采购过程的透明化。一般物品或劳务等的采购应采用订单采购或合同订货等方式,但是小额零星物品或劳务等的采购可以采用直接购买等方式进行。公司也应当建立退货管理制度,对退货条件、退货手续、贷款回收等做出明确规定。

4）细化结算管理

公司应当按照请购、审批、采购、验收、付款等规定的程序办理采购和付款业务,并在采购与付款各环节设置相关的记录,填制相应的凭证,建立完整的采购登记制度,加强请购手续、采购订单（或采购合同）、验收证明、入库凭证、采购发票等文件和凭证的相互核对工作。

公司的财务管理部门在办理付款业务时,应当对采购发票、结算凭证、验收证明等相关凭证的真实性、完整性、合法性及合规性进行严格审核。对于应付账款和应付票据,公司应由专人按照规定的付款日期、折扣条件等管理应付款项。已到期的应付款项须经有关授权人员审批后,方可办理结算与支付。对于预付账款和订金,公司还需要建立授权批准制度,以加强管理。公司应当定期与供应商核对应付账款、应付票据、预付账款等往来款项。如有不符,应查明原因,及时处理。

5)重视存货的存储管理

公司应当对存货进行定期盘点,每年至少盘点一次。如果盘点结果与账面记录不符,应于会计期末前查明原因,并根据企业的管理权限,经股东大会(董事会),或经理会议类似机构批准后,在期末结账前处理完毕。盘盈的存货应冲减当期的管理费用。盘亏的存货在减去过失人或保险公司等赔款和残料价值之后,计入当期管理费用;属于非常损失的,计入营业外支出。

6)加强信息化管理

以信息化技术为支撑,采取订单式生产、规模化集中采购,甚至建立一体化的企业资源计划(Enterprise Resource Planning,ERP),是降低存货余额、提升存货管理效率的主要途径。

| 本章思维导图 | 练习题 | 习题答案及解析 |

# 第4章　短期融资管理

**学习目标:**通过本章的学习,要求学生在知识能力方面了解短期融资特点和方式,合理利用商业信用融资,了解短期借款的特点和利弊。培养学生的思考能力和学习习惯,在社会能力方面,培养合作能力和协调能力。

## 4.1　短期融资概述

短期融资是指为满足企业临时性流动资产需要而进行的筹资活动。短期融资所筹得的资金主要是用于临时性的企业周转,或者出于各种考虑需要临时调整其资产负债结构等。短期融资所筹得的资金使用时间比较短,一般不超过 1 年,属于流动负债的范畴。

### 4.1.1　短期融资特点

1)融资速度快

长期融资的债权人为了保护自身利益,往往会对债务人进行全面的财务调查,因而筹资所需时间长而且不易取得。短期融资往往在较短时间内便可以归还,因此债权人顾虑较少,取得速度快,而且相对简单。

2)融资富有弹性

相较于长期融资,短期融资赋予债务人更多的灵活性。因为长期融资协议通常包括约束公司未来经营活动的条款或者契约,而且有些长期融资要求支付延迟还款的违约金。

3)融资成本低

由于利率风险的影响,正常情况下短期融资的利率会低于长期融资利率,而且很多短期融资是无须负担利息的,因此短期的融资成本比长期的融资成本低。

4)融资风险高

相对于长期融资,短期融资的风险较高。首先,短期融资的利率波动较大;其次,由于短期融资到期时间较短,企业需要在短期内拥有足够的现金来偿债,企业若出现现金短缺并且贷款人不愿展期,就会陷入财务危机。

### 4.1.2　短期融资方式

短期融资方式主要有五种形式,即商业信贷、短期借款、商业票据、短期融资券和典当抵押融资。

**1）商业信贷**

商业信贷是融资的一种自发来源，它来自企业的日常商业赊销活动，随着销售额的增加，从应付账款中产生的融资供应量也相应增加。商业信贷作为融资来源，其特点是方便但不正规。在销售商提供现金折扣情况下，买方应仔细研究这种融资方式的使用成本。

**2）短期借款**

短期借款是指企业向银行或非金融机构借入的，期限在1年以内的借款。短期借款按照目的和用途可分为生产周转借款、临时借款和结算借款；按偿还方式可分为一次偿还借款和分期偿还借款；按有无担保可分为抵押借款和信用借款。

短期借款较之商业信贷的优点是：筹资效率高、筹资弹性大。缺点是：筹资风险高，实际利率较高，在补偿性余额和附加利率情形下尤其如此。

企业在选择短期借款方式的同时，也需要对提供借款的银行做出选择。随着金融信贷业的发展，可向企业提供贷款的银行和非金融机构不断增多，企业应在有利于自身的前提下，在各个贷款机构之间做出选择，这是筹资理财的一项重要任务。企业选择银行时，除了合理选择借款种类、借款利率和借款条件外，还要考虑下列有关因素：

①银行对不同风险的基本政策。

②支持借款人的活动差别。

③银行存款稳定性结构。

④银行在贷款方面的专业化程度。

⑤银行的规模。

⑥提供咨询服务的能力。

**3）商业票据**

商业票据的优点是融资成本低和手续简便，省去了与金融机构签订协议等许多麻烦，但由于它的融资受资金供给方资金规模的限制，也受企业本身在票据市场上知名度的限制，因此比较适合于大企业的短期融资。

**4）短期融资券**

短期融资券是由企业发行的无担保短期本票。在我国，短期融资券是指企业依照《短期融资券管理办法》的条件和程序在银行间债券市场发行和交易并约定在一定期限内还本付息的有价证券，是企业筹措短期（1年以内）资金的直接融资方式。

短期融资券的筹资成本较低，筹资数额比较大，可以提高企业信誉和知名度，但发行短期融资券的风险比较大，弹性也比较小，发行条件比较严格。

**5）典当抵押融资**

典当抵押融资，简称典当。主要是指当户将其动产、财产权利作为当物质押或者将其房地产作为当物抵押给典当行,交付一定比例费用,取得当金,并在约定期限内支付当金利息、偿还当金、赎回当物的行为。

该融资方式的特点有以下几方面:

①周转速度快,如华夏典当行的房产典当业务可以达到 1 个工作日放款。

②抵押范围广,如房产、汽车、股票、黄金、物资等均可作为抵押物。

③没有资金用途限制,如拿到资金以后,典当行不问资金用途。

④借贷方式灵活,如可以选择 5 天一计息,可以选择最高限额式贷款。

⑤其利息要高于银行贷款。

# 4.2 商业信用融资

商业信用是指在商品交易中以延期付款或预收货款进行购销活动而形成的企业之间的借贷关系。如果企业进货都是在收取货物的若干天后付款,或所有的销售都在销售前的若干天前收款,商业信用就会成为企业一项稳定的资金来源。如今,商业信用已经得到广泛的发展,并成为各企业普遍适用的短期融资方式。

常见的商业信用筹资方式包括应付账款、应付票据和预收账款等。

## 4.2.1 应付账款

应付账款是企业购买货物暂未付款而欠对方的款项,即卖方允许买方在购货后的一定时期内实际支付货款的一种形式。对买方来说,延期付款则等于向卖方借用资金购买商品,可以满足企业的资金需要。

应付账款一般有付款期、折扣等信用条件。卖方一般会规定一个较长的期限,买方必须在到达期限之前偿还借款,这就是付款期;此外,为了鼓励买方提前还款,卖方通常会为提前偿付的买家提供折扣,这种折扣被称为现金折扣。对买方而言,现金折扣可以看作一种机会成本,如果买方可以以更低的利率从其他渠道募集到资金,则应该享受现金折扣;反之,则应放弃现金折扣。

## 4.2.2 应付票据

应付票据是指企业在商品购销活动和对工程价款进行结算时采用商业汇票的结算方式,是由出票人出票,委托付款人在指定日期无条件支付确定的金额给收款人或者票据的持票人。

所谓商业汇票是指由收款人或付款人(或承兑申请人)签发,由承兑人承兑,并于到期日向收款人或被背书人支付款项的票据。商业汇票,按承兑人不同分为商业承兑汇票和银行承兑汇票。如果承兑人是银行,则为银行承兑汇票;如果承兑人为购货单位,则为商业承兑汇票。付款期最长不得超过 6 个月。

商业汇票按是否带息,分为带息票据和不带息票据。带息票据是指按票据上标明的利率,在票据票面金额上加上利息的票据,到期承兑时,除支付票面金额外,还要支付利息。不带息票据是指票据到期时按面值支付,票据上无利息的规定。目前我国常用的是不带息票据。应付票据的利率一般比银行借款的利率低,且不用支付相应的补偿额和协议费,所以应付票据的筹资成本低于银行借款的成本。但是应付票据到期必须归还,如若延期便要交付罚金,因而风险较大。

### 4.2.3　预收账款

预收账款是卖方在交付货物之前向买方预先收取部分或全部货款的信用形式。对卖方来讲,预收账款相当于向买方借用资金后用货物抵偿,一般用于生产周期长、资金需要量大的货物销售。

交易是有风险的,特别是在首次与不熟悉的客户进行交易或认为客户的信用状况不佳,存在拒付风险的交易事项时,企业往往采取先款后货的交易方式,先款后货通常有两种方式:一是全额先款后货,即通常的收多少钱,发多少货;二是先预收一定比例的款项,收到头款后发货,待客户收到货后再收尾款或依其他约定方式收款。

## 4.3　短期借款

短期借款是指企业向银行和其他非银行金融机构借入的期限在1年以内的借款。企业借入短期借款,首先必须提出申请,经审核同意后借贷双方签订借款合同,注明借款的用途、余额、利率、期限、还款方式、违约责任等;然后企业根据借款合同办理借款手续;借款手续完毕,企业便可取得借款。

### 4.3.1　信用条件

银行发放短期借款往往带有一些信用条件,主要有信贷限额、周转信贷协定、补偿性余额、借款抵押、偿还条件和其他承诺等。下面将一一介绍。

1) 信贷限额

信贷限额是银行对借款人规定的无担保贷款的最高额。信贷限额的有效期限一般为1年,但根据情况也可适当延期。一般来讲,企业在批准的信贷限额内,可以随时使用银行借款。但是银行并不承担必须提供全部信贷限额的义务。如果企业信誉恶化,即使银行曾经同意按照信贷限额提供贷款,企业也可能得不到借款。

2) 周转信贷协定

周转信贷协定是银行具有法律义务地承诺提供不超过某一最高限额的贷款协定。在协定的有效期内,只要企业的借款总额未超过最高限额,银行必须满足企业任何时候提出的借款要求。但是,企业享用周转信贷协定,通常要就贷款限额的未使用部分付给银行一笔承诺费。

### 3）补偿性余额

补偿性余额是银行要求借款企业在银行中保持贷款限额或实际借用额一定百分比(一般为 10%～20%)的最低存款余额。从银行的角度讲,补偿性余额可以降低贷款风险,补偿遭受的贷款损失。对借款企业来讲,补偿性余额则提高了借款的实际利率。

### 4）借款抵押

银行向财务风险较大的企业或对其信誉没有把握的企业发放贷款,有时需要有抵押品担保,以减少自己蒙受损失的风险。短期借款的抵押品经常是借款企业的应收账款、存货、股票和债券等,企业接受抵押品之后,将根据抵押品的价值决定,一般为抵押品价值的 30%～90%,这一比例的高低,取决于抵押品的变现能力和银行的风险偏好。抵押借款的利率通常会高于非抵押借款,这是因为银行主要向信誉好的客户提供非抵押贷款,抵押贷款一般风险较高,所以会采用较高的利率。

### 5）偿还条件

贷款的偿还有到期一次偿还和在贷款期内定期等额偿还两种方式。一般来讲,企业不希望采用后一种偿还方式,因为这会提高借款的实际利率;而银行不希望采取前一种偿还方式,因为这会加重企业的财务负担,增加企业的拒付风险,同时降低实际利率。

### 6）其他承诺

银行有时还要求企业为取得贷款而做出其他承诺,如及时提供财务报表、保持适当的财务水平(如特定的流动比率)等。如企业违背所做出的承诺,银行可以要求企业立即偿还全部贷款。

## 4.3.2 短期借款的利弊

### 1）短期借款的优点

①银行具有较强的资金实力和贷款能力,可以随时为企业提供足够的资金支持,因此,对于临时性和突发性的资金需求,短期借款是最简洁、方便的途径。

②短期借款具有良好的弹性,时间灵活,便于企业根据资金需求变化安排何时借款,何时还款。

③企业如果能够同银行建立密切和长远的关系,不但可以增加危急时刻的融资渠道,而且可以在利率上得到优惠,降低融资成本。

### 2）短期借款的缺点

①与其他融资方式相比,短期借款成本较高。

②向银行进行短期借款,难免会受到银行的约束和限制。

本章思维导图  练习题  习题答案及解析

# 第5章　营运资本策略

**学习目标:**通过本章的学习,要求学生在知识能力方面了解营运资本管理,掌握和运用营运资本投融资管理策略,培养思考能力和学习习惯,在社会能力方面,培养合作能力和协调能力。

## 5.1　营运资本概述

营运资本有广义和狭义之分,广义的营运资本又称总营运资本,是指企业流动资产总额,这个概念主要在研究企业资产的流动性和周转状况时使用;狭义的营运资本也称为净营运资本,是指流动资产和流动负债之后的余额。我们通常所说的营运资本是净营运资本。由于净营运资本可作为企业非流动资产投资和用于清偿非流动负债的资金来源,因此狭义的流动资本概念主要在研究企业的偿债能力和财务风险时使用。企业营运资本的持有状况和管理水平直接关系到企业的盈利能力和财务风险两个方面。

流动资产是指可以在1年以内或者超过1年的一个营业周期内变现或耗用的资产。流动资产具有占用时间短、周转快、易变现等特点。企业拥有流动资产,可以在很大程度上降低财务风险。根据财务管理的需要,我们可以把流动资产分为临时性流动资产和永久性流动资产:临时性流动资产是指那些受季节性、周期性影响的流动资产,如季节性存货;永久性流动资产是指那些即使企业处于经营低谷也要保留的、用于满足企业长期稳定需要的流动资产。

流动负债是指需要在1年或者超过1年的一个营业周期内偿还的债务。流动负债又称短期融资,具有成本低、偿还期短、风险大的特点。通常可以把流动负债分为临时性流动负债和自发性流动负债:临时性流动负债是指为满足临时性资金需求所发生的负债;自发性流动负债是指直接产生于企业持续经营中的负债。

营运资本管理是企业财务管理的重要组成部分。据调查,公司财务经理将60%的时间都用于营运资金管理。要搞好营运资金管理,必须解决好流动资产和流动负债两个方面的问题。

第一,企业应该投资多少在流动资产上,即资金运用的管理。主要包括现金管理、应收账款管理和存货管理。

第二,企业应该怎样来进行流动资产的融资,即资金筹措的管理。包括银行短期借款管理和商业信用管理。

可见,营运资本管理的核心内容就是对资金运用和资金筹措的管理。营运资本管理工作直接涉及企业的短期偿债能力,短期融资风险又比较大,做好营运资本管理工作,可以有效控制企业融资风险。

营运资本管理涉及了企业的产、供、销等各个重要环节,做好流动资产投资决策工作对实现企业长期发展战略目标,增加企业经济效益,最终实现企业价值最大化的财务目标意义重大。

在营运资本管理中,需要遵守以下基本原则:

①与企业的生产经营状况相协调。企业生产经营活动的周期性、季节性特征决定了营运资本的需求量。当企业处于产销旺季的时候,流动资产和流动负债都会相应增加;当处于淡季的时候,两者都会有所减少。因此,管理者必须结合企业的具体生产经营状况来合理确定营运资本的数量。

②提高资金使用效率。营运资本管理的首要任务是满足企业的生产经营需要。在满足生产经营需要的前提下,要尽可能地挖掘资金潜力,提高资金使用效率,从而节约资金占有。

③合理安排流动资产和流动负债的规模与比例。企业营运资本的持有情况和管理水平直接关系到企业的盈利能力和财务风险两个方面。企业要合理控制净营运资本的持有数量,既要防止净营运资本的不足,也要避免过多。因为企业净营运资本越大,风险就越小,但收益也越低;反之亦然。企业需要在风险和收益之间进行权衡,将营运资本数量控制在一定范围之内。

# 5.2　营运资本管理策略

营运资本的管理政策包括营运资本投资策略和营运资本融资策略两个方面。

## 5.2.1　营运资本投资策略

营运资本投资策略,即确定流动资产投资总额和各项流动资产目标投资额的政策。企业在选择流动资产投资策略的时候,要在获利性和风险性之间进行权衡。

在现实当中,不同行业、不同经营规模、不同利率水平等因素,都会影响企业的流动资产占用水平。一般认为,企业在流动资产占用水平上面存在三种可能的投资策略,其与企业销售水平之间的关系如图5.1所示。

宽松(稳健)的投资策略是指企业在安排流动资产数量时,在政策经营需要量和政策保险储备基础上,再加上一部分额外的储备量,以降低企业的风险。这种策略属于保守型投资策略,在这种投资策略之下,流动资产的盈利性低,企业投资报酬率一般较低,但由于流动资产变现能力强,其短期偿付风险相对较小。

冒险(激进)的投资策略是指企业在安排流动资产数量时,只安排正常生产经营所需的资产投入,而不安排或很少安排除正常需要外的额外资产。在这种投资策略下,因为流动资产比重低,企业投资报酬率相对较高,但由于整体资产变现能力较低,短期支付风险相对较低。

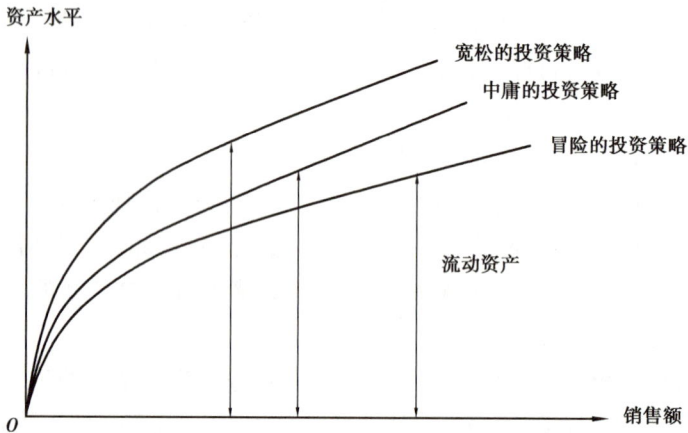

图 5.1　营运资本投资策略

中庸(折中)的投资策略处于保守与激进之间,是指企业在保证流动资产正常经营所需的情况下,适当安排一定的保险储备,以防不测。

营运资本投资策略比较见表 5.1。

表 5.1　营运资本投资策略比较

| 营运资本投资策略 | 收益水平 | 风险水平 |
| --- | --- | --- |
| 宽松的投资策略 | 低 | 低 |
| 冒险的投资策略 | 高 | 高 |
| 中庸的投资策略 | 中 | 中 |

### 5.2.2　营运资本融资策略

营运资本融资策略,即如何确定流动资产的资金来源。

企业的营运资本可以分为临时性营运资本和永久性营运资本,与此相对应,企业的资金来源也可以分为临时性资金来源和永久性资金来源两部分。针对如何安排临时性流动资产和永久性流动资产的资金来源而言,一般分为配合型融资策略、激进型融资策略和稳健型融资策略。

1)配合型融资策略

配合型融资策略是一种理想的、对企业有着较高资金使用要求的融资策略。配合型融资策略的特点是:对于临时性流动资产,运用临时性流动负债筹集资金满足其资金需要;对于永久性流动资产和固定资产,运用长期负债、自发性负债和权益资本筹集资金满足资金需要。该融资策略要求企业临时负债筹集计划严密,实现现金流动与计划安排的一致性。在季节性低谷时,企业应当除了自发性负债外没有其他流动负债;只有在临时性流动资产的需求高峰期,企业才举措各种临时性负债,如图5.2所示。

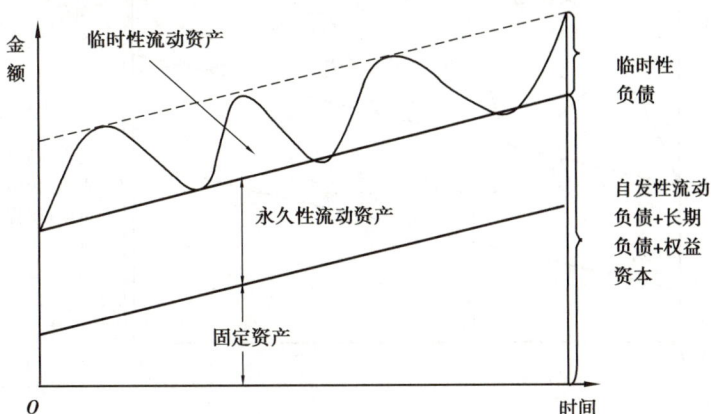

图5.2　配合型融资策略

2)激进型融资策略

激进型融资策略是一种收益性和风险性均较高的筹资策略。其特点是:临时性流动负债不但用于满足临时性流动资产的资金需要,还要解决部分永久性资产的资金需求。由于临时性流动负债的资本成本一般低于长期负债和权益性的资本成本,而该策略下临时性流动负债比重较大,因此该策略下企业的资本成本较低。但是,为了满足永久性资产的长期资金需要,企业必然要在临时性流动负债到期后重新举债或申请债务延期,从而加大筹资困难和风险;还可能面临由于短期负债比率的变动而增加企业资本成本的风险,如图5.3所示。

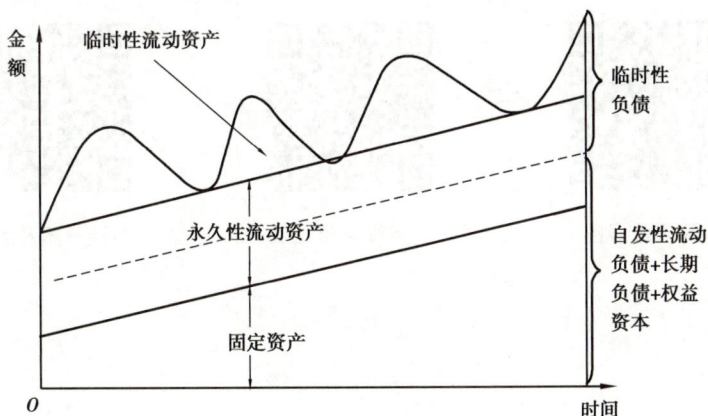

图5.3　激进型投资策略

3)稳健型融资策略

稳健型融资策略是一种风险性和收益性均较低的营运资本融资策略。该政策的特点是:临时性流动负债只满足部分临时性流通资产的资金需求,另一部分临时性流动资产和永久性资产,则以长期负债、自发性负债和权益资本作为资金来源,如图 5.4 所示。

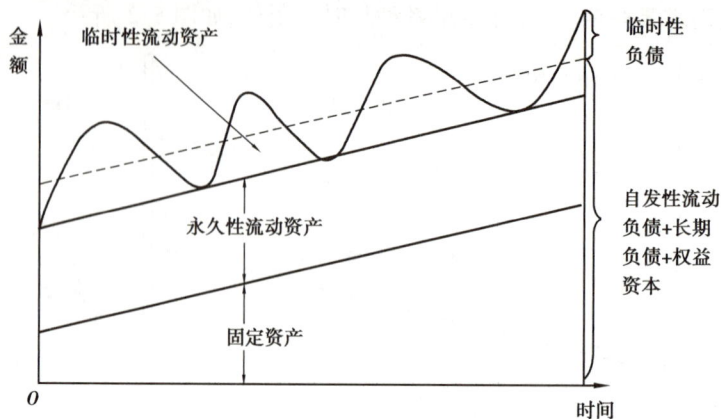

图 5.4　稳健型融资策略

三种营运资本融资策略有各自不同的特点与风险,见表 5.2,企业要结合自己的特点,灵活选择融资策略。

表 5.2　三种营运资本融资策略比较

| 营运资本融资策略 | 盈利性 | 流动性 | 风险 |
|---|---|---|---|
| 稳健型融资策略 | 低 | 高 | 低 |
| 配合型融资策略 | 中 | 中 | 中 |
| 激进型融资策略 | 高 | 低 | 高 |

本章思维导图　　　　　　练习题　　　　　　习题答案及解析

# 第6章　长期投资管理

**学习目标:** 通过本章的学习,要求学生在知识能力方面了解现金流量的概念和内容,掌握现金流量的估计,区分相关成本和非相关成本,注重机会成本,掌握投资回收期、平均会计收益率、净现值法、现值指数法、内含报酬率法等投资决策的基本方法,了解投资项目的风险来源和风险类别,掌握项目风险处置的调整现金流量法和风险调整折现率法,掌握项目系统风险和特有风险的衡量和处置,了解共同年限法和等额年金法在互斥项目排序中的应用;培养思考能力和学习习惯,在社会能力方面,培养合作能力和协调能力。

## 6.1　现金流量概述

### 1)现金流量的概念

现金流量是指企业在一定会计期间按照现金收付实现制,通过一定经济活动(包括经营活动、投资活动、筹资活动和非经营性项目)而产生的现金流入、现金流出及其总量情况的总称,即企业一定时期的现金和现金等价物的流入和流出的数量。

现金流量包括现金流入量、现金流出量、现金净流量。

$$现金净流量 = 现金流入量 - 现金流出量$$
$$现金净流量 = 税后净利润 + 折旧$$

### 2)现金流量的内容

(1)初始现金流量

初始现金流量是指开始投资时发生的现金流量,一般包括如下的几个部分:

①固定资产上的投资,包括固定资产的购入或建造成本、运输成本和安装成本等。

②流动资产上的投资,包括对材料、在产品、产成品和现金等流动资产上的投资。

③其他投资费用,指与长期投资有关的职工培训费、谈判费、注册费用等。

④原有固定资产的变价收入,主要是指固定资产更新时变卖原有固定资产所得的现金收入。

(2)营业现金流量

营业现金流量是指投资项目投入使用后,在其寿命周期内由生产经营所带来的现金流入和流出的数量。这种现金流量一般以年为单位进行计算。这里现金流入一般是指营业现金收入。现金流出是指营业现金支出和交纳的税金。如果一个投资项目的每年销售收入等于营业现金收入,付现成本(指不包括折旧等非付现的成本)等于营业现金支出,那么,年营业现金净流量(简记为 NCF)可用下列公式计算:

$$每年净现金流量（NCF）=营业收入-付现成本-所得税$$

或

$$每年净现金流量（NCF）=净利+折旧$$

或

$$每年净现金流量（NCF）=营业收入×（1-所得税率）-付现成本×（1-所得税率）+$$
$$折旧×所得税率$$

（3）终结现金流量

终结现金流量是指投资项目完结时所发生的现金流量,主要包括:

①固定资产的残值收入或变价收入。

②原有垫支在各种流动资产上的资金的收回。

③停止使用的土地的变价收入等。

### 3) 确定现金流量的基本原则

在确定投资方案相关的现金流量时,应遵循的最基本原则是:只有增量现金流量才是与项目相关的现金流量。所谓增量现金流量,是指接受或拒绝某个投资项目时,企业总体现金流量因此发生的变动。只有那些因采纳某个项目引起的现金支出增加,才是该项目的现金流出;只有那些因采纳某个项目引起的现金流入增加额,才是该项目的现金流入。

投资项目的现金流量,可以按时间分为三种:

①初始期现金流。初始期是指从投资开始日至取得营业收入之前的期间。

②经营期现金流。经营期是指项目取得营业收入持续的期间。

③处置期现金流。处置期是指营业现金流入终止至项目资产清理完毕的期间。

具体情况如图 6.1 所示。

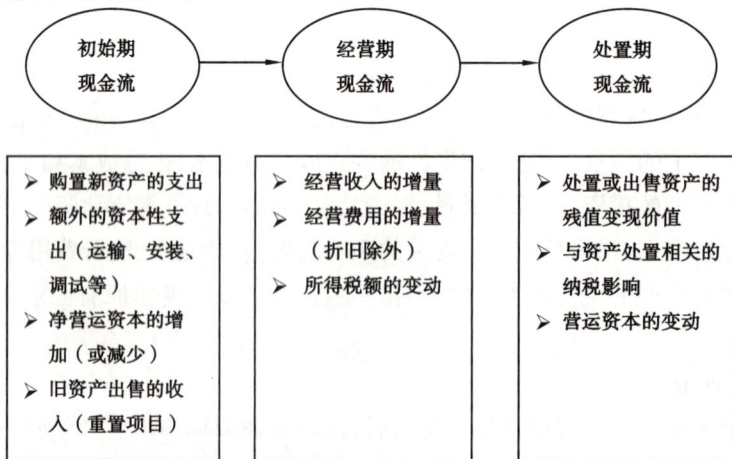

图 6.1　投资项目现金流量

### 4）现金流量的估计

为了正确计算投资方案的增量现金流量,需要正确判断哪些支出会引起企业总现金流量的变动,哪些支出不会引起企业总现金流量的变动。在进行这种判断时,要注意以下四个问题。

（1）区分相关成本和非相关成本

相关成本是指与特定决策有关的、在分析评价时必须加以考虑的成本。例如,差额成本、未来成本、重置成本、机会成本等都属于相关成本。与此相反,与特定决策无关的、在分析评价时不必加以考虑的成本是非相关成本,例如,沉没成本、过去成本、账面成本等往往是非相关成本。

例如,某公司在2009年曾经打算新建一个车间,并请一家会计公司做可行性分析,支付咨询费5万元。后来由于公司有了更好的投资机会,该项目被搁置下来,该笔咨询费作为费用已经入账了。2012年旧事重提,在进行投资分析时,这笔咨询费是否仍是相关成本呢? 答案当然是否定的。这笔支出已经发生,不管公司是否采纳新建一个车间的方案,它都已经无法收回,与公司未来的总现金流量无关。

如果将非相关成本纳入投资方案的总成本,则一个有利的方案可能因此变得不利,一个较好的方案可能变为较差的方案,从而造成决策错误。

（2）不要忽视机会成本

在投资方案的选择中,如果选择了一个投资方案,则必须放弃投资其他途径的机会。其他投资机会可能取得的收益是实行本方案的一种代价,被称为这项投资方案的机会成本。

例如,上述公司新建车间的投资方案,需要使用公司拥有的一块土地。在进行投资分析时,因为公司不必动用资金去购置土地,可否不将此土地的成本考虑在内呢? 答案是否定的。因为该公司若不利用这块土地来兴建车间,则它可将这块土地移作他用,并取得一定的收入。只是因为在这块土地上兴建才放弃了这笔收入,而这笔收入代表兴建车间使用土地的机会成本。假设这块土地出售可净得15万元,它就是兴建车间的一项机会成本。值得注意的是,不管该公司当初是以5万元还是20万元购进这块土地,都应以现行市价作为这块土地的机会成本。

机会成本不是我们通常意义上的"成本",它不是一种支出或费用,而是失去的收益。这种收益不是实际发生的,而是潜在的。机会成本总是针对具体方案的,离开被放弃的方案就无从计量确定。

机会成本在决策中的意义在于它有助于全面考虑可能采取的各种方案,以便为既定资源寻求最为有利的使用途径。

（3）要考虑投资方案对公司其他项目的影响

当我们采纳一个新的项目后,该项目可能对公司的其他项目造成有利或不利的影响。

例如,若新建车间生产的产品上市后,原有其他产品的销路可能减少,而且整个公司的销售额也许不增加甚至减少。因此,公司在进行投资分析时,不应将新车间的销售收入作为增量收入来处理,而应扣除其他项目因此减少的销售收入。当然,也可能发生相反的情况,新产品上市后将促进其他项目的销售增长。这要看新项目和原有项目是竞争关系还是互补关系。

当然,诸如此类的交互影响,事实上很难准确计量。但决策者在进行投资分析时仍要将其考虑在内。

(4) 对净营运资本的影响

在一般情况下,一方面,当公司开办一个新业务并使销售额扩大后,对存货和应收账款等经营性流动资产的需求也会增加,公司必须筹措新的资金以满足这种额外需求;另一方面,随着公司扩充,应付账款与一些应付费用等经营性流动负债也会同时增加,从而降低公司营运资金的实际需要。所谓营运资本的需要,是指增加的经营性流动资产与增加的经营性流动负债之间的差额。

当投资方案的寿命周期快要结束时,公司将与项目有关的存货出售,应收账款变为现金,应付账款和应付费用也随之偿付,营运资本回复到原有水平。通常,在进行投资分析时,假定开始投资时筹措的营运资本在项目结束时收回。

(5) 现金流量的估计应该注意的问题

① 所有的现金流量都需要转换成税后现金流量。

② 资本预算的现金流量应该是增量现金流量。

# 6.2  投资决策的基本方法

## 6.2.1  投资回收期法

回收期是企业用投资项目所得的净现金流量来回收项目初始投资所需的年限。若用符号 $CF_0$ 表示初始投资,$CF_t$ 表示项目经营期间的税后净现金流量,$n$ 表示回收期,则

$$\sum_{t=1}^{n} CF_t - CF_0 = 0$$

上式表明,当项目经营期间税后净现金流量之和减去初始投资等于零时,即项目累计净现金流量为零的那一年,投资刚好被完全收回,所以 $n$ 为回收期。

【例 6.1】  设企业的资本成本为 10%,有三个投资项目,有关数据见表 6.1。

表 6.1 投资项目数据 单位:万元

| 年数 | A 项目 | | | B 项目 | | | C 项目 | | |
|---|---|---|---|---|---|---|---|---|---|
| | 净收益 | 折旧 | 现金流量 | 净收益 | 折旧 | 现金流量 | 净收益 | 折旧 | 现金流量 |
| 0 | | | -20 000 | | | -9 000 | | | -12 000 |
| 1 | 1 800 | 10 000 | 11 800 | -1 800 | 3 000 | 1 200 | 600 | 4 000 | 4 600 |
| 2 | 3 240 | 10 000 | 13 240 | 3 000 | 3 000 | 6 000 | 600 | 4 000 | 4 600 |
| 3 | | | | 3 000 | 3 000 | 6 000 | 600 | 4 000 | 4 600 |
| 合计 | 5 040 | | 5 040 | 4 800 | | 4 200 | 1 800 | | 1 800 |

根据表 6.1 的数据,可以分别计算出项目 A、B、C 的回收期:

$$回收期(A) = 1 + \frac{(20\ 000 - 11\ 800)万元}{13\ 240\ 万元} = 1.62\ 年$$

$$回收期(B) = 2 + \frac{(9\ 000 - 1\ 200 - 6\ 000)万元}{6\ 000\ 万元} = 2.30\ 年$$

$$回收期(C) = 1 + \frac{(12\ 000 - 4\ 600 - 4\ 600)万元}{4\ 600\ 万元} = 2.61\ 年$$

从回收期这一指标来看,项目 A 优于项目 B 优于项目 C。

以上回收期的计算没有考虑资金的时间价值,而用非折现现金流量直接算出回收期,称为静态回收期或非折现回收期。为了克服回收期法不考虑时间价值的缺点,人们提出了折现回收期法。折现回收期法是指在考虑资金时间价值的情况下,以项目现金流量的流入抵偿全部投资所需要的时间,它是使下式成立的 $n$:

$$\sum_{k=0}^{n} \frac{(I_k - O_k)}{(1+i)^k} = 0$$

式中 $I_k$——第 $k$ 年的现金流入量;

$O_k$——第 $k$ 年的现金流出量;

$i$——资本成本;

$n$——项目期限。

【例 6.2】 以例 6.1 中的资料计算,项目 A 的折现回收期为 1.8 年,见表 6.2。

表 6.2 A 项目投资数据 单位:万元

| A 项目 | 现金流量 | 折现系数(10%) | 净现金流量现值 | 累计净现金流量现值 |
|---|---|---|---|---|
| 原始投资额 | 20 000 | 1 | 20 000 | 20 000 |
| 第一年流入 | 11 800 | 0.909 1 | 10 727 | 9 273 |
| 第二年流入 | 13 240 | 0.826 4 | 10 942 | 1 669 |
| 折现回收期 = 1 + 9 273 万元 ÷ 10 942 万元 = 1.85 年 | | | | |

### 6.2.2 平均会计收益率法

$$会计收益率 = \frac{年平均净收益}{原始投资额} \times 100\%$$

当年会计收益率≥企业目标收益率时，项目可行。

仍以例6.1的资料计算：

$$会计报酬率（A） = \frac{(1\,800 + 3\,240)\,万元 \div 2}{20\,000\,万元} \times 100\% = 12.6\%$$

$$会计报酬率（B） = \frac{(-1\,800 + 3\,000 + 3\,000)\,万元 \div 3}{9\,000\,万元} \times 100\% = 15.6\%$$

$$会计报酬率（C） = \frac{600\,万元}{120\,000\,万元} \times 100\% = 5\%$$

### 6.2.3 净现值法

净现值（Net Present Value，NPV）是指特定项目未来现金流入的现值与未来现金流出的现值之间的差额，它是评估项目是否可行的最重要指标。

按照这种方法，所有未来现金流入和流出都要用资本成本折算现值，然后用流入的现值减流出的现值得出净现值。

①NPV 大于零，表明该项目可以增加股东财富，应予采纳。

②NPV 等于零，表明不改变股东财富，没必要采纳。

③NPV 小于零，表明该项目将减少股东财富，应予放弃。

确定净现值的公式为

$$净现值 = \sum_{k=0}^{n} \frac{I_k}{(1+i)^k} - \sum_{k=0}^{n} \frac{O_k}{(1+i)^k}$$

【例6.3】 以例6.1中的数据为例，A，B，C 三个项目的净现值分别计算如下：

$$NPV（A） = (11\,800 \times 0.909\,1 + 13\,240 \times 0.826\,4)\,万元 - 20\,000\,万元$$
$$= 1\,669\,万元$$

$$NPV（B） = (1\,200 \times 0.909\,1 + 6\,000 \times 0.826\,4 + 6\,000 \times 0.751\,3)\,万元 - 9\,000\,万元$$
$$= 1\,557\,万元$$

$$NPV（C） = 4\,600\,万元 \times (P/A, 10\%, 3) - 12\,000\,万元$$
$$= 4\,600\,万元 \times 2.486\,9 - 12\,000\,万元$$
$$= -560.26\,万元$$

A，B 两个项目的净现值都为正数，说明这两个项目的投资报酬率都超过 10%，均可采纳。C 项目净现值为负，说明该项目的投资报酬率达不到 10%，应予放弃。

### 6.2.4 现值指数法

上例中，A 项目和 B 项目相比，哪个更好？显然不能只根据净现值直接判断。因为两个项目期限和投资额不同，A 项目用 20 000 万元投资，2 年时间取得较多的净现值，B 项目用 9 000 万元投资，3 年时间取得较少的净现值，两个净现值没有直接可比性。这就如同一个大企业用 2 年时间运营利润多一些，一个小企业用 3 年时间运营利润少一些，不好判断哪个更好。

为了比较投资额不同项目的盈利性，人们提出了现值指数法。

所谓现值指数，是未来现金流入现值与现金流出现值的比率，亦称现值比率或获利指数。

其公式为

$$现值指数 = \sum_{k=0}^{n} \frac{I_k}{(1+i)^k} \div \sum_{k=0}^{n} \frac{O_k}{(1+i)^k}$$

【例6.4】　根据例 6.1 中的数据，A、B、C 三个项目的现值指数计算如下：

$$现值指数（A）= \frac{21\ 669\ 万元}{20\ 000\ 万元} = 1.08$$

$$现值指数（B）= \frac{10\ 577\ 万元}{9\ 000\ 万元} = 1.18$$

$$现值指数（C）= \frac{11\ 440\ 万元}{12\ 000\ 万元} = 0.95$$

现值指数表示 1 元初始投资取得的现值毛收益，是相对值，反映投资的效率。通过对三个项目现值指数的计算，可以看出 B 项目的效率高，A 项目次之，C 项目效率最低。

### 6.2.5　内含报酬率法

内含报酬率（Internal Rate of Return，IRR）是指能够使未来现金流入量现值与未来现金流出量现值相等的折现率，或者使投资项目净现值为零的折现率。

净现值法和现值指数法虽然考虑了时间价值，可以说明投资项目的报酬率高于或低于资本成本，但无法揭示项目本身可以达到的报酬率是多少。内含报酬率是根据项目的现金流量来计算的，是项目本身的投资报酬率。

内含报酬率的计算，通常需要"逐步测试"，具体步骤如下：

①估计一个折现率，用它来计算项目的净现值。

②如果净现值为正，说明项目本身的报酬率超过折现率，应提高折现率进一步测试。

③如果净现值为负，说明项目本身的报酬率低于折现率，应降低折现率进一步测试。

④经过多次测试，寻找出使净现值接近于零的折现率，即为项目本身的内含报酬率。

内含报酬率法的判断准则：若 IRR 大于或等于资本成本，项目可取；若 IRR 小于资本成本，项目不可取。

【例6.5】　以例 6.1 中的数据为例，已知 A 项目的净现值为正数，说明它的投资报酬率大于资本成本 10%，应该提高折现率进一步测试。具体过程见表 6.3。

如果首先以 18% 为折现率进行测试，得到 NPV = -499 万元，说明折现率还可进一步取小，如果以 16% 为折现率进行测试，得到 NPV = 9 万元，NPV 已接近零，因此可以粗

略地认为 $IRR = 16\%$ 。如果对测试结果的精确度不满意,可以使用内插法来改善。

表6.3　A项目内含报酬率的测试　　　　　　　　　　　　单位:万元

| 年数 | 现金净流量 | 折现率18% | | 折现率16% | |
|------|-----------|-----------|------|-----------|------|
| | | 折现系数 | 现值 | 折现系数 | 现值 |
| 0 | 20 000 | 1 | 20 000 | 1 | 20 000 |
| 1 | 11 800 | 0.847 | 9 995 | 0.862 | 10 172 |
| 2 | 13 240 | 0.718 | 9 506 | 0.743 | 9 837 |
| 净现值 | | | 499 | | 9 |

$$内含报酬率(A) = 16\% + \left[ 2\% \times \frac{9\ 万元}{(9 + 499)\ 万元} \right] = 16.04\%$$

$$内含报酬率(B) = 16\% + \left[ 2\% \times \frac{338\ 万元}{(22 + 338)\ 万元} \right] = 17.88\%$$

C项目各期现金流量相等,符合年金形式,内含报酬率可以直接利用年金现值表来确定,不需要进行逐步测试。

$$原始投资 = 每年现金流入量 \times 年金现值系数$$
$$12\ 000\ 万元 = 4\ 600\ 万元 \times (P/A, I, 3)$$

得出

$$(P/A, I, 3) = 2.609$$

查阅"年金现值系数表",寻找 $n = 3$ 时系数2.609所指的利率。查表结果表明,与2.609接近的现值系数2.624和2.577分别指向7%和8%,用内插法确定C项目的内含报酬率为7.32%。

在本例中,资本成本为10%,因此,A、B两个项目都可以接受,而C项目应该放弃。

# 6.3　投资项目风险评估

## 6.3.1　项目风险来源

项目风险是指可能导致项目损失的不确定性,美国项目管理大师马克思·怀德曼将其定义为某一事件发生给项目目标带来不利影响的可能性。任何投资项目都是有风险的,投资项目风险主要来源于管理、经济、技术、时间、环境等方面,其具体的风险因素主要有以下几方面,见表6.4。

表 6.4　项目风险的来源和主要风险影响因素

| 项目风险 | 主要风险影响因素 |
|---|---|
| 管理类风险 | 项目管理体系不健全 |
| | 管理人员职能分工不明确 |
| | 管理人员流程不熟悉 |
| | 质量意识差 |
| | 管理人员协调能力差 |
| | 技术人员没有相应资格,技术水平低 |
| | 不了解情况随便指挥,管理能力差 |
| | 对质量事故和问题处理不彻底或任意掩饰 |
| 经济类风险 | 市场变化导致悔约 |
| | 监理单位履约能力差,转包或分包 |
| | 工作程序不规范,导致生产期延迟 |
| | 资金不到位,不能及时支付项目,法人随意指挥,压缩工期 |
| | 原材料、劳动力等价格变化 |
| | 费用分配不合理,成本控制不好 |
| 技术类风险 | 核心技术开发难度大 |
| | 设计偏差,与实际情况不符 |
| | 不满足有关部门的要求 |
| | 某些部门不按计划实行 |
| | 技术不符合规范 |
| | 质量不符合要求 |
| | 监理单位对问题处理不彻底 |
| | 质量验收不合格 |
| | 售后回访保修服务差 |
| | 结构和设备设计质量差 |
| | 构造措施不合理或不到位 |
| | 计划不经会审仓促施工 |
| | 方案不详细 |
| | 工序不符合条件 |
| 时间风险 | 工时估计错误 |
| | 工序排序不符合 |
| | 进度控制不准确 |
| 项目外风险 | 不可抗拒的自然力 |
| | 环境保护 |
| | 特殊季节 |

### 6.3.2 项目风险的类别

在项目分析中,项目风险可以从以下三个层次来看待。

1) 项目的特有风险

特有风险是指项目本身的风险,它可以用项目预期收益率的波动性来衡量。例如,一项高新技术项目失败的可能性大,但是如果成功,可以获得很高报酬,收益的波动性很大。如果公司只有一个项目,投资人只投资于这一个公司,那么项目的特有风险可以衡量投资人的风险,成为资本预算时使用的风险度量。

通常,项目的特有风险不宜作为资本预算时的风险度量。例如,某企业每年要进行数以百计的研究开发项目,每个项目成功的概率只有10%左右。项目如果成功,企业将获得巨额利润;项目如果失败,则会损失其全部投入。如果该企业只有一个项目,而且是研究开发项目,则企业失败的概率有90%。当我们孤立地考察并度量每个研究开发项目自身特有的风险时,它们无疑都具有高度的风险。但从投资组合角度看,尽管该企业每年有数以百计各自独立的研究开发项目,且每个项目都只有10%的成功可能性,但这些高风险项目组合在一起后,单个项目的大部分风险可以在企业内部分散掉,此时,企业的整体风险会低于单个研究开发项目的风险。因此,项目的特有风险不宜作为项目资本预算的风险度量。

2) 项目的公司风险

项目的公司风险是指项目给公司带来的风险。项目的公司风险可以用项目对公司未来收入不确定性的影响大小来衡量。例如,一个新的投资项目与公司现有资产的平均风险相同,新的项目被采纳,不改变公司整体未来的不确定性,尽管公司的期望收入增加了,但是收入的不确定性没有增加。因此,该项目没有公司风险。

如果一个新项目的风险比公司现有资产的平均风险大,采纳该项目会增加公司未来收益的不确定性,该项目对投资人来说具有公司风险。考虑到新项目的特有风险可以通过与企业内部其他项目的组合而分散掉一部分。因此,应着重考察新项目对企业现有项目组合的整体风险可能产生的增量。这个增量不是项目的全部特有风险,而是扣除已被分散后的剩余部分。对只是投资于一个公司的投资人来说,公司投资新项目给他带来的影响,只有这个风险增量即项目的公司风险。

3) 项目的市场风险

项目的市场风险是指新项目给股东带来的风险。这里的股东是指投资于许多公司,其投资风险已被完全分散的股东。

从股东角度来看,在项目特有风险被公司资产多样化分散后剩余的公司风险中,有一部分能被股东的资产多样化组合而分散掉,从而只剩下任何多样化组合都不能分散掉的系统风险。从资产组合及资本资产定价理论角度看,度量新项目资本预算的风险时,不应考虑新项目实施对企业现有风险水平可能产生的全部增减影响,因为企业股东可以通过构造一个证券组合,来消除单个股权的大部分风险。所以,唯一影响股东预期收益的,是项目的系统风险,而这也是理论上与项目分析相关的风险度量,如图 6.2 所示。

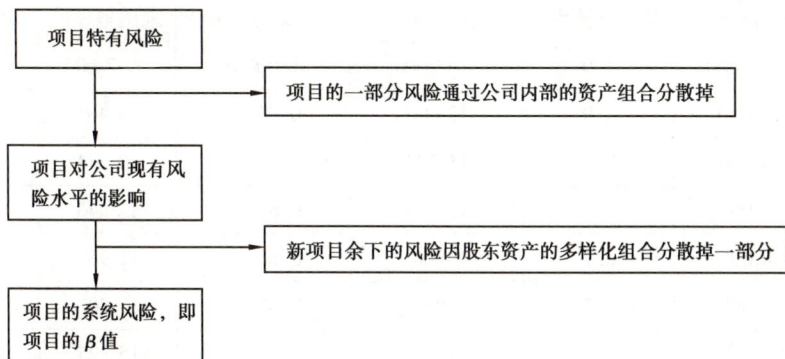

图 6.2　项目风险的衡量

### 6.3.3　项目风险处置的一般方法

项目风险处置的方法主要有两种,即调整现金流量法和风险调整折现法。

1)调整现金流量法

调整现金流量法,是把不确定的现金流量调整为确定的现金流量,然后用无风险的报酬率作为折现率计算净现值。

$$净现值 = \sum_{t=0}^{n} \frac{a_t \times 现金流量期望值}{(1 + 无风险报酬率)^t}$$

式中 $a_t$——$t$ 年现金流量的肯定当量系数,它的范围为 $0 \sim 1$。

肯定当量系数,是指不肯定的 1 元现金流量期望值相当于使投资者满意的肯定的金额系数。它可以把每年不肯定的现金流量换算为肯定的现金流量。利用肯定当量系数,可以把不肯定的现金流量折算成肯定的现金流量,或者说去掉了现金流量中有风险的部分,使之成为“安全”的现金流量。去掉的部分包含全部风险,既有特殊风险也有系统风险,既有经营风险也有财务风险,剩下的是无风险的现金流量。由于现金流量中已经消除了全部风险,相应的折现率应当是无风险的报酬率。无风险报酬率可以根据国库券的利率确定。

【例 6.6】　当前的无风险报酬率为 4%,公司有两个投资机会,有关资料见表 6.5 和表 6.6。

表 6.5　A 项目净现值　　　　　　　　　　　　　　　单位:元

| 年数 | 现金流入量 | 肯定当量系数 | 肯定现金流入量 | 现值系数(4%) | 未调整现值 | 调整后现值 |
|---|---|---|---|---|---|---|
| 0 | −40 000 | 1.0 | −40 000 | 1.000 0 | −40 000 | −40 000 |
| 1 | 13 000 | 0.9 | 11 700 | 0.961 5 | 12 500 | 11 250 |
| 2 | 13 000 | 0.8 | 10 400 | 0.924 6 | 12 020 | 9 616 |
| 3 | 13 000 | 0.7 | 9 100 | 0.889 0 | 11 557 | 8 090 |
| 4 | 13 000 | 0.6 | 7 800 | 0.854 8 | 11 112 | 6 667 |
| 5 | 13 000 | 0.5 | 6 500 | 0.821 9 | 10 685 | 5 342 |
| 净现值 | | | | | 17 874 | 965 |

表6.6　B项目净现值　　　　　　　　　　　　　　　　单位:元

| 年数 | 现金流入量 | 肯定当量系数 | 肯定现金流入量 | 现值系数(4%) | 未调整现值 | 调整后现值 |
|------|-----------|-------------|--------------|------------|-----------|-----------|
| 0 | −47 000 | 1.0 | −47 000 | 1.000 0 | −47 000 | −47 000 |
| 1 | 14 000 | 0.9 | 12 600 | 0.961 5 | 13 461 | 12 115 |
| 2 | 14 000 | 0.8 | 11 200 | 0.924 6 | 12 944 | 10 356 |
| 3 | 14 000 | 0.8 | 11 200 | 0.889 0 | 12 446 | 9 957 |
| 4 | 14 000 | 0.7 | 9 800 | 0.854 8 | 11 967 | 8 377 |
| 5 | 14 000 | 0.7 | 9 800 | 0.821 9 | 11 507 | 8 055 |
| 净现值 | | | | | 15 325 | 1 860 |

通过上述计算可以看出,调整前A项目的净现值较大,而调整后B项目的净现值较大。因此,如果不进行现金流量的调整,企业就有可能做出错误的判断。

**2) 风险调整折现率法**

这种方法的基本思路是对高风险的项目采用较高的折现率计算净现值。

$$净现值 = \sum_{t=0}^{n} \frac{预期现金流量}{(1 + 风险调整折现率)^t}$$

【例6.7】　当前的无风险报酬率为4%,市场平均收益率为12%,A项目的预期股权现金流量风险大,其$\beta$值为1.5,B项目的预期股权现金流量风险小,其$\beta$值为0.75。

A项目的风险调整折现率 = 4% + 1.5 × (12% − 4%) = 16%

B项目的风险调整折现率 = 4% + 0.75 × (12% − 4%) = 10%

其他有关数据见表6.7和表6.8。

表6.7　A项目净现值　　　　　　　　　　　　　　　　单位:元

| 年数 | 现金流量 | 现值系数(4%) | 未调整现值 | 现值系数(16%) | 调整后现值 |
|------|---------|------------|-----------|-------------|-----------|
| 0 | −40 000 | 1.000 0 | −40 000 | 1.000 0 | −40 000 |
| 1 | 13 000 | 0.961 5 | 12 500 | 0.862 1 | 11 207 |
| 2 | 13 000 | 0.924 6 | 12 020 | 0.743 2 | 9 662 |
| 3 | 13 000 | 0.889 0 | 11 557 | 0.640 7 | 8 329 |
| 4 | 13 000 | 0.854 8 | 11 112 | 0.552 3 | 7 180 |
| 5 | 13 000 | 0.821 9 | 10 685 | 0.476 2 | 6 191 |
| 净现值 | | | 17 874 | | 2 569 |

表6.8　B项目净现值　　　　　　　　　　　　　单位:元

| 年数 | 现金流量 | 现值系数(4%) | 未调整现值 | 现值系数(10%) | 调整后现值 |
|---|---|---|---|---|---|
| 0 | -47 000 | 1.000 0 | -47 000 | 1.000 0 | -47 000 |
| 1 | 14 000 | 0.961 5 | 13 461 | 0.909 1 | 12 727 |
| 2 | 14 000 | 0.924 6 | 12 944 | 0.826 4 | 11 570 |
| 3 | 14 000 | 0.889 0 | 12 446 | 0.751 3 | 10 518 |
| 4 | 14 000 | 0.854 8 | 11 967 | 0.683 0 | 9 562 |
| 5 | 14 000 | 0.821 9 | 11 507 | 0.620 9 | 8 693 |
| 净现值 | | | 15 325 | | 6 070 |

通过上述计算可以看出,如果不进行折现率调整,A项目的净现值要大于B项目的净现值;而调整之后,B项目的净现值明显大于A项目的净现值。

3)两种方法的比较

调整现金流量法在理论上受到好评。该方法对时间价值和风险价值分别进行调整,先调整风险,然后把肯定现金流量用无风险报酬率进行折现。对不同年份的现金流量,可以根据风险的差别使用不同的肯定当量系数进行调整。

风险调整折现率法因其用单一的折现率同时完成风险调整和时间调整在理论上受到批评。这种做法意味着风险随时间推移而加大,可能与事实不符,夸大了远期现金流量的风险。

实际上被普遍接受的做法是:根据项目的系统风险调整折现率即资本成本,而用项目的特有风险调整现金流量。

### 6.3.4　项目系统风险的衡量和处置

1)加权平均成本与股权资本成本

计算项目的净现值有两种办法:一种是实现现金流量法,即以企业实体为背景,确定项目对企业实体现金流量的影响,以企业的加权平均成本为折现率;另一种是股权现金流量法,即以股东为背景,确定项目对股权现金流量的影响,以股权资本成本作为折现率。

【例6.8】　某公司的资本结构为负债60%,所有者权益为40%;负债的税后成本为5%,所有者权益的成本为20%,其加权平均成本为

$$加权平均成本 = 5\% \times 60\% + 20\% \times 40\% = 11\%$$

该公司正在考虑一个投资项目,该项目需要投资100万元,预计每年产生息税前现金流量11万元,其风险与公司现有资产的平均风险相同。该项目可以不断地持续下去,即可以得到一个永续年金。公司计划筹集60万元的债务资本,税后的利息率仍为5%,

企业为此每年流出现金 3 万元；筹集 40 万元的权益资本，要求的报酬率仍为 20％。

按照实体现金流量法，项目引起的公司现金流入增量是每年 11 万元，这个现金流应由债权人和股东共享，所以应使用两者要求报酬率的加权平均数作为资本成本。

$$净现值 = \frac{实体现金流量}{实体加权平均成本} - 原始投资 = \frac{11 \ 万元}{11\%} - 100 \ 万元 = 0$$

按照股权现金流量法，项目为股东增加的现金流量是每年 8(11 − 3)万元，这个现金流量属于股东，所以应使用股权资本成本作为折现率。

$$净现值 = \frac{股权现金流量}{股东要求的收益率} - 股东投资 = \frac{8 \ 万元}{20\%} - 40 \ 万元 = 0$$

这个例子说明了什么？

①两种方法计算的净现值没有实质区别。如果实体现金流量折现后为零，则股权现金流量折现后也为零；如果实体现金流量折现后为正值，则股权现金流量折现后也为正值。值得注意的是，不能用股东要求的报酬去折现企业实体的现金流量，也不能用企业加权平均的资本成本折现股权现金流量。经常有学生问："借款利息是否应计入现金流量？"这个问题不能用"是"或"不是"来回答，要看使用的资本是加权平均成本还是股权资本成本。利息是实体现金流量的一部分，但不是股权的现金流量。

②折现率应当反映现金流量的风险。股权现金流量的风险比实体现金流量大，它包含公司的财务风险。实体现金流量的风险不包含财务风险，比股东的现金流量风险小。

③增加债务不一定会降低加权平均成本。如果市场是完善的，增加债务比重并不会降低加权平均成本，因为股东要求的报酬率会因财务风险增加而提高，并完全抵消增加债务的好处。即使市场不够完善，增加债务比重导致的加权平均成本降低，大部分也会被权益成本增加所抵消。

④实体现金流量法比股权现金流量法简洁。因为股东要求的报酬率不但受经营风险的影响，而且受财务杠杆的影响，估算起来十分困难。不如把投资和筹资分开考虑，首先评估项目本身的经济价值而不管筹资的方式，如果投资项目有正的净现值，再去处理筹资的细节问题。筹资只是如何分配净现值的问题，主要是利息减税造成的股东和政府之间的分配问题。

2）使用加权平均资本成本的条件

使用企业当前的资本成本作为项目的资本成本，应具备两个条件：一是项目的风险与企业当前资产的平均风险相同；二是公司继续采用相同的资本结构为新项目筹资。

（1）项目风险与企业当前资产的平均风险

用当前的资本成本作为折现率，隐含了一个重要假设，即新项目是企业现有资产的复制品，它们的系统风险相同，要求的报酬率才会相同。这种情况是经常会出现的，例如固定资产更新、现有生产规模扩张等。

如果新项目与现有项目的风险有较大差别，必须小心行事。例如，北京首钢公司是个传统行业企业，其风险较小，之后进入了信息产业。在评估其信息产业项目时，使用公司目前的资本成本作为折现率就不合适了。新项目的风险和现有资产的平均风险有显著差别。

　　由图6.3可知新项目的风险大，要求比现有资产赚取更高的收益率。只有当新项目的风险与现有资产的风险相同时，企业的资本成本才是合适的接受标准。其他的风险投资，无论比现有资产风险高或低，资本成本都不是合适的标准。但是，公司当前的资本成本是我们进一步调整的基石，具有重要的实际意义。

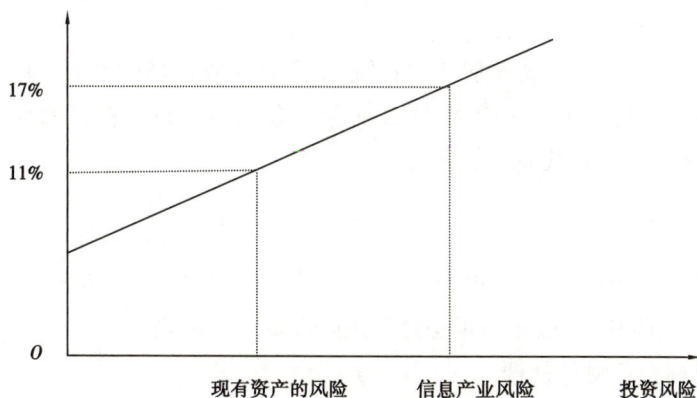

图6.3　风险调整贴现率随风险增加示意图

　　（2）继续采用相同的资本结构为新项目筹资

　　所谓企业的加权平均资本成本，通常是根据当前的数据计算的，包含资本机构因素。

　　如果市场是完善的，资本结构不改变企业的平均资本成本，则平均资本反映了当前资产的平均风险。或者说，可以把投资和筹资分开，忽略筹资结构对平均资本成本的影响，先用当前的资本成本评估项目，如果通过了检验，再考虑筹资改变资本结构带来的财务影响。如果资本市场是不完善的，筹资结构就会改变企业的平均资本成本。例如，当前的资本结构是债务为40%，而新项目所需资金全部用债务筹集，将使负债上升70%。由于负债比重上升，股权现金流量的风险增加，报酬率就会迅速上升，引起企业平均资本成本的上升；与此同时，扩大了成本较低的债务筹资，会引起企业平均资本成本下降。这两种因素共同的作用，使得企业平均成本发生变动。因此，继续使用当前的平均资本成本作为折现率就不合适了。

　　总之，在等风险假设或资本结构不变假设明显不能成立时，不能使用企业当前的平均资本成本作为新项目的资本成本。

　　3）投资项目系统风险的衡量

　　如果新项目的风险与现有资产的平均风险显著不同，就不能使用公司当前的加权平均资本成本，而应当估计项目的系统风险，并计算项目的资本成本即投资人对于项目要求的必要报酬率。

　　项目系统风险的估计，比企业系统风险的估计更为困难。股票市场提供了股价，为计算企业的 $\beta$ 值提供了数据。当项目没有充分的交易市场，也没有可靠的市场数据时，则使用可比公司法。

可比公司法是寻找一个经营业务与待评估类似的上市公司，以该上市公司的 $\beta$ 值作为待评估项目的 $\beta$ 值。运用可比公司法，应该注意可比公司的资本结构已反映在其 $\beta$ 值中。如果可比公司的资本结构与项目所在企业显著不同，那么在估计项目的 $\beta$ 值时，应针对资本结构差异做出相应调整。

调整的基本步骤如下：

（1）卸载可比公司财务杠杆

根据 B 公司股东收益波动性估计的 $\beta$ 值，是含有财务杠杆的 $\beta_{权益}$。B 公司的资本结构与 A 公司不同，要将资本结构因素排除，确定 B 公司不含财务杠杆的 $\beta$ 值。该过程通常叫"卸载财务杠杆"。卸载使用的公式为

$$\beta_{资产} = \beta_{权益} \div \left[ 1 + (1 - 所得税税率) \times \frac{负债}{所有者权益} \right]$$

$\beta_{资产}$ 是假设全部用权益资本融资的 $\beta$ 值，此时没有财务风险。或者说，此时股东权益的风险与资产的风险相同，股东只承担经营风险即资产的风险。

（2）加载目标企业财务杠杆

根据目标企业的资本结构调整 $\beta$ 值，该过程称为"加载财务杠杆"。加载使用的公式为

$$\beta_{权益} = \beta_{资产} \times \left[ 1 + (1 - 所得税税率) \times \frac{负债}{所有者权益} \right]$$

（3）根据得出的目标企业的 $\beta_{权益}$ 计算股东要求的报酬率

此时的 $\beta_{权益}$ 既包含项目的经营风险，也包含目标企业的财务风险，可据以计算权益成本。

$$股东要求的报酬率 = 权益成本 = 无风险利率 + \beta_{权益} \times 风险溢价$$

如果使用股东现金流量法计算净现值，它就是适宜的折现率。

（4）计算目标企业的加权平均成本

如果使用实体现金流量法计算净现值，还需要计算加权平均成本。

$$加权平均成本 = 负债成本 \times (1 - 所得税税率) \times \frac{负债}{资本} + 权益成本 \times \frac{权益}{资本}$$

【例6.9】 某大型联合企业 A 公司，拟进入飞机制造业。A 公司目前的资本结构：负债/权益为 2/3，进入飞机制造业后仍维持该目标结构。在该目标资本结构下，债务税前成本为 6%。飞机制造业的代表企业是 B 公司，其资本结构：债务/权益成本为 7/10，权益的 $\beta$ 值为 1.2。已知无风险利率为 5%，市场风险溢价为 8%，两个公司的所得税税率均为 30%。

①将 B 公司的 $\beta_{权益}$ 转换为无负债的 $\beta_{资产}$。

$$\beta_{权益} = 1.2 \div \left[ 1 + (1 - 30\%) \times \frac{7}{10} \right] = 0.805\,4$$

②将无负债的 $\beta$ 值转换为 A 公司含有负债的股东权益 $\beta$ 值。

$$\beta_{权益} = 0.805\ 4 \times \left[ 1 + (1 - 30\%) \times \frac{2}{3} \right] = 1.181\ 3$$

③根据 $\beta_{权益}$ 计算 A 公司的权益成本。

$$权益成本 = 5\% + 1.181\ 3 \times 8\% = 5\% + 9.450\ 4\% = 14.45\%$$

如果采用股东现金流量计净现值,14.45%是适合的折现率。

④加权平均资本成本。

$$加权平均资本成本 = 6\% \times (1 - 30\%) \times \frac{2}{5} + 14.45\% \times \frac{3}{5}$$

$$= 10.35\%$$

如果采用实体现金流量法,10.35%是适合的折现率。

尽管可比公司法不是一个完美的方法,但它在估算项目的系统风险时还是比较有效的。

### 6.3.5　项目特有风险的衡量与处置

在项目评估时,是否要考虑项目的特有风险? 答案是肯定的,并且若整个经济形势好,公司的经营状况就会比较好,大部分项目的状况也会比较好。如果反过来看,项目状况好的一个重要原因是公司经营状况好,而公司经营状况好的一个重要原因是整个经济形势比较好。从一个项目的状况就可以大体看出公司经营好坏,甚至整个经济形势的好坏。因此,在典型情况下项目特有风险和项目的公司风险高度相关,项目特有风险是对公司风险进行的很好度量。对大多数公司来说,市场风险与公司风险高度相关,公司风险高于平均水平的项目会有更高的市场风险,或者说,公司风险低的项目其市场风险也比较低。

其次,项目的公司风险和系统风险是很难计量的。衡量项目的特有风险比衡量项目的公司风险和系统风险更容易。我们能够判断一个特定项目的特有风险比公司项目的平均风险水平高或者低,对此,我们比较有信心,而对于项目公司风险和系统风险的判断,往往缺乏信心。

衡量项目特有风险的方法主要有三种:敏感性分析、情境分析和模拟分析。

1)敏感性分析

投资项目的敏感性分析,在假定其他变量不变的情况下,测定某一个变量发生特定变化时对净现值(或内含报酬率)的影响。

敏感性分析的主要步骤是:

①给定计算净现值的每项参数的预期值。计算净现值时需要使用原始投资、预计的销售收入、成本和费用、终止期价值、资本成本等参数。这些参数都是最可能发生的数值,称为预期值。

②根据参数的预期值计算净现值,由此得出的净现值称为基准净现值。

③选择一个变量给定一个假设的变化幅度,并计算净现值的变动。例如资本成本提

高2%,重新计算项目的净现值,并确定净现值的百分比。

④选择第二个变量,并重复③过程,直至每个变量都在预期值的基础上增加或降低若干百分比,同时维持其他变量不变。

⑤列出敏感分析表或画出敏感分析图,找出最敏感的参数。

【**例6.10**】 甲公司拟投产一个新产品,有两个生产项目A和B。A项目投资3 500万元,B方案投资3 740万元,有关的现金流量见表9.6。目前估计项目的资本成本为10%。

①计算两个项目的基准净现值:A为715万元,B为723万元,几乎相同。

②假设资本成本提高到12%(提高了20%),重新计算净现值:A为582万元,B为629万元。

③计算净现值变动百分比:A为18.61%,B为13%。

表6.9 **资本成本变动对净现值的影响** 单位:万元

| 项目A(资本成本10%) | 现金流入 | 折现系数(10%) | 现值 |
|---|---|---|---|
| 第一年年末 | 1 000 | 0.909 1 | 909 |
| 第二年年末 | 4 000 | 0.826 4 | 3 306 |
| 现金流入现值 | | | 4 215 |
| 原始投资 | | | 3 500 |
| 净现值 | | | 715 |
| 项目A(资本成本12%) | 现金流入 | 折现系数(12%) | 现值 |
| 第一年年末 | 1 000 | 0.892 9 | 893 |
| 第二年年末 | 4 000 | 0.797 2 | 3 189 |
| 现金流入现值 | | | 4 082 |
| 原始投资 | | | 3 500 |
| 净现值 | | | 582 |
| 项目B(资本成本12%) | 现金流入 | 折现系数(10%) | 现值 |
| 第一年年末 | 4 000 | 0.909 1 | 3 636 |
| 第二年年末 | 1 000 | 0.826 4 | 826 |
| 现金流入现值 | | | 4 463 |
| 原始投资 | | | 3 740 |
| 净现值 | | | 723 |
| 项目B(资本成本12%) | 现金流入 | 折现系数(12%) | 现值 |
| 第一年年末 | 4 000 | 0.892 9 | 3 572 |
| 第二年年末 | 1 000 | 0.797 2 | 797 |
| 现金流入现值 | | | 4 369 |
| 原始投资 | | | 3 740 |
| 净现值 | | | 629 |

结论:资本成本上升时,两个项目的净现值均下降了,净现值下降的幅度均小于资本成本增加的幅度(20%),不是很敏感;A项目净现值下降的幅度比B项目净现值下降的幅度大,对资本成本的变动A更敏感,或者说从资本成本的角度看,A项目的风险大。计算结果列示在表6.10中。

表6.10 比较A和B的净现值变动 单位:万元

| 项目 | 净现值(10%) | 净现值(12%) | 净现值变动 | 净现值变动百分比 |
|------|-----------|-----------|----------|--------------|
| 项目A | 715 | 582 | -133 | -18.61% |
| 项目B | 723 | 629 | -94 | -13.00% |

敏感性分析是一种最常用的风险分析方法,计算过程简单,也易于理解。敏感性分析的局限性:首先,在进行敏感性分析时,只允许一个变量发生变动,而假设其他变量保持不变,但是现实世界中这些变量通常是相互关联的,会一起发生变动,但是变动的幅度不同;其次,该分析方法每次测定一个变量变化对净现值的影响,可以提供一系列分析结果,但是没有给出每一个数值发生的可能性。

2)情境分析

情境分析是经常使用的一种评估项目风险的方法。情境分析与敏感性分析的区别在于:情境分析允许多个变量同时变动,而不是假设其他前提因素不变,考虑不同情境下关键变量出现的概率。

情境分析一般设定三种情境:基准情境,即最可能出现的情况;最坏情境,即所有变量都处于不利水平;最好情境,即所有变量都处于最理想的局面。通常假设基准情境出现的概率为50%,最坏和最好的情境出现的概率各占25%。实际的概率分布可能并非如此,但这样估计并不妨碍我们发现风险分析中的主要问题。情境分析的主要过程是:根据不同情境的三组数据,计算不同情境下的净现值,然后计算预期净现值及其离散程度。

【例6.11】 假设某投资项目需购买一台设备,支付现金240 000元,设备寿命期6年,无残值,采用直线折旧法。项目的资本成本为10%,所得税率为25%。其他信息见表6.11。

表6.11 投资项目的相关信息 单位:元

| 项目 | 基准情境 | 最坏情境 | 最好情境 |
|------|---------|---------|---------|
| 概率 | 0.5 | 0.25 | 0.25 |
| 销售量/件 | 7 000 | 6 000 | 8 000 |
| 单价 | 85 | 82 | 87 |
| 单位变动成本/(元·件$^{-1}$) | 60 | 65 | 55 |
| 每年固定成本(不含折旧) | 60 000 | 70 000 | 50 000 |
| 计算过程: | | | |

续表

| 项目 | 基准情境 | 最坏情境 | 最好情境 |
|---|---|---|---|
| 收入 | 595 000 | 492 000 | 696 000 |
| 变动成本 | 420 000 | 390 000 | 440 000 |
| 固定成本 | 60 000 | 70 000 | 50 000 |
| 折旧 | 40 000 | 40 000 | 40 000 |
| 利润 | 75 000 | − 8 000 | 166 000 |
| 所得税/25% | 18 750 | − 2 000 | 41 500 |
| 净利润 | 56 250 | − 6 000 | 124 500 |
| 折旧 | 40 000 | 40 000 | 40 000 |
| 年营业现金流量 | 96 250 | 34 000 | 164 500 |
| 年金现值系数(10%,6 年) | 4. 355 3 | 4. 355 3 | 4. 355 3 |
| 现金流入总现值 | 419 198 | 148 080 | 716 447 |
| 初始投资 | − 240 000 | − 240 000 | − 240 000 |
| 净现值 | 179 198 | − 91 920 | 476 447 |
| 期望净现值 | 89 599 | − 22 980 | 119 112 |
| 预期净现值合计 | 185 731 | | |
| 净现值的总体标准差 | 201 054. 24 | | |
| 净现值的变化系数 | 1. 08 | | |

### 3) 模拟分析

模拟分析,也称为蒙特卡洛模拟。它是敏感分析和概率分布原理结合的产物。模拟分析使用计算机输入影响项目现金流的基本变量,然后模拟项目运作的过程,最终得出项目净现值的概率分布。

模拟过程通常包括如下步骤:

①对投资项目建立一个模型,即确定项目净现值与基本变量之间的关系。基本变量包括收入、单价、单位变动成本等。有时使用更为基本的变量,如人工成本、材料成本、材料消耗量等。

②给出基本变量的概率分布。

③从关键变量的概率分布中随机选取变量的数值,并计算不同情境下的净现值。

④重复多次③,如 1 000 次,直到得到项目净现值具有代表性的概率分布为止。

⑤评估项目净现值的概率分布,它反映了项目的特有风险。

模拟方法相对于情境分析来说是一个进步。它不是只考虑有限的几种结果,而是考虑了无限多的情境。这种方法的主要局限性在于基本变量的概率信息难以取得。由于分析人员很难挑选到合适的分布来描述某个变量,也很难选择该分布的各种参数。当这些选择进行得很随意时,我们所得到的模拟结果尽管很吸引人,但实际上毫无用处。

# 6.4　互斥项目排序

互斥项目,是指接受一个项目就必须放弃另一个项目的情况。通常,它们是为解决一个问题而设计的两个备选方案。例如,为了生产一个新产品,可以选择进口设备,也可以选择国产设备,它们的使用寿命、购置价格和生产能力均不相同。企业只需购买其中之一就可以解决目前的问题,而不会同时购置。

面对互斥项目,仅仅评估哪一个项目方案可以接受是不够的,它们都有正的净现值。我们现在需要知道的是哪一个更好。如果一个项目的所有评估指标,包括净现值、内含报酬率、回收期和会计收益率,均比另一个项目好一些,我们在选择时不会有什么困难。问题是当这些评估指标出现矛盾时,尤其是评估的基本指标——净现值和内含报酬率出现矛盾时,我们如何选择?

评估指标出现矛盾的原因主要有:一是投资额不同,二是投资寿命不同。如果是投资额不同引起的(项目的寿命相同),对于互斥项目应当净现值法优先,因为它可以给股东带来更多的财富。股东需要的是实实在在的报酬,而不是报酬的比率。

如果净现值与内含报酬率的矛盾,是项目有效期不同引起的,我们有两种解决办法,一个是共同年限法,另一个是等额年金法。

## 6.4.1　共同年限法

如果两个互斥项目不仅投资额不同,而且项目期限不同,则其净现值没有可比性。例如,一个项目投资 3 年创造了较少的净现值,另一个项目投资 6 年创造了较多的净现值,后者的盈利性不一定比前者好。

共同年限法的原理:假设投资项目可以在终止时进行重置,通过重置使两个项目进行到相同的年限,然后比较其净现值,该方案也称为重置价值链法。

【例 6.12】　假设公司资本成本是 10%,有 A 和 B 两个互斥的投资项目。A 项目的年限为 6 年,净现值为 12 441 万元,内含报酬率 20%;B 项目的年限为 3 年,净现值为 8 323万元,内含报酬率 20.61%。两个指标的评估结论出现了矛盾,A 项目净现值较大,B 项目内含报酬率较高。此时,如果认为净现值法更可靠,A 项目一定比 B 项目好,但这是不对的。

我们用共同年限法进行分析:假设 B 项目终止时可以进行重置一次,该项目的期限就延长到了 6 年,与 A 项目相同。两个项目的现金流量分布见表6.12。

表 6.12  A,B 项目现金流量分布                                单位:万元

| 项目 | | A | | B | | 重置 B | |
|---|---|---|---|---|---|---|---|
| 时间 | 折现系数 (10%) | 现金流 | 现值 | 现金流 | 现值 | 现金流 | 现值 |
| 0 | 1 | -40 000 | -40 000 | -17 800 | -17 800 | -17 800 | -17 800 |
| 1 | 0.909 1 | 13 000 | 11 818 | 7 000 | 6 363 | 7 000 | 6 363 |
| 2 | 0.826 4 | 8 000 | 6 612 | 13 000 | 10 744 | 13 000 | 10 744 |
| 3 | 0.751 3 | 14 000 | 10 518 | 12 000 | 9 016 | -5 800 | -4 358 |
| 4 | 0.683 0 | 12 000 | 8 196 | | | 7 000 | 4 781 |
| 5 | 0.620 9 | 11 000 | 6 830 | | | 13 000 | 8 072 |
| 6 | 0.564 5 | 15 000 | 8 467 | | | 12 000 | 6 774 |
| 净现值 | | | 12 441 | | 8 323 | | 14 577 |

重置 B 项目第 3 年年末的现金流量 -5 800 万元,是重置初始投资 -17 800 万元与第一期项目第三年年末现金流入 12 000 万元的合计。经计算,重置 B 项目的净现值为 14 577 万元。因此,B 项目优于 A 项目。

共同年限法有一个困难问题:共同比较期的时间可能很长,例如一个项目 7 年,另一个项目 9 年,就需要以 63 年作为共同比较期。而对预计遥远未来的数据,企业没有能力,也缺乏必要信心,尤其是重置时的原始投资,因技术进步和通货膨胀总会发生,实在难以预计。

### 6.4.2  等额年金法

等额年金法是用于年限不同的项目进行比较的另一种方法。它比共同年限法简单,其计算步骤如下:

①计算两个项目的净现值。

②计算净现值的等额年金额。

③假设项目可以无限重置,并且每次都在该项目的终止期,等额年金的资本化就是项目的净现值。

【例 6.13】 依据例 6.12 的数据,计算 A,B 项目的净现值。

A 项目的净现值 = 12 411 万元

$$A\text{ 项目的净现值的等额年金} = \frac{12\ 411\ \text{万元}}{(P/A,10\%,6)} = \frac{12\ 411\ \text{万元}}{4.355\ 3} = 2\ 849.63\ \text{万元}$$

$$A\text{ 项目的永续净现值} = \frac{2\ 857\ \text{万元}}{10\%} = 28\ 496.30\ \text{万元}$$

B 项目的净现值 = 8 324 万元

$$B \text{ 项目的净现值的等额年金} = \frac{8\,324\text{ 万元}}{(P/A,10\%,3)} = \frac{8\,324\text{ 万元}}{2.486\,9}$$
$$= 3\,347.14\text{ 万元}$$

$$B \text{ 项目的永续净现值} = \frac{3\,347\text{ 万元}}{10\%} = 33\,471.40\text{ 万元}$$

比较永续净现值,B 项目优于 A 项目,结论与共同期限法相同。

特别地,当互斥投资项目的资本成本相同时,等额年金大的项目永续净现值肯定大,根据等额年金大小就可以直接判断项目的优劣。因此,等额年金法的最后一步即永续年金现值的计算,并非总是必要的。

共同年限法和等额年金法存在共同的缺点:

①有的领域技术进步快,升级换代不可避免,不可能原样复制。

②如果通货膨胀比较严重,必须考虑重置成本的上升,这是一个非常具有挑战性的任务,而这两个方法都没有考虑。

③从长期来看,竞争会使项目净利润下降,甚至被淘汰,这两个方法都没有对此进行分析。

通常在实务中,只有重置率很高的项目才适宜采用上述分析方法。对于预计项目年限差别不大的项目,例如 8 年期限和 10 年期限的项目,可以直接比较净现值,不需要做重置现金流的分析,因为预计现金流量和资本成本的误差比年限差别更大。

### 6.4.3　通货膨胀对投资决策的影响

通货膨胀是指在一定时期内,物价水平持续、普遍上涨的经济现象。通货膨胀会导致货币购买力下降,从而影响项目投资价值。通货膨胀对资本预算的影响表现在两个方面:一个是影响现金流量的估计;二是影响资本成本的估计。下面将主要讨论通货膨胀对现金流量的影响。

如果企业对未来现金流量的预测是基于预算年度的价格水平,并去除了通货膨胀的影响,那么这种现金流量称为实际现金流量。包含通货膨胀影响的现金流量称为名义现金流量。两者之间的关系如下:

$$\text{名义现金流量} = \text{实际现金流量} \times (1 + \text{通货膨胀率})^n$$

式中　$n$——相对于基期的期数。

在资本预算的编制过程中,应遵循一致性原则。名义现金流量用名义资本成本进行折现,实际现金流量用实际资本成本进行折现。这是评估指标计算的基本原则。

【例 6.14】　假设某项目的实际现金流量见表 6.13,名义资本成本为 12%,预计一年内的通货膨胀率为 8%,求该项目的净现值。

表 6.13　某项目的实际现金流量　　　　　　　　　　　　　　　　单位:万元

| 时间 | 第 0 年 | 第 1 年 | 第 2 年 | 第 3 年 |
|---|---|---|---|---|
| 实际现金流量 | −100 | 45 | 60 | 40 |

第一种方法:将名义现金流量用名义资本成本进行折现。此时需要先将实际现金流量调整成为名义现金流量,然后用 12% 的资本成本进行折现。具体计算过程见表 6.14。

表 6.14　净现值的计算　　　　　　　　　　　　　　　　单位:万元

| 时间 | 第 0 年 | 第 1 年 | 第 2 年 | 第 3 年 |
|---|---|---|---|---|
| 实际现金流量 | −100 | 45 | 60 | 40 |
| 名义现金流量 | −100 | 48.6 | 69.98 | 50.39 |
| 现值(按 12% 折现) | −100 | 43.39 | 55.79 | 35.87 |
| 净现值 | NPV = −100 + 43.39 + 55.79 + 35.87 = 35.05 | | | |

第二种方法:将实际现金流量用实际成本进行折现。此时需要先将名义资本成本调整为实际资本成本,然后再计算净现值。具体计算过程见表 6.15。

$$实际资本成本 = \frac{1 + 名义资本成本}{1 + 通货膨胀率} - 1$$

$$= \frac{1 + 12\%}{1 + 8\%} - 1$$

$$= 3.7\%$$

表 6.15　净现值的计算　　　　　　　　　　　　　　　　单位:万元

| 时间 | 第 0 年 | 第 1 年 | 第 2 年 | 第 3 年 |
|---|---|---|---|---|
| 实际现金流量 | −100 | 45 | 60 | 40 |
| 现值(按 3.7% 折现) | −100 | 43.39 | 55.79 | 35.87 |
| 净现值 | NPV = −100 + 43.39 + 55.79 + 35.87 = 35.05 | | | |

可以看到,两种方法计算得到的结果是一样的,都可以得到没有偏差的净现值。值得注意的是,通货膨胀对投资决策是非常重要的,即使每年的通货膨胀不严重,但长期累积起来对项目的盈利性也会产生巨大影响,因此长期投资项目评价必须对通货膨胀进行处理。

本章思维导图　　　　　　　　　练习题　　　　　　　　习题答案及解析

# 第7章  长期筹资管理

**学习目标**：通过本章的学习，要求学生在知识能力方面了解长期借款种类、取得条件及借款程序；了解债券的特征、种类、发行程序和信用评级；了解可转换债券的发行条件、转换期、转换价格和转换比率；了解普通股股东权利和义务，了解公开发行新股的规定和条件、股票发行程序和方式；掌握股票发行价格的确定方法；了解优先股股东权利和利弊；了解私募股权投资的分类和私募股权融资的总体流程；培养思考能力和学习习惯。在社会能力方面，培养合作能力和协调能力。

## 7.1  长期借款

长期借款是指企业向银行等金融机构以及向其他单位借入的、期

**思维导图**

限在1年以上的各种借款。长期借款与股票、债券等长期筹资方式相比，既有优点，也有不足之处。

### 7.1.1  长期借款分类

1）按提供贷款的机构划分

长期借款按提供贷款的机构划分，可分为政策性银行贷款、商业性银行贷款和其他金融机构贷款。

政策性银行贷款是执行国家政策性贷款业务的银行（通称政策性银行）提供的贷款，通常为长期贷款。

商业性银行贷款中的长期贷款一般具有以下特征：

①期限长于1年。

②企业与银行之间要签订借款合同，含有对借款企业的具体限制条件。

③有规定的借款利率，可固定，亦可随基准利率的变动而变动。

④主要实行分期偿还方式，一般每期偿还金额相等。当然也有采用到期一次偿还方式。

其他金融机构（如保险公司）的贷款一般较商业银行贷款的期限更长，要求的利率较高，对借款企业的信用要求和担保的选择也比较严格。

2）按有无抵押品作担保划分

长期借款按有无抵押品做担保，可分为抵押贷款和信用贷款。

抵押贷款是指以特定的抵押品为担保的贷款。作为贷款担保的抵押品可以是不动产、机器设备等实物资产，也可以是股票、债券等有价证券。它们必须是能够变现的资产。如果贷款到期时借款企业不能或不愿偿还贷款，银行可取消企业对抵押品的赎回权，并有权处理抵押品。抵押贷款有利于降低银行贷款的风险，提高贷款的安全性；信用贷款是指不以抵押品做担保的贷款，即仅凭借款企业的信用或某保证人的信用而发放的贷款。

信用贷款通常仅由借款企业出具签字的文书，一般是贷给那些资信优良的企业。对于这种贷款，由于风险较高，银行通常要收取较高的利息，并往往附加一定的条件限制。

3）按贷款的用途划分

按贷款的用途划分，我国银行长期贷款还可以分为基本建设贷款、更新改造贷款、科研开发和新产品试制贷款等。

### 7.1.2　取得长期借款的条件

我国金融部门对贷款规定的原则是：按计划发放，择优扶植，有物资保证，按期归还。长期银行借款与短期银行借款在借款信用条件方面基本相同。企业向金融部门申请贷款，一般应具备以下条件：

①独立核算、自负盈亏、有法人资格。

②经营方向和业务范围符合国家产业政策，借款用途属于银行贷款办法规定的范围。

③借款企业具有一定的物资和财产保证，担保单位具有相应的经济实力。

④具有偿还贷款的能力。

⑤财务管理和经济核算制度健全，资金使用效益及企业经济效益良好。

⑥在银行设有账户，可办理结算。

按照国际惯例，银行借款往往附加一些信用条件，主要有信用额度、周转信用协议、补偿性余额。

1）信用额度

信用额度是借款企业与银行间正式或非正式协议规定的企业借款的最高限额。通常在信用额度内，企业可随时按需要向银行申请借款。例如，在正式协议下，约定一企业的信用额度为500万元，该企业已借用300万元且尚未偿还，则该企业仍可申请200万元，银行将予以保证。在非正式协议下，银行并不承担最高借款限额保证贷款的法律义务。

2）周转信用协议

周转信用协议是一种经常为大公司使用的正式信用额度。与一般信用额度不同，银行对周转信用额度负有法律义务，并因此向企业收取一定的承诺费用，一般按企业使用的信用额度的一定比率（2%左右）计算。

3）补偿性余额

补偿性余额是银行要求借款企业将借款的 10% ~ 20% 的平均存款余额留存银行。银行通常都有这种要求,目的是降低银行贷款风险,提高贷款的有效利率,以便补偿银行的损失。

### 7.1.3　长期借款的借款程序

1）长期借款的借款程序

长期借款的借款程序如图 7.1 所示。

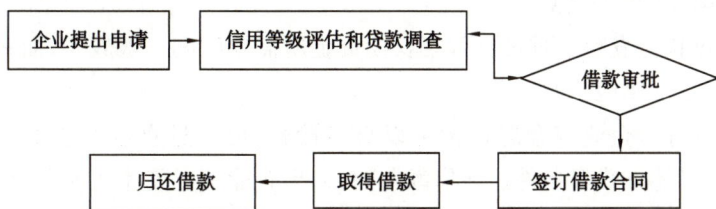

图 7.1　长期借款的借款程序

2）长期借款的保护性条款

长期借款的保护性条款有三类:一般性保护条款、例行性保护条款、特殊性保护条款。

（1）一般性限制条款

一般性限制条款通常包括:

①企业需持有一定限度的现金及其他流动资产及支付能力。

②限制企业支付现金股利,防止债务人转移资金。

③限制企业资本流出的规模。

④限制企业借入其他长期资金等。

（2）例行性限制条款

例行性限制条款通常包括:

①企业定期向银行报送财务报表。

②不能出售太多的资产。

③债务到期要及时偿付。

④禁止应收账款的转让等。

（3）特殊性限制条款

特殊性限制条款是根据借款企业和每笔借款的具体情况设置的。例如,要求企业主要领导人购买人身保险,规定借款的用途不得改变等。这类限制条款只有在特殊情形下才生效。

### 3)长期借款的偿还方式

长期借款的偿还方式不一,包括定期支付利息、到期一次性偿还本金的方式;如同短期借款那样的定期等额偿还方式;平时逐期偿还小额本金和利息、期末偿还余下的大额部分的方式。第一种偿还方式会加大企业借款到期时的还款压力,而定期等额偿还会提高企业使用贷款的有效年利率。

## 7.1.4 长期借款筹资的利弊

与其他长期负债筹资相比,长期借款筹资的优缺点主要有:

(1)长期借款筹资的优点

①筹资速度快。发行各种证券筹集长期资金所需要时间一般较长,而一般借款所需的时间较短,可以迅速地获取资金。

②借款弹性好。企业与金融机构可以直接接触,可通过直接商谈来确定借款的时间、数量、利息、偿还方式等条件。在借款期间,如果企业情况发生了变化,也可与金融机构进行协商,修改合同。借款到期后,如有正当理由,还可延期归还。

(2)长期筹资借款的缺点

①财务风险较大。企业举借长期借款,必须定期还本付息。在经营不利的情况下,可能会产生不能偿付的风险,甚至会导致破产。

②限制条款较多。企业与金融机构签订的借款合同中,一般都有较多的限制条款,这些条款可能会限制企业的经营活动。

# 7.2 公司债券

债券是政府、金融机构、工商企业等机构直接向社会借债筹措资金时向投资者发行,并且承诺按一定利率支付利息并按约定条件偿还本金的债权债务凭证。债券的本质是债的证明书,具有法律效力。债券购买者与发行者之间是一种债权债务关系,债券发行人即债务人,投资者(或债券持有人)即债权人。发行债券是企业筹集借入资本的重要方式。我国非公司企业发行的债券称为企业债券。按照我国《公司法》和国际惯例,股份有限公司和有限责任公司发行的债权的债券称为公司债券,习惯上又称为公司债。公司发行债券通常是为其大型投资项目一次筹集大笔长期资金。

*思维导图*

## 7.2.1 债券的特征

债券作为一种重要的融资手段和金融工具具有如下特征:

①偿还性。债券一般都规定有偿还期限,发行人必须按约定条件偿还本金并支付利息。

②流通性。债券一般都可以在流通市场上自由转让。

③安全性。与股票相比,债券通常规定有固定的利率,与企业绩效没有直接联系,收益比较稳定,风险较小。此外,在企业破产时,债券持有者享有优先于股票持有者对企业剩余资产的索取权。

④收益性。债券的收益性主要表现在两个方面,一是投资债券可以给投资者定期或不定期地带来利息收入;二是投资者可以利用债券价格的变动,买卖债券赚取差额。

### 7.2.2　债券的分类

1)按是否记名可分为记名债券与无记名债券

①记名公司债券是在券面上记有持券人的姓名或名称。对于这种债券,公司只对记名人偿还本金,持券人凭印鉴支取利息。记名债券的转让,由债券持有人以背书等方式进行,并向发行公司将受让人的姓名或名称载于公司债券存根簿。

②无记名债券是指在券面上不记持券人的姓名或名称,还本付息以债券为凭,一般实行剪票付息。其转让由债券持有人将债券交付给受让人后即发挥效力。

2)按持有人是否参加公司利润分配可分为参加公司债券和非参加公司债券

①参加公司债券是指除了可按预先约定获得利息收入外,还可在一定程度上参加公司利润分配的债券。

②非参加公司债券是指持有人只能按照事先约定的利率获得利息的公司债券。

3)按是否可提前赎回可分为可提前赎回公司债券和不可提前赎回公司债券

①可提前赎回公司债券,即发行者可在债券到期前购回其发行的全部或部分债券。

②不可提前赎回公司债券,即只能一次到期还本付息的公司债券。

4)按发行债券的目的可分为普通公司债券、改组公司债券、利息公司债券和延期公司债券

①普通公司债券即以固定利率、固定期限为特征的公司债券。这是公司债券的主要形式,目的在于为公司扩大生产规模提供资金来源。

②改组公司债券是为清理公司债务而发行的债券,也称为以新换旧债券。

③利息公司债券,也称为调整公司债券,是指面临债务信用危机的公司经债权人同意而发行的较低利率的新债券,用以换回原来发行的较高利率债券。

④延期公司债券,指公司在已发行债券到期无力支付,又不能发新债还旧债的情况下,在征得债权人同意后可延长期限的公司债券。

⑤按发行人是否给予持有人选择权,可分为附有选择权的公司债券和未附选择权的公司债券。

a.附有选择权的公司债券,指在一些公司债券的发行中,发行人给予持有人一定的选择权,如可转换公司债券(附有可转换为普通股的选择权)、有认股权证的公司债券和可退换公司债券(附有持有人在债券到期前可将其回售给发行人的选择权)。

b.未附选择权的公司债券,即债券发行人未给予持有人上述选择权的公司债券。

### 7.2.3　公司债券的特点

**1）投资对象广泛**

无论是个人、企业、基金等都对公司债券有较大需求。债券筹资的目的往往更为明确而受到投资者的信任。因此，在债券市场普遍容易筹集资金。

**2）风险性较大**

公司债券的还款来源是公司的经营利润，但是任何一家公司的未来经营都存在很大的不确定性，因此公司债券发行者在必须偿付债券本息的压力下生存，依靠债券资金经营的风险较大。

**3）相互选择权**

对某些债券而言，发行者与持有者之间可以相互给予一定的选择权，如提前赎回条款等。

鉴于公司债券的以上特点，公司债券筹资的优点在于：

①债券成本较低。与股票的股利相比较而言，债券的利息允许在所得税前支付，发行公司可享受税上利益，故公司实际负担的债券成本一般低于股票成本。

②可利用财务杠杆。无论发行公司的盈利有多少，债券持有人一般只收取固定的利息，而更多的收益可用于分配给股东或留用公司经营，从而增加股东和公司的财富。

③保障股东控制权。债券持有人无权参与发行公司的管理决策，因此，公司发行债券不会像增发新股票那样分散股东对公司的控制权。

④便于调整资本结构。在公司发行可转换债券以及可提前赎回债券的情况下，则便于公司主动地合理调整资本结构。

公司债券筹资的缺点在于：

①财务风险较高。债券有固定的到期日，并需定期支付利息，发行公司必须承担按期付息偿还本金的义务。在公司经营不景气时，亦需向债券持有人付息偿还本金，这会给公司带来更大的财务困难，有时甚至会导致破产。

②限制条件较多。发行债券的限制条件一般要比长期借款、租赁融资的限制条件多且严格，从而限制了公司对债券筹资方式的使用，甚至会影响公司以后的筹资能力。

③筹资数量有限。公司利用债券筹资一般受一定额度的限制。多数国家对此都有限定。我国《公司法》规定，发行公司流通在外的债券累计总额不得超过公司净资产的40％。

### 7.2.4　公司债券的发行程序

**1）公司债券的发行资格与条件**

根据我国《公司法》规定，发行债券必须符合下列条件：

①股份有限公司的净资产不低于人民币3 000万元，有限责任公司的净资产不低于

人民币 6 000 万元。

②累计债券总额不超过公司净资产额的 40% 。

③最近 3 年平均可分配利润足以支付公司债券 1 年的利息。

④筹集的资金投向符合国家产业政策。

⑤债券的利率不得超过国务院限定的利率水平。

⑥国务院规定的其他条件。

此外，发行公司债券募集的资金，必须用于审批机关批准的用途，不得用于弥补亏损和非生产性支出。

凡有下列情形的，不得再次发行公司债券：

①前一次发行的公司债券尚未募足的。

②对已发行的公司债券或者其债务有违约或者延迟支付本息的事实，且仍处于继续状态的。

公司债券的发行方式一般有私募发行和公募发行两种。私募发行是指由发行公司将债券直接发售给投资者。这种发行方式因受限制，极少采用。公募发行是指发行公司通过承销团向社会发售债券。在这种发行方式下，发行公司要与承销团签订承销协议。承销应由数家证券公司或投资银行组成。承销团的承销方式有代销和包销。代销是指由承销机构代为推销债券，在约定期限内未售出的余额将退还发行公司，承销机构不承担发行风险。包销是由承销团先购入发行公司拟发行的全部债券，然后再售给社会上的投资者，如果在约定期限内未能全部售出，余额要由承销团负责认购。公募发行是世界各国通常采用的公司债券发行方式。美国甚至强制要求某些债券（如电力制造业公司债券）必须公募发行。我国有关法律、法规亦要求公募发行债券。

2）发行债券的程序

发行债券的程序如图 7.2 所示。

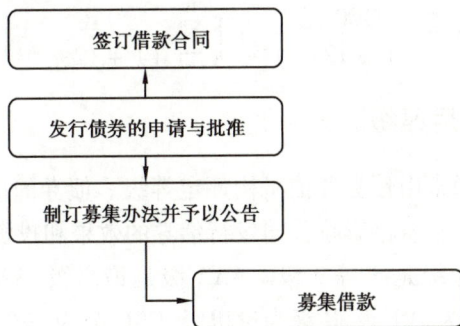

图 7.2　债券发行程序

3）公司债券的发行价格

公司债券的发行价格通常有三种情况：平价、溢价和折价。

平价是指以债券的票面金额作为发行价格。多数公司债券采用平价发行。溢价是指按高于债券面额的价格发行债券。折价是指按低于债券面额的价格发行债券。溢价或折价发行债券，主要是债券的票面利率与市场利率不一致所造成的。债券的票面利率在债券发行前即已参照市场利率确定下来，并标明于债券票面，无法改变，但市场利率经常发生变动。在债券发售时，如果票面利率与市场利率不一致，就需要调整发行价格（溢价或者折价），以调节债券购销双方的利益。

债券发行价格具体可按下列公式计算确定：

$$债券发行价格 = \frac{债券面额}{(1 + 市场利率)^n} + \sum_{t=1}^{n} \frac{债券年息}{(1 + 市场利率)^t}$$

式中　$n$——债券期限；

　　　$t$——付息期数。

公式中的市场利率是指债券发售时的市场利率，债券年息为债券面额与票面利率（通常为年利率）的乘积。从资金时间价值的原理来看，按上列公式确定的债券发行价格由两部分构成：一部分是债券到期还本面额按市场利率折现的现值；另一部分是债券各期利息（年金形式）的现值。

现举例说明不同情况下公司债券发行价格的计算方法。

【例 7.1】　某公司发行面额为 100 元，票面利率 10%，期限 10 年的债券付息一次。其发行价格可分下述三种情况：

①当市场利率为 10%，与票面利率一致，为等价发行。债券发行价格可计算如下：

$$债券发行价格 = \frac{100 元}{(1 + 10\%)^n} + \left[\sum_{t=1}^{10} \frac{10}{(1 + 10\%)^t}\right]元 = 100 元$$

②当市场利率为 8%，低于票面利率，为溢价发行。债券发行价格可计算如下：

$$债券发行价格 = \frac{100 元}{(1 + 8\%)^n} + \left[\sum_{t=1}^{10} \frac{10}{(1 + 8\%)^t}\right]元 = 113.4 元$$

③当市场利率为 12%，高于票面利率，为折价发行。债券发行价格可计算如下：

$$债券发行价格 = \frac{100 元}{(1 + 12\%)^n} + \left[\sum_{t=1}^{10} \frac{10}{(1 + 12\%)^t}\right]元 = 886 元$$

### 7.2.5　债券的信用评级

公司公开发行债券通常由债券评信机构评定等级。债券的信用等级，对发行公司和投资者都有重要的影响。它直接影响公司发行债券的效果和投资者的投资选择。

国际上流行的债券等级是 3 等 9 级。AAA 级是最高级，AA 级是高级，A 级为上中级，BBB 级为中级，BB 级为中下级，B 级为投机级，CCC 级为完全投机级，CC 级为最大投机级，C 级为最低级。

我国的债券评级工作也在发展。根据中国人民银行的有关规定，凡是向社会公开发行的企业债券，需由中国人民银行及其授权的分行指定的资信评级机构或者公证机构进行评信。国务院 1993 年发布的《企业债券管理条例》规定，企业发行企业债券，可以向经认可的债券评信机构申请信用评级。目前，全国尚无统一的债券等级标准，尚未建成系统的债券评级制度。但可预见,我国债券评级制度的建立时间将不会太远。

# 7.3　可转换债券

思维导图

可转换债券有时简称"可转债",是指由发行公司发行并规定债券持有人在一定期间内依据约定条件可将其转换为发行公司股票的债券。每个可转债背后都有一家上市公司,每张可转债都对应着一只股票,这只股票也叫作可转债的正股。可转债就是一种低风险、高收益的投资工具。

可转债的优势比较明显,当正股上涨的时候,可转债可能涨得比正股还多;当正股下跌的时候,可转债跌得比正股少甚至还可能会上涨。可转债具有债券和股票的双重特性,当可转债的价格在 100 元左右特别是小于 100 元的时候,会表现出很强的债券特性,债券的特性就是到期还本付息,无论什么价格买进,到期后都能收回债券的本金和利息,每张可转债大概能收回 103 ~ 110 元。因此,当可转债的价格小于 100 元时,即使正股的价格跌幅很大,可转债的价格也可能跌幅很小甚至是上涨。当可转债的价格大幅高于 100 元时,会表现出很强的股票特性,和正股同涨同跌,但幅度有可能更大。可转债的收益下有保底,上不封顶。

从筹资者角度看,可转换债券具有债务和权益筹资的双重特性,属于一种混合性筹资。利用可转换债券筹资,发行公司赋予债券持有人可将其转换为本公司股票的权利。因此,对发行公司而言,转换前需定期支付债券利息,如果在规定期间内未转换还需到期偿还债券本金,在这种情况下,可转换债券筹资与普通债券筹资类同,具有债券筹资性质;如果在规定期间转换为股票,即转换为公司的股东权益,此时可转换债券不复存在,被股票所取代,因而具有权益筹资性质。

因此,可转换债券是一种混合型的债券形式。当投资者不太清楚发行公司的发展潜力及前景时,可先投资于这种债券。待发行公司经营实绩显著,经营前景乐观,其股票行市看涨时,则可将债券转换为股票,以受益于公司的发展。

## 7.3.1　可转换债券的发行

### 1)发行可转换债券的条件

根据《可转换公司债券管理暂行办法》,上市公司和重点国有企业具有发行可转换债券的资格,但应经省级政府或者国务院有关主管部门推荐,报证监会审批。

上市公司发行可转换债券,应当符合下列条件:

①最近 3 年连续盈利,且最近 3 年净资产利润率平均在 10% 以上;属于能源、原材料、基础设施类的公司净资产利润率可以略低,但是不得低于 7% 。

②可转换债券发行后,资产负债率不高于 70% 。

③累计债券余额不超过公司净资产额的 40% 。

④募集资金的投向符合国家产业政策。

⑤可转换债券的利率不超过银行同期存款的利率水平。

⑥可转换债券的发行额不小于人民币1亿元。

⑦国务院证券委规定的其他条件。

另外还要求,公司扣除非经常性损益后,最近3个会计年度的净资产利润率平均值原则上不得低于6%。公司最近3个会计年度净资产利润率平均低于6%的,公司应当具有良好的现金流量。

重点国有企业发行可转换债券,除应当符合上列③—⑦项条件外,还应当符合下列条件:

①最近3年连续盈利,且最近3年的财务报告已经具有从事证券业务资格的会计师事务所审计。

②有明确、可行的企业改制和上市计划。

③有可靠的偿债能力。

④有具有代为清偿债务能力的保证人的担保。

2)转换期、转换价格和转换比率及特征

可转换公司债券在发行时有八个基本转换要素:转换期、转换价格、转换比率、强制回售、强制赎回、持有到期、套利、T+0交易。可转换债券持有人行使转换权利时,按这八个基本转换要素进行,其中前三个要素是必需的。

(1)转换期

转换债券的转换期长短与可转换债券的期限相关。我国可转换债券的期限按规定最短期限为3年,最长期限为6年。按照规定,上市公司发行的可转换债券,在发行结束6个月后,持有人可以依据约定的条件随时将其转换为股票。重点国有企业发行的可转换债券,在该企业改建为股份有限公司且其股票上市后,持有人可以依据约定的条件随时将其转换为股票。可转换债券转换为股票后,发行公司股票上市的证券交易所应当安排股票上市流通。

(2)转换价格

可转换债券的转换价格是用可转换债券交换股票的每股价格。转换价格通常由发行公司在发行可转换债券时约定。

我国规定,上市公司发行可转换债券的,以发行可转换债券前一个月股票的平均价格为基准,上浮一定幅度作为转换价格。重点国有企业发行可转换债券的,以拟发行股票的价格为基准,折扣一定比例作为转换价格。

【例7.2】 某上市公司拟发行可转换债券,发行前一个月该公司股票的平均价格经测算为每股16元,预计该公司股票未来价格有明显的上升趋势,确定上浮的幅度为25%。该公司可转换债券的转换价格测算为

$$16 元 \times (1 + 25\%) = 20 元$$

可转换债券的转换价格并非固定不变。发行公司发行可转换债券并约定转换价格

后,由于又发行新股、送股及其他原因引起公司股份发生变动的,应当及时调整转换价格,并向社会公布。

上市公司在一定条件下可以下调转股价,下调转股价的条件也是事先约定好的,不同可转债可能会有不同,但是差别不太大。下调转股价的目的是降低可转债持有者的转股门槛,一旦可转债的持有者转股,上市公司就不用还本付息了。可以下调转股价是上市公司为了维护自身的利益而设定的一个自我保护条款,这个保护条款对上市公司利弊各半,优点是可以避免可转债持有者的强制回售,也可以促进转股;缺点是下调转股价,可转债持有者能转换更多的股票,会更多地稀释大股东的持股比例。

例如,在分派股息和增发新股情况下,调整后转换价格可按下列公式计算:

调整后转换价格 = [(调整前转换价格 – 股息) × 增发新股前股份数 + 发行价 × 新股份数] ÷ 增发新股后股份数

(3)转换比率

可转换债券的转换比率是指每份可转换债券所能交换的股份数,它等于可转换债券面值除以转换价格。

【例7.3】 某上市公司发行的可转换债券每份面值1 000元,转换价格为每股20元,转换比率为

1 000元 ÷ 20元/股 = 50股

即每份可转换债券可以转换50股股票。

有时,可转换债券持有人请求转换时,所持债券面额不足转换一股股票的余额,发行公司应当以现金偿还。例如,前例每份可转换债券面额1 000元,转换价格在发行时为每股20元,发行后根据有关情况变化调整为每股27元。某持有人持有10份可转换债券,总面额为10 000元,决定转换为股票,则其转换股票为1 000元 ÷ 27元/股 = 370股,可转换债券总面额不足转换为一股股票的余额为10元,即发行公司对该持有人交付股票370股,另付现金10元。

(4)强制回售

当满足一定条件的情况下,可转债持有者可以把可转债以一个特定的价格卖给上市公司。上市公司必须要买,不然会违法。比如从2023年2月14日起,如果上市公司的股价在连续30个交易日的收盘价低于当期转股价的70%时,可转债的持有者就可以以100元的价格把持有的可转债卖给上市公司。回售价是发行可转债的时候就确定好的,这个价格不会低于100元,具体价格由上市公司来定。

强制回售条款是用来保护投资者利益的,这个条款的存在会迫使上市公司下调转股价或进行股票市值管理。另外由于强制回售条款的存在,也让可转债在某个阶段可能出现无风险套利的机会。比如在回售期内,符合回售条件的情况下,如果可转债的价格低于回售价,买进可转债回售给上市公司,就可以获得无风险收益。

(5)强制赎回

强制赎回指在一定条件下,上市公司可以以事先约定好的价格从可转债持有者手中

强制买回可转债,无论当时可转债的市场价是多少。比如在满足强制赎回条件的情况下,上市公司可以以 100 元的面值加当期应计利息的价格从可转债持有者手中买回可转债,哪怕当时可转债的市场价格远远超过 100 元。

这个条款是为了保障上市公司的利益而设定的,目的就是迫使可转债持有者转股,这样上市公司就不用还本付息了。不过虽然这个条款对上市公司有利,但是这个条款也并不会真正损害债券持有者的利益。因为债券持有者完全可以通过卖出可转债或者转股来避免手中的可转债被低价赎回。另外这个条款的存在也为可转债创造了套利机会,因为上市公司在转股期内有很强的动力让可转载涨到 130 元以上并至少维持 15 个交易日。

（6）持有到期

可转债首先是债券,债券最主要的特点是到期还本付息。所以在 100 元以下买入可转债的话,最坏的结果就是持有到期收回本金和利息。这个特点决定了可转债投资的保底收益,这也是为什么可转债投资可以无风险的根本原因。

（7）套利

套利是指利用规则导致的双轨价格,进行低买高卖,赚取确定性的收益。由于可转债具有可以转股、可以下调转股价、可以强制回售、可以强制赎回、可以持有到期等特点,这些特点在某个阶段可能会导致双轨价格出现,通过低买高卖、买入回售或买入转股等方式可以获得低风险甚至无风险的确定性收益。

（8）T＋0 交易

可转债当天买进后当天就可以卖出,流动性非常强。

### 7.3.2　发行可转换债券的利弊

发行可转换债券是一种特殊的筹资方式,其优缺点如下。

1）发行可转换债券的优点

①利于降低资金成本。由于可转换债券附有一般债券所没有的选择权,因此,可转换债券的利率一般低于普通债券,转换前可转换债券的资金成本低于普通债券;转换为股票后,又可节约股票的发行成本,从而降低股票的资金成本。

②利于筹集更多资金。可转换债券的转换价格通常高于发行时的股票价格,因此,可转换债券转换后,其筹资额大于当时发行股票筹资额,也有利于稳定公司的股价。

③利于调整资本结构。可转换债券是一种债务和权益双重性筹资方式,转换前可转换债券属于公司的一种债务,若公司希望持有人转股,还可借助诱导,促进转股,从而调整资本结构。

④强制赎回条款的规定可以避免公司的筹资损失。当公司股票价格在一段时期内连续高于转换价格达到某一幅度并持续一段时间时,公司可按事先约定的条件强制赎回债券。

2）发行可转换债券的缺点

①转股后可转换债券筹资将失去利率较低的好处。

②若确需利用股票筹资，但股价并未上升，可转换债券持有人不愿转股时公司将承受债务压力。

③若可转换债券转股时股价高于转换价格，则发行公司遭受筹资损失。

④回售条款的规定可能使发行公司遭受损失。当公司股票价格在一段时期内连续低于转股价格达到一定幅度时，可转换债券持有人可按事先约定的价格将所持债券回售，从而使发行公司受损。

# 7.4　普通股

思维导图

## 7.4.1　普通股股东权利和义务

1）公司决策参与权

普通股股东可以以股东身份参与股份公司的经营管理决策。普通股票股东行使这一权利的途径是参加股东大会。普通股股东有权参与股东大会，并有建议权、表决权和选举权，也可以委托他人代表其行使其股东权利。

2）利润分配权

普通股股东有权从公司利润分配中得到股息。普通股的股息是不固定的，由公司盈利状况及其分配政策决定。普通股股东必须在优先股股东取得固定股息之后才有权享受股息分配权。

3）剩余资产分配权

当公司破产或清算时，若公司的资产在偿还欠债后还有剩余，其剩余部分按先优先股股东、后普通股股东的顺序进行分配。

4）优先认股权

如果公司需要扩张而增发普通股股票时，现有普通股股东有权按其持股比例，以低于市价的某一特定价格优先购买一定数量的新发行股票。这种权利有两个主要目的，一是保证普通股股东在股份公司中保持原有的持股比例；二是保护原普通股股东的利益和持股价值。

同时，普通股股东也基于其资格，对公司负有义务。我国《公司法》中规定了股东具有遵守公司章程、缴纳股款、对公司负有有限责任、不得退股等义务。

### 7.4.2 普通股发行

**1）公开发行新股的规定和条件**

按照我国《公司法》和《证券法》的有关规定，股份有限公司发行股票，应当符合如下规定和条件：

①每股金额相等。

②股票发行价格不得低于票面金额。

③股票应当载明公司名称、公司登记日期等主要事项。

④向发起人和向国家授权投资的机构、法人发行的股票应当为记名股票；对社会发行的股票，可以为记名股票，也可以为无记名股票。

⑤公司发行记名股票的，应当置备股东名册等；发行无记名股票的，应当记载其股票数量、编号及发行日期。

⑥公司公开发行新股，必须具备下列条件：

a. 具备健全且运行良好的组织结构。

b. 具有持续盈利能力，财务状态良好。

c. 最近3年财务会计文件无虚假记载，无其他重大违法行为。

d. 证券监督管理机构规定的其他条件。

**2）股票的发行程序**

（1）设立时发行股票的程序

①提出募集股份申请。

②公告招股说明书，制作认股书，签订承销协议和代收股款协议。

③招认股份，缴纳股款。

④召开创立大会，选举董事会、监事会。

⑤办理设立登记，交割股票。

（2）增资发行新股的程序

①股东大会做出发行新股的决议。

②由董事会向国务院授权的部门或省级人民政府申请并经批准。

③公告新股招股说明书和财务会计报表及附属明细表，与证券经营机构签订承销合同，定向募集时向新股认购人发出认购公告或通知。

④招认股份，缴纳股款。

⑤改组董事会、监事会，办理变更登记并向社会公告。

**3）股票发行的方式**

①公募发行，也叫公开间接发行，是指通过中介机构，公开向社会公众发行股票。这种发行方式的发行范围广、对象多、易足额筹集资本；股票变现性强，流通性好；可以提高发行公司的知名度和扩大影响力。但这种发行方式也有不足，主要是手续烦琐，发行成

本高。

②私募发行,也叫不公开直接发行,是指不公开对外发行股票,只向少数特定的对象直接发行,因而无须经中介机构承销。这种发行方式弹性较大,发行成本低,但发行范围小,股票变现性差。此外,私募所得资金也不如公募所得到的资金那么充裕,资金量十分有限。我国境内 B 股的发行几乎全部采用私募方式进行。

### 4)股票销售方式

①自销方式。股票发行的自销方式,是指发行公司自己直接将股票销售给认购者。这种销售方式可由发行公司直接控制发行过程,实现发行目标,并节省发行费用;缺点是筹资时间长,发行公司要承担全部发行风险。

②委托销售方式。股票发行的委托销售方式,是指发行公司将股票销售业务委托给证券经营机构代理。这种销售方式是发行股票所普遍采用的。委托销售又分为包销与代销两种。所谓包销,是指根据承销协议商定的价格,证券经营机构一次性买进发行公司全部股票,然后向社会公众按较高的价格出售。对发行公司来说,包销可及时筹足资本,免于承担发行风险。但股票以较低的价格出售给承销商会损失部分溢价。所谓代销,是指证券经营机构代替发行公司代售股票,不承担股款未募足的风险。

### 5)股票发行价格

股票发行价格通常有等价、时价和中间价三种,见表7.1。

表7.1　股票发行价格

| 发行价格 | 含义 |
| --- | --- |
| 等价 | 以股票的票面额为发行价格,也称为平价发行。一般在股票初次发行或在股东内部分摊增资的情况下采用 |
| 时价 | 以本公司股票在流通市场上买卖的实际价格为基准确定的股票发行价格 |
| 中间价 | 以时价和等价的中间值确定的股票发行价格。可能是溢价发行,也可能是折价发行 |

### 6)股票发行价格的确定方法

(1)收益法

$$每股发行价格 = \frac{股票面值 \times 年股息率 + 每股收益}{资金市场平均利率}$$

(2)账面分析法

$$每股发行价格 = \frac{资产总值 - 负债总值}{投入资本总额} \times 每股面值$$

(3)综合分析法

$$每股发行价格 = \frac{年平均利率}{资本利润率} \times \frac{每股面值}{投入资本总额}$$

【例7.4】　某股份有限公司投入资本总额为 2 000 万元,每股面值为 3 元,资本利润

率为15%,该公司平均利润为400万元,则按综合分析法,每股发行价格为

$$每股发行价格 = \frac{400\ 000\ 元}{15\%} \times \frac{3\ 元}{2\ 000\ 000\ 元} = 4\ 元$$

### 7)股票回购

股票回购是指上市公司利用现金等方式,从股票市场上购回本公司发行在外的一定数额股票的行为。公司在股票回购完成后可以将所回购的股票注销。库藏股日后可移作他用,如发行可转换债券、雇员福利计划等,或在需要资金时将其出售。当公司回购股票时,在外流通股票数量下降而每股盈余增加。

股票回购产生于公司为规避政府对现金股利的管制。

①公开市场收购。公开市场收购指公司和市场上其他投资者一样,通过证券经纪机构按照公司股票市价购买股票。公开市场收购方式很容易推高股价,增加回购的成本。公司通常在股票市场表现低迷时采用这种方式进行小规模回购,小规模回购的股票一般是用于股票期权、雇员股利计划和可转换证券执行转换权这些特殊用途。

②要约回购。要约回购可分为固定价格要约回购和荷兰式拍卖回购。固定价格要约回购是指公司向股东发出要约,说明需要购买的股票数量和某一固定的回购价格,回购价格一般高于股票市价。这种方式的优点是赋予所有股东均等机会向公司出售其所持股票,而且公司享有在回购数量不足时取消回购计划或延长要约有效期的权利。

③协议回购。协议回购是指公司按照协议价格向少数拥有大量股份的股东购回股票。这些大股东可能正大量购买公司股票意欲接管公司。为了抵御这类收购,目标公司可能会安排协议回购,从这些不受欢迎的投资者手中溢价购回大量股份,这类避免接管的方式通常被称为"绿色邮件"。

④可转让出售权。可转让出售权是指实施股票回购的公司赋予股东在一定期限内以特定价格向公司出售其持有股票的权利。之所以称为"可转让",是因为此权利一旦形成,就可以同依附的股票分离,而且分离后可在市场上自由买卖。执行股票回购的公司向其股东发行可转让出售权,那些不愿出售股票的股东可以单独出售该权利,从而满足各类股东的需求。

【例 7.5】 某公司的股票回购之前相关数据如下。

| 项目 | 金额 |
|---|---|
| 税后利润 | 600 万元 |
| 流通股数 | 300 万股 |
| 股票价格 | 15 元/股 |
| 回购资金 | 240 万元 |

(1)计算股票回购之后公司在外流通股数。

(2)每股收益如何变化?

解:(1)股票回购之后公司在外流通股数为
$$300 - 240/15 = 284(万股)$$

(2)回购之前的每股收益为
$$600 \div 300 = 2(元/股)$$

回购之后每股收益为
$$600 \div 284 = 2.11(元/股)$$

### 7.4.3　普通股筹资的利弊

**1)发行普通股筹措资本的优点**

①普通股票没有固定支付股息的负担。若公司有盈利并且没有内部资金需求,则公司可以支付给股东固定股息。如果公司盈余较少,或有一定的盈余,但资金短缺,公司就可以少支付或不支付股利给股东。

②普通股票没有固定的到期日。通过发行普通股筹资没有像债券那样到期还本偿债的压力,普通股筹集的永久性资金,除非公司清算才需偿还。

③发行普通股票筹资风险小。因为普通股没有固定的到期日,不需要支付固定的利息。

④如果一个公司具有良好的收益能力,且有很好的成长性,则普通股票比债券更易发行。因为对投资者来说,普通股票通常有比债券和优先股更高的总收益。另外普通股票代表对公司的所有权,它可以防范通货膨胀。一般来说,通货膨胀期间公司的大部分资产会升值,普通股票也会升值。

⑤利用普通股票筹资的限制较少。相比优先股或其他债权筹资方式,有许多限制影响了公司经营的灵活性,发行普通股筹资则没有这种限制。

⑥发行普通股票能增加公司的信誉。因为普通股本与留存收益构成公司所借入一切债务的基础。发行普通股可以为债权人提供较大的损失保障,因而,普通股筹资可以提高公司信用价值。

**2)公司发行普通股筹措资本的缺点**

①普通股票成本高于债券的筹资成本。债券的利息是在所得税前支付,普通股票持有者的收益是在所得税之后,且投资普通股票的风险高于债券,投资者要求的收益率也高,因此,普通股票的资本成本高。

②出售普通股票的同时,也把选举权出售给了新股东,这可能会分散公司控制权,削弱原股东对公司的控制。

③对公司的老股东来说,发售新股票会稀释公司的每股收益。发行普通股票的发行费用比其他债券高。这主要是由于调研权益资本投资的费用高。

④新股东分享公司未发行新股前积累的盈余,会降低普通股的每股收益,可能在一定程度上会导致股价的下跌。

# 7.5　优先股

## 7.5.1　优先股的含义

所谓优先股,是指股份公司清盘或解散时股东有优先分得公司财产的权利,而在平时没有表决权,公司以定息的方式支付红利给股东的股票。优先股在某些方面具有债券的特征,有固定面值、定期的固定股息支付、一定回收期等。此外,尽管要求公司在支付普通股股息之前支付优先股股息,但若公司无力支付优先股股息,也可以暂不支付,避免公司破产。

## 7.5.2　优先股股东权利

优先股是相对普通股而言的,这种优先权主要表现在以下几个方面。

### 1) 在资产收益和分配方面的优先权利

相对于普通股,优先股股东具有优先获得公司收益分配的权力;企业资产清算时,有优先获得清偿的权力。

### 2) 累积股利

大多数的优先股提供了累积股利,即任何一个年度未支付的优先权股利必须在分配普通股利之前获得支付。比如,公司连续两年没有发放 10% 的优先股股利,如果优先股的总面额为 100 万元,那么公司就积欠了 20 万元的优先股股利,在没还清这 20 万元的股利以前,不能支付普通股股利。如果优先股股利不是累积的,则企业没有义务支付累计未付的优先股股息。比如上例的优先股没有累计特征,则在第三年派息时,公司只派发当年股息 10 万元。

### 3) 对公司的管理权

对优先股股东的管理权限有严格限制,通常在公司的股东大会上,优先股股东没有对公司事务的表决权。但是,公司在特定的时间内无法向优先股股东支付股息,这时优先股股东就有一定程度的表决权。

### 4) 可转换性

近几年发行的优先股大多都可以转化为普通股,即允许股东在一定时期内,以一定比例,将优先股转换成该公司的普通股。其中转换的比例是事先确定的,其值取决于优先股与普通股的现行价格。

思维导图

### 7.5.3 优先股筹资的利弊

1）从投资者角度而言的利弊

（1）投资者购买优先股的原因

①股息收入稳定,优先股稳定的股息为优先股股东带来稳定的收益。

②政府往往限制某些机构投资普通股,优先股就成为这些机构投资选择的唯一权益股本。

③企业清偿时优先股的债权顺序排在普通股之前。

（2）对投资者不利的一面

①优先股股东承担的风险大,但收入受到限制。

②优先股的市场价格易受利率变化的影响。

③优先股股东在法律上无权强行要求企业分派股息。

④优先股在市场上的流动性差。

2）从企业角度分析优先股利弊

（1）优先股筹资的好处

①由于优先股没有固定的到期时间,不用偿还本金。企业可以在财务状况较弱时发行,而在财务状况较强时收回,有利于结合资金需求,同时也能控制公司的资本结构。

②与债务不同的是,企业可暂时不支付优先股股息。虽然不支付股息会影响企业的形象,但并不会影响企业的筹资活动。发行优先股对现金流量和收益变动较大的企业最有利。

③能有效保持普通股股东的控制权。优先股不会稀释普通股的每股收益,而且优先股股东没有表决权。

（2）优先股筹资的缺点

①优先股成本很高。相比债务利息的税前扣除,所支付的优先股股利要从税后盈余中支付,导致优先股成本高于债务融资成本。另外,由于优先股需要支付固定股利,当盈余下降时,优先股的股利会成为一项重要的财务负担。

②优先股筹资限制多。例如,对普通股股利支付的限制、对公司借债的限制等。

# 7.6 私募股权融资

### 7.6.1 私募股权投资含义

思维导图

私募股权融资与私募股权投资是相对应的,企业的融资过程也就是投资机构的投资过程,了解和掌握了私募股权投资的运作方法实质上也就了解和掌握了私募融资的运作方法。私募股权投资基金和风险投资基金的投资运作是非常规范和严格的，而且也有独特的运作特点。

从投资方式角度看，私募股权投资（Private Equity Investment，PEI）是指通过私募形式对私有企业，即非上市企业进行的权益性投资，在交易实施过程中附带考虑了将来的退出机制，即通过上市、并购或管理层回购等方式，出售持股获利。

广义的私募股权投资是涵盖企业首次公开发行股票前的权益性投资，即对出于种子期、初创期、发展期、扩展期、成熟期和准备上市各个时期的企业所进行的股权投资，以及上市后的私募（定向募集）投资。私募投资者按照其出资所得到的股权份额分享投资收益，承担投资风险。狭义的私募股权投资是指对已经形成一定规模的，并产生稳定现金流的成熟企业的私募股权投资，即创业投资后期的私募股权投资。

所谓私募基金，是指通过非公开方式，面向少数机构投资者募集资金而设立的基金。由于私募基金的销售和赎回都是通过基金管理人与投资者私下协商来进行的，因此，它又被称为向特定对象募集的基金。

### 7.6.2　私募股权投资的分类

1）根据被投资企业的发展阶段分类

①风险投资。风险投资也称为创业风险投资。美国风险投资协会将其定义为：风险投资是职业金融家投入到新兴的、迅速发展的、有巨大竞争潜力的企业中的一种权益资本。世界经济合作与发展组织将其定义为：风险投资是一种向极具发展潜力的新建企业或中小企业提供股权资本的投资行为。

②成长资本。成长资本是对企业成长期的权益性投资，其针对经历了初步创业期已发展至成长期的企业进行投资。此时，企业的经营项目已从研发阶段过渡到市场推广阶段并产生一定的收益，企业的商业模式已经得到市场认可，而且仍然具有良好的成长潜力。

③并购资本。并购资本是主要专注于对目标企业进行并购的资本，通过收购目标企业股权，获得对目标企业的控制权，然后对其进行一定的重组，改善企业资产结构并提升业绩，必要时可能更换企业管理层和经营机制，运作成功并持有一段时期后再转让出售。并购资本投资于相对成熟的企业，这类投资包括帮助企业新股东融资以收购其他企业、帮助企业融资以扩大规模和产能。

④夹层资本。夹层资本是兼有债权投资和股权投资双重性质的投资方式，其投资目标主要是已经完成初步股权融资的企业或与初步股权融资同步的投资。夹层资本经常采用的金融工具是可转换债券，其实质是一种附有权益认购权的中长期债权。夹层投资的风险和收益低于股权投资、高于优先债权。

⑤Pre-IPO投资。Pre-IPO投资主要投资于短期内将要首次公开发行股票并上市的企业，或预期将要上市的企业。Pre-IPO投资一般在上市后从公开市场出售股票退出，其中一部分股份也可按发行价通过公开发售旧股的方式退出。与投资于种子期、初创期的

VC(Venture Capital,风险投资)不同,Pre-IPO投资要比VC"急功近利"得多,Pre-IPO投资的时点在企业规模与盈收已达到上市条件时,甚至企业已经站在股市门口时。Pre-IPO基金跳过企业的创业期和发展初期,寻求实现短时间、低风险的快速投资过程,并在企业股票受到投资者追捧的情况下,可以获得高额的投资回报。

⑥PIPE(Private Investment in Public Equity)投资。PIPE投资是指购买上市公司股权的私募股权投资,其投资方式包括以市场价格的一定折扣率直接购买上市公司原有股东的旧股、参与配股、增发新股、资产注入或将上市公司私有化。

上述的前五类私募股权投资的国际投资机构在中国投资时,经常通过境外离岸公司注资,并采用并购境内公司股权的方式投资于中国境内公司,运作成功后转让股权,或帮助企业在境内或境外上市,最后通过公开出售其持有的上市公司股票实现资本退出。

**2)中国VC/PE投资市场中的主要基金分类**

①风险投资基金。风险投资基金,投资性质与国际私募股权投资分类中的VC相同,占2009年中国VC/PE投资市场总融资额度的48.11%。

②成长基金。与国际私募股权投资分类中的成长资本相同,占2009年中国VC/PE投资市场总融资额度的33.10%。

③多阶段资产配置基金。多阶段资产配置基金是对企业发展的各个不同阶段按照多阶段资产配置模型设计出一定比例投资的基金,它期望资产价值更高,期望损失成本更小,承担的风险更少。

④基础设施基金。基础设施基金是专门投资于基础设施和公用事业领域的基金,该种基金力求通过基于宏观经济和基础设施研究的动态投资组合,以低于市场的波动性来创造绝对收益。

⑤政府引导基金。政府引导基金,即以政府主导成立的、专门投资于VC或PE基金的投资基金。其设立目的首先在于通过引导基金吸引投资来成立创业投资基金或私募股权基金。政府引导基金的产业政策导向就是通过鼓励VC和PE投资处于种子期、起步期等创业早期的企业,弥补创业企业在创业期、成长期的资金不足。其次,政府引导基金主要通过扶持创业投资企业发展,并引导社会资金进入创业投资领域。再次,政府引导基金本质上是政府基金,其不仅由政府设立,并且资金来自政府财政。最后,政府引导基金为非营利性基金,其不直接从事创业投资业务、不投资于市场已经充分竞争的领域、不与市场争利。

⑥FOF(Fund of Funds)基金。所谓FOF,是指专门投资于基金的一种特殊基金,是结合基金产品创新和销售渠道创新的基金品种,是基金中的基金。它凭借专业的投资机构和科学的基金分析及评价系统,更有效地从品种繁多、获利能力参差不齐的基金中找出优势品种,最大限度地帮助投资者规避风险,获取收益。

### 7.6.3 私募股权融资的总体流程

企业私募融资在相关各方的参与下运作,其主要流程包括:编制商业计划书及其摘要、寻找私募股权投资机构并初步见面洽谈、投资机构对企业尽职调查和评价项目及对企业估值（含风险评估）、协商并谈判投资入股条件、确定投资入股价格、签署股权投资协议和办理审批手续、投资者入股合作成为公司股东。企业进行私募股权融资的总体流程如图7.3所示。

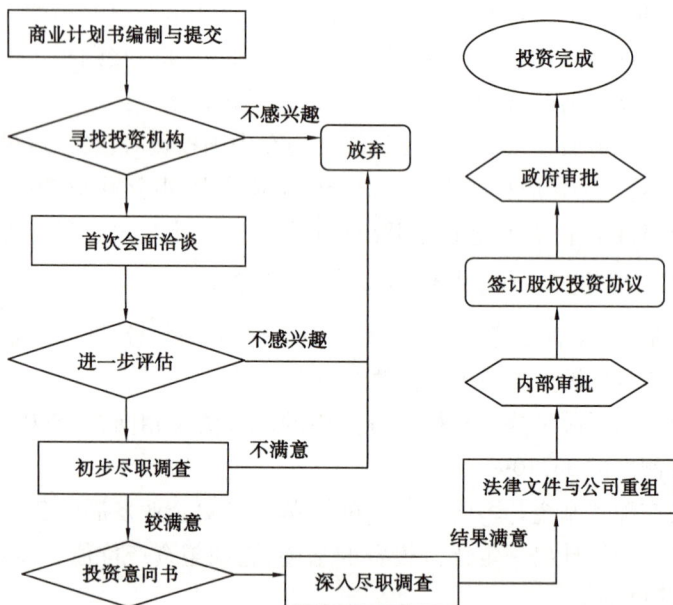

图7.3　企业进行私募股权融资的总体流程图

### 7.6.4　私募股权基金的退出方式

私募基金投资者的目的是获取高额收益，而退出机制是关系到私募基金投资产业是否成功的重要因素。为了实现投资者的目的，就要求市场上有健全的退出机制，让投资者能够顺利地把资金撤出。退出策略是投资者在开始筛选企业时就要十分注意的因素，上市是主要的退出渠道，也是投资回报最高的退出方式，上市的收益来源是企业的盈利和资本利得。

①公开上市。公开上市通常是私募股权投资等风险投资最佳的退出方式，可以使资本家持有的不可流通的股份转变为上市公司股票，实现盈利性和流动性，这种方式的收益性普遍较高。

②出售，包括股权转让和股权回购两种形式。私募股权投资基金通过出让股权以谋求资本增值，其中包括将股权出售给不相关的第三方，或者将其转让给私募股权投资公司。

③管理层回购。企业的经理和管理人员，通常对公司都非常了解，他们拥有良好的经营管理能力，当企业发展到一定阶段，资产达到一定规模、财务状况良好，但尚未达到公开上市的要求时，若企业管理者充分相信企业的未来，这种情况下可以通过内部收购

私募股权投资基金持有的股权而使其实现退出。

④资产清算。资产清算则是在投资企业未来收益前景堪忧时的退出方式。

| 本章思维导图 | 练习题 | 习题答案及解析 |

# 第8章 资本结构

**学习目标：**通过本章的学习，要求学生了解资本结构的含义，了解现代资本结构理论及资本结构在债务资本中的作用；掌握经营杠杆、财务杠杆和联合杠杆的计算及应用；掌握如何运用一定的方法确定企业的资本结构。

## 8.1 资本结构概述

资本结构有广义和狭义之分。广义的资本结构是指全部资金（包括长期资金、短期资金）的构成及其比例，一般而言，广义资本结构包括债务资本和股权资本的结构、长期资本与短期资本的结构，以及债务资本的内部结构、长期资本的内部结构和股权资本的内部结构等。狭义的资本结构是指各种长期资本构成及其比例，尤其是指长期债务资本与（长期）股权资本之间的构成及其比例关系。

资本结构是企业筹资决策的核心问题，企业应综合考虑有关影响因素，运用适当的方法确定最佳资本结构，并在以后追加筹资中继续保持。资本结构理论包括净收益理论、净营业收益理论、MM 理论、代理理论和等级筹资理论等。

资本结构的影响因素一般较复杂，要受企业自身状况与政策条件及市场环境多种因素的共同影响，一般包括营业收入、企业的成长性、资产结构、盈利能力、管理层偏好、财务灵活性、税率、利率、行业特征等方面。通常收益与现金流量波动较大的企业要比现金流量较稳定的企业负债水平低；成长性好的企业因其快速发展，对外部资金的需求比较大，比成长性差的企业负债水平高；盈利能力强的企业因其内源融资的满足率较高，比盈利能力较低的负债水平低；一般性用途资产比例高的企业因其资产作为债务抵押的可能性较大，比具有特殊性用途资产比例高的企业负债水平高；财务灵活性大的企业比财务灵活性小的企业负债能力强，所谓财务灵活性是指企业利用闲置资金和剩余负债能力以应付可能发生的偶然情况和把握未预见情况的能力。企业所得税率高，负债的减税效应显著，举债筹资给企业带来较大的节税利益，税率高的企业比税率低的企业更趋向于多负债；利率水平越高，负债企业的固定财务费用负担越高，企业只能将负债比例降低来减轻财务费用，一般利率越高企业减少负债，利率越低，企业增加负债。

资本结构的影响因素主要包括：

①企业财务状况和风险程度。

②各种筹资方式的资本成本。

③企业资产结构。

④企业的现金流状况。

⑤企业产品销售的稳定性和获利能力。

⑥投资者和管理人员的态度。

⑦贷款人和信用评级机构的影响。

⑧行业因素。

⑨所得税税率的高低。

⑩利率水平的变动趋势。

# 8.2 目标资本结构

由资本结构理论可知企业存在一个最优资本结构,其企业价值最大、资本成本最低,即目标资本结构。目标资本结构与影响企业筹资的多种因素有关,并随着筹资条件的变化而变化。目标资本结构的确定可以采用比较资本成本法、EBIT-EPS 分析法、综合分析法来确定。

## 8.2.1 比较资本成本法

由于受多种因素的制约,企业不可能只使用单一的筹资方式,往往需要通过多种方式筹集资金。为进行筹资决策,就要计算确定企业全部资金的总成本——加权平均资本成本。加权平均资本成本一般是以各种资本占全部资本的比重为权数,对个别资本成本进行加权平均确定的。在对各种筹集方案进行比较时,以加权平均资本成本最低的方案为最佳方案。比较资本成本法是指在不考虑各种融资方式在数量与比例上的约束以及财务风险差异时,通过计算各种基于市场价值的长期融资组合方案的加权平均资本成本,并根据计算结果选择加权平均资本成本最小的融资方案,将其确定为相对最优的资本结构。

【例 8.1】 某企业初始成立时的资本总额为 7 000 万元,有以下三种筹资方案,见表8.1。

表8.1 各种筹资方案基本数据

| 筹资方式 | 方案一 | | 方案二 | | 方案三 | |
|---|---|---|---|---|---|---|
| | 筹集资金/万元 | 资本成本/% | 筹集资金/万元 | 资本成本/% | 筹集资金/万元 | 资本成本/% |
| 长期借款 | 500 | 4.5 | 800 | 5.25 | 500 | 4.5 |
| 长期债券 | 1 000 | 6 | 1 200 | 6 | 2 000 | 6.75 |
| 优先股 | 500 | 10 | 500 | 10 | 500 | 10 |
| 普通股 | 5 000 | 15 | 4 500 | 14 | 4 000 | 13 |
| 资本合计 | 7 000 | | 7 000 | | 7 000 | |

注:表中债务资本成本均为税后资本成本,所得税税率为25%。

代入表中的数据计算三种不同筹资方案的加权平均资本成本。

方案一：

$$K_{WACC}^{A} = \frac{500\ 万元}{7\ 000\ 万元} \times 4.5\% + \frac{1\ 000\ 万元}{7\ 000\ 万元} \times 6\% + \frac{500\ 万元}{7\ 000\ 万元} \times 10\% + $$

$$\frac{5\ 000\ 万元}{7\ 000\ 万元} \times 15\% = 12.61\%$$

方案二：

$$K_{WACC}^{B} = \frac{800\ 万元}{7\ 000\ 万元} \times 5.25\% + \frac{1\ 200\ 万元}{7\ 000\ 万元} \times 6\% + \frac{500\ 万元}{7\ 000\ 万元} \times 10\% + $$

$$\frac{4\ 500\ 万元}{7\ 000\ 万元} \times 14\% = 11.34\%$$

方案三：

$$K_{WACC}^{C} = \frac{500\ 万元}{7\ 000\ 万元} \times 4.5\% + \frac{2\ 000\ 万元}{7\ 000\ 万元} \times 6.75\% + \frac{500\ 万元}{7\ 000\ 万元} \times 10\% + $$

$$\frac{4\ 000\ 万元}{7\ 000\ 万元} \times 13\% = 10.39\%$$

通过比较不难发现，方案三的加权平均资本成本最低。因此，在适度的财务风险条件下，企业应按照方案三的各种比例筹集资金，即由此形成的资本结构为相对最优的资本结构。

这种方法通俗易懂，计算过程也不是十分复杂，是确定资本结构的一种常用方法。但这种方法只是比较了各种融资组合方案的资本成本，难以区别不同融资方案之间的财务风险因素差异，在实际计算中有时也难以确定各种融资方式的资本成本。

### 8.3.2　EBIT-EPS 分析法

EBIT-EPS 分析法是利用每股收益无差别点进行的。每股收益无差别点是指每股收益不受融资方式影响的息税前利润水平。根据每股收益无差别点，可以分析判断在不同息税前利润水平下适于采用的资本结构。

【例 8.2】　假设 A 公司目前有资金 75 万元，现因生产发展需要准备再筹集 25 万元资金，这些资金可以利用发行股票来筹集，也可以利用发行债券来筹集。表 8.2 列示了原资本结构和筹资后资本结构情况。

表 8.2　A 公司新增筹资前后资本结构情况

单位：元

| 筹资方式 | 原资本结构 | 增加筹资后资本结构 | |
| --- | --- | --- | --- |
| | | 增发普通股 | 增发公司债 |
| 公司债（利率8%） | 100 000 | 100 000 | 3 500 000 |
| 普通股（面值10元） | 200 000 | 300 000 | 200 000 |

续表

| 筹资方式 | 原资本结构 | 增加筹资后资本结构 | |
|---|---|---|---|
| | | 增发普通股 | 增发公司债 |
| 资本公积 | 250 000 | 400 000 | 250 000 |
| 留存收益 | 200 000 | 200 000 | 200 000 |
| 资金总额合计 | 750 000 | 1 000 000 | 1 000 000 |
| 普通股股数 | 20 000 | 30 000 | 20 000 |

注:发行新股票时,每股发行价格为 25 元,筹资 250 000 元需发行 10 000 股,普通股股本增加 100 000 元,资本公积金增加 150 000 元。

EBIT-EPS 分析实质上是分析资本结构对普通股每股盈余的影响,详细的分析情况见表8.3。

表8.3　A 公司不同资本结构下的每股盈余

单位:元

| 项目 | 增发股票 | 增发债券 |
|---|---|---|
| 预计息税前盈余(EBIT) | 200 000 | 200 000 |
| 减:利息 | 8 000 | 28 000 |
| 税前盈余 | 192 000 | 172 000 |
| 减:所得税(50%) | 96 000 | 86 000 |
| 税后盈余 | 96 000 | 86 000 |
| 普通股股票 | 30 000 | 20 000 |
| 每股盈余(EPS) | 3.2 | 4.3 |

从前表中可以看到,在息税前盈余为 200 000 元的情况下,利用增发公司债的形式筹集资金能使每股盈余上升较多,这可能更有利于股票价格上涨,更符合理财目标。

那么,究竟息税前盈余为多少时发行普通股有利,息税前盈余为多少时发行公司债券有利呢? 这就要测算每股盈余无差异点处的息税前盈余。

其计算公式为

$$\frac{(EBIT - I_1)(1 - T) - PD_1}{N_1} = \frac{(EBIT - I_2)(1 - T) - PD_2}{N_2}$$

式中　$EBIT$——每股收益无差异点处的息税前盈余;

$I_1, I_2$——两种筹资方式下的年利息;

$PD_1, PD_2$——两种筹资方式下的优先股股利;

$N_1, N_2$——两种筹资方式下流通在外的普通股股数;

$T$——公司所得税税率。

根据上例中某公司的资料代入上式：

$$\frac{(EBIT - 8\ 000\ 元)(1 - 50\%) - 0}{30\ 000\ 元} = \frac{(EBIT - 28\ 000\ 元)(1 - 50\%) - 0}{20\ 000\ 元}$$

得出

$$EBIT = 68\ 000\ 元$$

即当企业的 $EBIT$ 为 68 000 元时，发行股票与发行债券这两个筹资方案对 $EPS$ 没有差别。

因此，当企业的 $EBIT > 68\ 000$ 元时，发行债券筹资方案会较为有利，当企业的 $EBIT < 68\ 000$ 时，不应再增加负债，这时发行普通股为宜。A 公司预计 $EBIT$ 为 200 000 元，故采用发行公司债的方式较为有利。

利用上表资料，绘制 $EBIT\text{-}EPS$ 分析图，如图 8.1 所示。

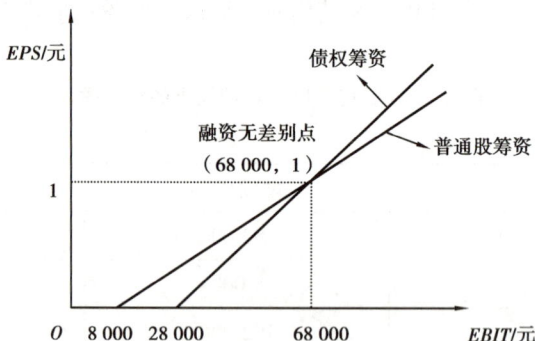

图 8.1　EBIT-EPS 分析图

在绘图时，选用的第一个点是当 $EBIT$ 为 68 000 元时，采用普通股融资和债券融资的 $EPS$ 相等，为 1 元。另外一点，也可通过选取一定的 $EBIT$ 来计算相应的两种筹资方式的 $EPS$ 来获得。在图中，选取的是 $EPS$ 为 0 时，那么，采用股票融资时 $EBIT$ 必须负担 8 000 元的利息，而采用负债融资必须负担 28 000 元的利息，这样可以得出相应的两种筹资方式下的第二点。计算过程如下。

当 $EBIT = 68\ 000$ 元时，有

$$EPS_1 = EPS_2 = \frac{(68\ 000\ 元 - 8\ 000\ 元) \times (1 - 50\%) - 0}{30\ 000\ 元} = 1\ 元$$

令 $EPS_1 = 0$，有

$$EPS_1 = \frac{(EBIT - 8\ 000\ 元) \times (1 - 50\%) - 0}{30\ 000\ 元} = 0$$

$$EBIT = 8000\ 元$$

令 $EPS_2 = 0$，有

$$EPS_2 = \frac{(EBIT - 28\ 000\ 元)(1 - 50\%) - 0}{20\ 000\ 元} = 0$$

$$EBIT = 28\ 000\ 元$$

从 $EBIT\text{-}EPS$ 分析图中可以看到，当 $EBIT$ 大于 68 000 元时，债务融资的 $EPS$ 大于普通股融资的 $EPS$；反之，当 $EBIT$ 小于 68 000 元时，普通股融资的 $EPS$ 大于负债融资的

*EPS*。而 *EBIT* 等于 68 000 元时,两种筹资方式的 *EPS* 相等。

这种分析方法只考虑了资本结构对每股盈余的影响,并假定每股盈余最大,股票价格也就最高。但把资本结构对风险的影响置于视野之外,是不全面的。因为,随着负债的增加,投资者的风险加大,股票价格和企业价值也会有下降的趋势,所以,单纯地用 *EBIT-EPS* 分析法有时会做出错误的决策。但在资金市场不完善的时候,投资人主要根据每股盈余的多少来做出投资决策,每股盈余的增加也的确有利于股票价格的上升。

### 8.3.3 综合分析法

采用这种方法,第一确定债券的市场价值;第二确定权益资本成本;第三确定股票的市场价值;第四确定公司的总价值;第五确定加权平均资本成本。在综合分析法下,公司的最佳资本结构应当是公司的总价值最高,同时也是加权平均资本成本最低时的资本结构。

| 本章思维导图 | 练习题 | 习题答案及解析 |

# 第9章　股利及股利分配

**学习目标**：通过本章的学习，要求学生在知识能力方面了解股利及股利支付程序，掌握股利分配的概念、原则，理解股利无关论、股利相关论的股利分配理论；了解股利支付形式、支付率、支付程序；掌握剩余股利政策、固定股利支付率政策、固定股利或持续增长、低正常股利加额外股利等股利政策；培养思考能力和学习习惯，在社会能力方面，培养合作能力和协调能力。

## 9.1　股利及股利支付方式

### 9.1.1　股利及股利支付程序

1）股利的含义

股利指股份公司按发行的股份分配给股东的利润。股息、红利合称为股利。股份公司通常在年终结算后，将盈利的一部分作为股息按股额分配给股东。股息是指公司根据股东出资比例或持有的股份，按照事先确定的固定比例向股东分配的公司盈余；而红利是指公司除股息之外根据公司盈利的多少向股东分配的公司盈余。显然，股息率是固定的，而红利率是不固定的。

2）股利支付程序

股利支付的程序一般包括以下四个步骤：

①股利宣告日，即公司董事会将股东大会通过本年度利润分配方案的情况以及股利支付情况予以公告的日期。

②股权登记日，即有权领取本期股利的股东资格登记截止日期。

③除息日，也称除权日，是指股利所有权与股票本身分离的日期。我国上市公司除息日通常是在登记日的下一个交易日。

④股利支付日，是公司确定向股东正式发放股利的日期。

【例9.1】　2020年10月17日，A公司董事会宣布了半年期现金股利，即每股在外流通股票获得25美分的股利。每股25美分的股利将在2020年12月14日支付给截至2020年11月1日登记的股东。

股利宣告日：2020年10月17日。股权登记日：2020年11月1日。

除息日（也称除权日）：2020年11月2日。股利支付日：2020年12月14日。

股利支付程序如图9.1所示。

图9.1 股利支付程序

### 9.1.2 股利支付方式

股利的主要发放形式有现金股利、股票股利、财产股利和负债股利四种。

1)现金股利

现金股利是以现金支付的股利,它是股利支付的主要方式。公司支付现金股利除了要有累计盈余外,还要有足够的现金。

2)股票股利

股票股利是公司以增发的股票作为股利的支付方式。

3)财产股利

财产股利是以现金以外的资产支付的股利,主要是以公司所拥有的其他企业的有价证券,如债券、股票作为股利支付给股东。

4)负债股利

负债股利是公司以负债支付的股利,通常以公司的应付票据支付给股东,不得已的情况下也有发行公司以债券抵付股利的。财产股利和负债股利实际上是对现金股利的替代。这两种股利方式目前在我国公司实务中很少使用,但并没有被法律禁止。

## 9.2 股利分配理论

### 9.2.1 股利分配的概念、原则

1)股利分配的概念

股利分配是指企业向股东分派股利,是企业利润分配的一部分,股利属于公司税后净利润分配,包括股利支付程序中各日期的确定、股利支付比率的确定、支付现金股利所需资金筹集方式的确定等。在制定股利分配政策时,要遵循一定的原则,并充分考虑影响股利分配政策的相关因素与市场反应,使公司的收益分配规范化。股利分配涉及的方面很多,如股利支付程序中各日期的确定、股利支付比率的确定、股利支付形式的确定、支付现金股利所需资金筹集方式的确定等。

2）股利分配的原则

（1）制度原则

公司分派股利应遵循利润分配的基本程序和制度，一般不允许发生下列情况：未扣除税金而分派股利；未弥补亏损而分派股利；未提存公积而分派股利；无盈余而分派股利。

（2）股权平等原则

股利分派时，对分派日期、分派金额等要素，在各股东之间不得有判别。

（3）基准原则

对认股时股款的预缴或迟缴、股票转让的过户交割等影响股东持股比例的因素，应该确立一个基准，以便具体规定和限制。

（4）例外原则

对发行特别股的公司来说，如章程规定特别股有先行分派股利的权利，或其所受分派率高于普通股，则依章程规定行事。新建企业无盈利而发放的建业股利，可以不受上述某些原则的限制。

### 9.2.2  股利分配理论

1）股利无关论

股利无关论认为股利分配对公司的市场价值（或股票价格）不会产生影响。这一理论的假设如下：

①不存在个人或公司所得税。

②不存在股票的发行和交易费用。

③公司的投资决策与股利决策彼此独立（投资决策不受股利分配的影响）。

④公司的投资者和管理当局可相同地获得关于未来投资机会的信息。

股利无关论认为：投资者并不关心公司股利的分配；股利的支付比率不影响公司的价值。

2）股利相关论

股利相关论认为公司的股利分配对公司的市场价值并非无关而是相关的。在现实生活中，不存在无关论提出的假定前提，公司的股利分配是在种种制约因素下进行的，公司不可能摆脱这些因素的影响。

影响股利分配的因素主要有法律、股东、公司、其他四方面。

（1）法律因素

为了保护债权人和股东的利益，有关法规对公司的股利分配经常做如下限制：

①资本保全的限制。规定公司不能用资本（包括股本和资本公积）发放股利。股利的支付不能减少法定资本，如果一个公司的资本已经减少或因支付股利而引起资本减少，则不能支付股利。

②企业积累的限制。为了制约公司支付股利的任意性,按照法律规定,公司税后利润必须先提取法定公积金。此外还鼓励公司提取任意公积金,只有当提取的法定公积金达到注册资本的50%时,才可以不再提取。提取法定公积金后的利润净额才可以用于支付股利。

③净利润的限制。规定公司年度累计净利润必须为正数时才可发放股利,之前年度亏损足额弥补。

④超额累积利润的限制。由于股东接受股利缴纳的所得税高于其进行股票交易的资本利得税,因此很多国家规定公司不得超额累积利润,一旦公司的保留盈余超过法律认可的水平,将被加征额外税额。

⑤无力偿付的限制。基于对债权人的利益保护,如果一个公司已经无力偿付负债,或股利支付会导致公司失去偿债能力,则不能支付股利。

（2）股东因素

股东从自身需要出发,对公司的股利分配往往产生这样一些影响：

①稳定的收入。一些股东的主要收入来源是股利,他们往往要求公司支付稳定的股利。

②避税。一些股利收入较多的股东出于避税的考虑（股利收入的所得税高于股票交易的资本利得税）,往往反对公司发放较多的股利。

③控制权的稀释。公司支付较高的股利,就会导致留存盈余减少,这意味着将来发行新股的可能性加大,而发行新股必然稀释公司的控制权,这是公司拥有控制权的股东们所不愿看到的局面。因此,若他们拿不出更多的资金购买新股,宁肯不分配股利。

（3）公司的因素

就公司的经营需要来讲,也存在一些影响股利分配的因素：

①盈余的稳定性。公司是否能获得长期稳定的盈余,是其股利决策的重要基础。盈余相对稳定的公司相对于盈余相对不稳定的公司而言具有较高的股利支付能力,因为盈余稳定的公司对保持较高股利支付率更有信心。收益稳定的公司面临的经营风险和财务风险较小,筹资能力较强,这些都是其股利支付能力的保证。

②资产的流动性。较多地支付现金股利会减少公司的现金持有量,使资产的流动性降低；而保持一定的资产流动性,是公司经营所必需的。

③举债能力。具有较强举债能力（与公司资产的流动性有关）的公司因为能够及时地筹措到所需的现金,有可能采取高股利政策；而举债能力弱的公司则不得不多滞留盈余,因而往往采取低股利政策。

④投资机会。有着良好投资机会的公司,需要有强大的资金支持,因而往往少发放股利,将大部分盈余用于投资。缺乏良好投资机会的公司,保留大量现金会造成资金的闲置,于是倾向于支付较高的股利。正因为如此,处于成长中的公司多采取低股利政策；处于经营收缩中的公司多采取高股利政策。

⑤资本成本。与发行新股相比,保留盈余不花费筹资费用,是一种比较经济的筹资

渠道。所以，从资本成本考虑，如果公司有扩大资金的需要，也应当采取低股利政策。

⑥债务需要。具有较高债务偿还需要的公司，可以通过举借新债、发行新股筹集资金偿还债务，也可直接用经营积累偿还债务。如果公司认为后者适当的话（比如，前者资本成本高或受其他限制难以进入资本市场），将会减少股利的支付。

（4）其他因素

①债务合同约束。公司的债务合同，特别是长期债务合同，往往有限制公司现金支付程度的条款，这使公司只得采取低股利政策。

②通货膨胀。在通货膨胀的情况下，公司折旧基金的购买力水平下降，会导致没有足够的资金来源重置固定资产。这时盈余会被当作弥补折旧基金购买力水平下降的资金来源，因此在通货膨胀时期公司股利政策往往偏紧。

上述种种影响股利分配的因素，使股利政策与股票价格就不是无关的，公司的价值或者说股票价格不会仅仅由其投资的获利能力所决定。

# 9.3　股利政策

## 9.3.1　股利政策的内容

股利政策主要包括以下几个方面：

1）股利支付形式

确定股利支付形式是现金股利、股票股利还是其他的形式。

2）股利支付率

每股实际分配的股利与本期净利润的比率。

3）股利政策类型

股利政策的类型一般有固定股利政策、稳定增长股利政策、剩余股利政策等。

4）股利支付程序

确定股利宣告日、股权登记日、除权日和股利支付日等具体事项。

## 9.3.2　股利政策的种类

1）剩余股利政策

剩余股利政策是指公司生产经营所获得的税后利润首先应考虑满足对公司有利可图的投资项目的需要，即增加资本或公积金，当增加的资本额达到预定的目标资本结构后，如果有剩余，则派发股利；如果没有剩余，则不派发股利。

（1）剩余股利政策的具体决策程序

①根据投资机会计划和加权平均边际资本成本函数的交叉点确定目标资本结构。

②利用最优资本结构比例，确定目标资本结构下投资所需的股东权益数额。

③用留存收益来满足投资所需的权益资本数额。

④在满足投资需要后尚有剩余时，则派发现金股利。

（2）剩余股利政策的利弊分析

①剩余股利政策的优点在于充分利用留存利润这一筹资成本最低的资本来源，保持理想的资本结构，使综合资本成本最低，实现企业价值的长期最大化。

②缺陷表现在完全遵照执行剩余股利政策，将使股利发放额每年随投资机会和盈利水平的波动而波动，不利于投资者安排收入与支出。

③剩余股利政策一般适用于公司初创阶段。

## 2）固定股利支付率政策

固定股利支付率政策是公司确定一个股利占盈余的比率，长期按此比率支付股利。采用这种股利政策，投资者获得的股利将随公司经营的好坏而上下波动。

（1）固定股利支付率政策的具体决策程序

①确定固定的支付比率。

②根据确定的支付率和税后利润给投资者派发股利。

（2）固定股利支付率政策的利弊分析

①固定股利支付率政策的优点在于使股利与企业盈余紧密结合，以体现多盈多分、少盈少分、不盈不分的原则；通过固定的支付比率来保持股利与利润间的一定比例关系，体现了风险投资与风险收益的对称。

②固定股利支付率政策的缺点在于公司财务压力较大。根据固定股利支付率政策，公司实现利润越多，派发股利也就应当越多。但是公司利润多，只能说明公司盈利状况好，并不能表明公司的财务状况就一定好。采用这种政策派发股利必然给公司带来相当大的财务压力。此外采用固定股利支付率政策缺乏财务弹性，在公司发展的不同阶段，公司应当根据自身的财务状况制订不同的股利政策，这样有利于实现公司的财务目标。

③固定股利支付率政策比较适用于发展稳定且财务状况稳定的公司。

## 3）固定股利或持续增长的股利政策

固定股利或持续增长股利政策是公司将每年派发的股利额固定在某一特定水平上，然后在较长的时期内均保持不变。只有当公司对未来利润增长确有把握，并且这种增长被认为不会发生逆转时，公司才提高每股股利发放额。

（1）固定股利或持续增长股利政策的具体决策程序

①确定固定的股利金额或增长率。

②根据确定的股利金额或增长率和税后利润给投资者派发股利。

（2）固定股利或持续增长股利政策的利弊分析

①固定股利或持续增长股利政策优点在于通过稳定股利向市场传递公司正常发展的信息,有利于树立公司良好的形象,增强投资者对公司的信心,稳定股票的价格。

②固定股利或持续增长股利政策缺点在于公司的股利支付与盈利脱节,造成投资的风险与收益不对称,给公司造成较大的财务压力。与剩余股利政策相比,它不利于公司保持较低的资金成本。

③固定股利或持续增长的股利政策比较适用于经营稳定的企业。

4)低正常股利加额外股利政策

低正常股利加额外股利政策是公司一般情况下每年只支付一个固定的、数额较低的股利;在盈余较多的年份,再根据实际情况向股东发放额外股利。因此,额外股利并不固定化,也不意味着公司永久地提高了规定的股利率。

(1)低正常股利加额外股利政策的具体决策程序

①每年支付固定数额的低股利。

②高盈余年份增发。

(2)低正常股利加额外股利政策的利弊分析

①低正常股利加额外股利政策的优点在于具有较大灵活性,低正常股利加额外股利政策,既可以维持股利的一定稳定性,又有利于企业达到目标资本结构,使灵活性与稳定性相结合。

②低正常股利加额外股利政策的缺点在于缺乏稳定性,额外的股利随盈利的变化而变化。

以上各种股利政策各有所长,公司在分配股利时应借鉴其基本的决策思想,结合自身的发展状况,制订出适合自己具体实际情况的股利政策。

【例9.2】 某公司的产品销路稳定,拟投资600万元,扩大生产能力20%,该公司想要维持目前45%的负债比率,并想继续执行20%的规定股利政策.该公司2020年的税后利润为260万元,那么,该公司2021年为扩大上述生产能力必须从外部筹集多少权益资金?

可保留盈余 = 260(1 - 20%) = 208 万元

权益融资需要 = 600(1 - 45%) = 330 万元

外部权益融资 = 330 - 208 = 122 万元

【例9.3】 某公司去年税后利润为500万元,今年由于经济不景气,税后盈余降为475万元,目前公司发行在外的普通股100万股,该公司对未来仍有信心,决定投资400万元设立新厂,其60%将来自举债,40%来自权益资金,此外,该公司去年每股股利为3元。

(1)若公司维持固定股利支付率政策,则今年支付每股股利多少元?

该公司去年每股盈余 = 500 万元/100 万 = 5 元

股利支付率 = 3/5 = 60%

今年每股盈余 = 475 万元/100 万 = 4.75 元

今年支付每股股利 =4.75 元×60% =2.85 元

（2）若依剩余股利政策，则今年应支付每股股利多少元？

扩充所需权益资金 =400 万元×40% =160 万元

可分配盈余 =475 万元 – 160 万元 =315 万元

今年应支付每股股利 =315 万元/100 万 =3.15 元

本章思维导图

练习题

习题答案及解析

# 第 3 编

# 资本成本与财务杠杆

【开篇案例】

### 负债 1.95 万亿元,恒大还可以撑多久?

一、背景材料

恒大集团的主要业务是房地产,还发展物业管理、物业租赁、酒店运营等业务,涉及全国 228 个主要城市,具有显著的品牌竞争力。但在最近一段时间当中,恒大集团的高额负债浮出了水面。根据 2020 年负债榜数据,恒大集团负债额高达 1.95 万亿元,在国内所有的房地产公司中排第一,而且同比增长额也达到了 5.4%。

表1 TOP50 上市房企 2020 年负债榜

| 排名 | 房企 | 总负债/万亿 | 同比增幅/% |
|------|------|-------------|------------|
| 1 | 恒大集团 | 1.95 | 5.4 |
| 2 | 碧桂园 | 1.76 | 4.14 |
| 3 | 万科 | 1.52 | 4.11 |

恒大集团似乎并不满足当下的业务布局状态,在金融、健康、体育等方面都有参与。甚至在汽车领域,恒大集团也持续加码。

就恒大集团布局的汽车市场来说,2021 年 9 月 16 日,恒大汽车股价下跌 11.31%,自 2021 年市值最高点以来,其市值已经蒸发 6 000 亿港元。

据悉,国内被恒大集团拖欠工程款的企业数量高达上百个。广西某家园林企业就因为恒大集团拖欠了应付资金,现已经停工。相关市场监察部门点名约谈了恒大集团,要求他们积极化解当前的债务问题。

二、恒大集团为何会欠下巨额债务?

恒大集团欠下巨额债务与房地产行业的发展模式有关,在国内房价暴涨的时候,债务并不是一种负担,反而会成为资本套现,赚取利润的根本因素。房地产企业开始进行高额的信贷操作,尽快地去取得流动资金来霸占地产市场的份额。对于在霸占市场份额时的支出,房地产企业几乎是能赊账就赊账。等待新盘建立之后,房地产企业便开始快速回笼资金,开始挤压市场当中不够强势的中小型房地产企业的生存空间。当小型房地产企业宣告破产的时候,大型房地产企业则开始进行快速的产能吞噬,推动房价上涨,取得更为巨额的业务营收。

恒大集团欠下巨额债务离不开资本的无序扩张。恒大汽车一辆车都没有落地,就已经投入了巨额经费。2020 年,恒大汽车亏损额超过了 77 亿元,而且亏损额还在持续上涨。与此同时,恒大汽车投入经费超过了 474 亿元,截至 2021 年 9 月 17 日,恒大汽车市值为 291.12 亿港元。在恒大汽车没能将汽车推广上市的情况下,就砸入了比市值还高的研发费用。汽车市场就像是一大个无底洞,恒大集团还在持续烧钱,再加上房地产资本的力量开始收缩,最终欠下了 1.95 万亿元的债务。

哪怕压上整个恒大,估计也是资不抵债。上百家银行还等着恒大还债。

### 三、恒大如何应对债务问题

恒大集团做出了相应的保证，表示会慢慢偿还当前高额的债务。不过恒大集团是否能从艰难的处境当中抽身，很多人都持否定的态度，这一度引发了恒大地产集团的信任危机。

截至 2020 年，恒大地产总债务为 7 451.57 亿元，其中短期债务 4 680.87 亿元，占总债务高达 62.82%，净负债率为 170.65%。

尽管已大力降低负债，恒大仍是"三道红线"皆踩的红档企业，资金链紧绷。截至 2020 年底，恒大集团借款 7 165 亿元，其中一年内到期借款 3 355 亿元，而现金及现金等价物以及受限制现金总额仅有 1 807.4 亿元。恒大集团年报还详细列明了"三条红线"的降档目标：计划 2021 年全年有息负债再下降 1 500 亿元，年底有息负债从 7 165 亿元降至 5 600 亿元；2021 年 12 月 31 日，现金短债比达到 1 以上；2022 年 12 月 31 日，资产负债率降至 70% 以下，达到"三条绿线"。

市场调查结果统计，恒大集团在前几个月当中已经将自己旗下关联企业的股份纷纷兜售给其他企业。除去转让自己的股份之外，恒大集团还将自己的物业、房产、汽车等资产进行变卖，拿去抵债。

现今的恒大集团还是拥有着非常多的优势资产，如物业和矿泉水等业务资产，这些资产的价值都非常高，而且每年的营业收入也非常可观。恒大集团旗下已经拥有嘉凯城、廊坊发展、恒大健康（汽车）、恒腾网络、恒大淘宝足球、恒大物业等多家上市公司。

如果恒大的债务真的到了一个不可缓解的地步，那么其势必会快速变卖这些比较重要的业务资产。

2020 年中期业绩会上，恒大集团总裁夏海钧坦言："下一步公司还会陆续地把一些优质资产逐步分拆上市，……实现公司的负债大幅度降低。"恒大集团又透露了两项业务的上市计划：旗下房产、汽车交易平台计划今年底或明年初上市，同时宣布买回恒大冰泉业务 49% 股权，计划将其包装上市。

恒大集团公告显示，旗下房车宝引入弘毅投资、中信、中融、周大福等 17 家战投，投资总代价为 163.5 亿港元，投资方合计将持有房车宝 10% 股权。为此，房车宝与战投签署了一年内上市的对赌协议。协议称，若在股权交割日后 12 个月内，房车宝未能完成上市，则投资方有权要求以其支付的原始代价加溢价 15% 回购房车宝股份。

**思考：**

（1）关于恒大集团的负债你有什么看法？

（2）恒大集团能够渡过危机吗？

（3）恒大集团财务的安全边界在哪里？

# 第10章 资本成本

**学习目标**：通过本章的学习，要求学生在知识能力方面理解资本成本的概念，掌握个别资本成本、债务资金成本、权益资金成本、综合资本成本、边际资本成本的计算，了解资本成本的影响因素；培养思考能力和学习习惯，在社会能力方面，培养合作能力和协调能力。

## 10.1 资本成本概述

### 10.1.1 资本成本的概念

资本成本是指企业为筹集和使用资金而付出的代价，通常包括筹资费用和用资费用。筹资费用是指企业在筹集资本过程中为取得资金而发生的各项费用，如银行借款的手续费，发行股票、债券等证券的印刷费、评估费、公证费、宣传费及承销费等。用资费用是指在使用所筹资本的过程中向出资者支付的有关报酬，如银行借款和债券的利息、股票的股利等。

从广义上讲，企业筹集和使用任何资金，不论是短期的还是长期的，都要付出代价。狭义的资本成本仅指筹集和使用长期资金（包括自有资本和借入长期资金）的成本。由于长期资金也称为资本，因此长期资金的成本也称为资本成本。

对企业而言，资本成本是企业投资行为要达到的最低程度的收益率；对股东和债权人而言，资本成本就是所要求的最低报酬率。资本成本是选择筹资方式、进行资本结构决策和选择追加筹资方案的依据，是评价投资方案、进行投资决策的重要标准，也是评价企业经营业绩的重要依据。

资本成本包括资金筹集成本和资金使用成本两部分。资金筹集成本是企业在资本的筹集过程中所支付的各项费用，如发行股票、债券，借款等所支付的各项费用。资金使用成本是企业在使用资本过程中所支付的各项费用，如股票的股息、债券的利息、银行贷款的利息等。其中，资金使用成本是经常发生的，而资金筹集成本通常在筹集资金时一次性发生。因此在计算成本时，资金筹集成本可作为筹资金额的一项扣除。其基本计算公式可表示为

$$资本成本 = \frac{资金使用成本}{筹资数额 - 筹资费用}$$

### 10.1.2　资本成本的种类

资本成本多种多样，按其用途可分为个别资本成本、综合资本成本和边际资本成本。

1）个别资本成本

个别资本成本是指公司各种长期资本的成本。例如，股票资本成本、长期借款资本成本。公司在比较各种筹资方式时，个别资本成本是重要的标准。个别资本成本主要包括普通股资本成本、优先股资本成本、留存收益资本成本、长期借款资本成本和债券资本成本。

2）综合资本成本

综合资本成本，也称加权平均资本成本，是以各种资本所占总资本的比重为权数，对各种资本成本加权平均的结果。当企业的资金来源于各种渠道时，筹资决策寻求的不仅仅是个别资本成本最低，而且是综合资本成本最低，因而需要对综合资本成本进行考察。

3）边际资本成本

边际资本成本是指企业每追加筹集一单位的新资本所付出的代价。当企业筹资规模扩大和筹资条件发生变化时，企业可利用边际资本成本进行追加筹资决策。

### 10.1.3　资本成本的影响因素

在市场经济环境中，多方面因素的综合作用决定着企业资本成本的高低，其中主要有总体经济环境、证券市场条件、企业内部的经营和融资状况以及项目融资规模。

1）总体经济环境

总体经济环境决定了整个经济中资本的供给和需求，以及预期通货膨胀的水平。总体经济环境变化的影响，反映在无风险报酬率上。如果货币需求增加，而供给没有相应增加，投资人便会提高其投资收益率，企业的资本成本就会上升；反之，投资人则会降低其要求的投资收益率，使资本成本下降。如果预期通货膨胀水平上升，货币购买力下降，投资者也会提出更高的投资收益率来补偿预期的投资损失，导致企业资本成本上升。

2）证券市场条件

证券市场条件包括证券市场的流动难易程度和价格波动程度。如果某种证券的市场流动性不好，投资者想买进或卖出证券相对困难，变现风险加大，要求的收益率就会提高；或者虽然投资者存在对某证券的需求，但其价格波动较大，投资的风险大，要求的收益率也会提高。

3）企业内部的经营和融资状况

企业内部的经营和融资状况是指经营风险和财务风险的大小。经营风险是企业投资决策的结果，表现在资产收益率的变动上；财务风险是企业筹资决策的结果，表现在普通股收益率的变动上。如果企业的经营风险和财务风险大，投资者便会有较高的收益率要求。

4）项目融资规模

项目融资规模是影响企业资本成本的另一个因素。企业的融资规模大,资本成本较高。比如,企业发行的证券金额大,资金筹集费和资金占用费都会上升,而且证券发行规模的增大还会降低其发行价格,由此也会增加企业的资本成本。

# 10.2　资本成本估算

## 10.2.1　债务资本成本估算

根据《中华人民共和国企业所得税法》的规定,企业债务的利息可以从税前利润中扣除,从而抵扣企业所得税。因此,企业实际负担的债务资本成本应当考虑所得税因素,即:税后债务成本 = 税前成本 × (1 − 所得税税率)。

而当企业没有利润时,其得不到减税的好处,债务资本成本就是实际发生的利息费用。

1）长期借款资本成本

长期借款的筹资额为借款本金;筹资费为借款手续费,一般较低,有时候可以忽略不计;借款的利息在所得税前支付,具有抵税作用。长期借款资本成本可通过下列公式进行计算:

$$K_l = \frac{I_l(1-T)}{L(1-F_l)}$$

式中　$K_l$——长期借款资本成本;

　　　$L$——债券的面值;

　　　$T$——所得税税率;

　　　$I_l$——长期借款利息;

　　　$F_l$——长期借款筹资费用率。

【例10.1】　某公司从银行取得一笔5年期借款500万元,年利率为10%,每年付息一次,到期时一次还本,借款手续费为借款的0.4%,企业所得税税率为25%。则该项长期借款的资本成本为

$$K_l = \frac{I_l(1-T)}{L(1-F_l)} = \frac{500\ \text{万元} \times 10\% \times (1-25\%)}{500\ \text{万元} \times (1-0.4\%)} = 12.5\%$$

2）长期债券资本成本

企业发行债券的成本主要是指债券利息和筹资费用。债券利息按其面值和票面利率计算并列入税前费用,具有抵税效应;债券筹资费用为发行费,包括申请费、注册费、印

刷费及推销费等。债券筹资额为债券发行价格，有平价、溢价和折价，与债券面值有时不一致，这对资本成本的测算都有一定影响。

①在不考虑时间价值的情况下，债券资本成本可通过下列公式进行计算：

$$K_b = \frac{I_b(1-T)}{B(1-F_b)}$$

式中　$K_b$——债券资本成本；

　　　　$B$——债券筹资额；

　　　　$T$——所得税税率；

　　　　$I_b$——债券年利息；

　　　　$F_b$——债券筹资费用率。

【例 10.2】　某企业拟平价发行总面值为 1 000 万元的 5 年期债券，票面利率为 10%，该债券每年支付利息，到期还本。发行债券的筹资费率为 3%，企业所得税税率为 33%。则该债券的资本成本为

$$K_b = \frac{I_b(1-T)}{B(1-F_b)} = \frac{1\,000\ 万元 \times 10\% \times (1-33\%)}{1\,000\ 万元 \times (1-3\%)} = 6.907\%$$

如果本例中债券是按溢价发行的，发行价格为 1 100 万元，则其资本成本为

$$K_b = \frac{I_b(1-T)}{B(1-F_b)} = \frac{1\,000\ 万元 \times 10\% \times (1-33\%)}{1\,100\ 万元 \times (1-3\%)} = 6.279\%$$

如果本例中债券是按折价发行的，发行价格为 950 万元，则其资本成本为

$$K_b = \frac{I_b(1-T)}{B(1-F_b)} = \frac{1\,000\ 万元 \times 10\% \times (1-33\%)}{950\ 万元 \times (1-3\%)} = 7.271\%$$

②在考虑时间价值的情况下，债券资本成本可通过下列公式进行计算：

$$B(1-F_b) = \sum_{t=1}^{n} \frac{I_b(1-T)}{B(1+K_b)^t} + \frac{M}{(1+K_b)^n}$$

式中　$M$——债券面值。

【例 10.3】　W 公司发行债券面值为 1 000 万元，债券以面值价格发行，发行债券的筹资费率为 3%，年利率是 10%，期限为 5 年，企业所得税税率为 33%，求债券筹资税后成本。

根据公式可知

$$1\,000 \times (1-3\%) = \sum_{t=1}^{5} \frac{1\,000\ 万元 \times 10\% \times (1-33\%)}{(1+K_b)^t} + \frac{1\,000\ 万元}{(1+K_b)^{20}}$$

解方程，得出 $K_b = 9.197\%$。

### 10.2.2　权益资本成本的估算

#### 1) 优先股资本成本估算

根据本书 11.2 节对优先股的介绍可知，企业发行优先股要支付筹资费用，定期支付

股息。此外,优先股是在税后支付,没有固定的到期时间。因此,优先股资本成本为

$$P_e = \frac{D_p}{P_0(1-f)}$$

式中 $P_0$——优先股的发行金额;

$D_p$——优先股的股息;

$P_e$——优先股的资本成本;

$f$——筹资费用率。

【例 10.4】 X 企业发行 100 万元优先股,筹资费用率为 4%,每年支付 12% 的固定股息,求优先股的资本成本。

根据公式可知:$P_e = \dfrac{100 \text{万元} \times 12\%}{100 \text{万元} \times (1-4\%)} = 12.5\%$。

2)普通股资本成本估算

普通股主要是指企业新发行的普通股,普通股成本是指筹集普通股资金所需要的成本。估算普通股成本的方法有以下三种:

(1)资本资产定价模型(Capital Asset Pricing Model,CAPM)

在估计权益成本时,一般都采用资本资产定价模型,直接通过估计公司普通股的预期报酬率来估计。在 CAPM 之下,普通股成本计算如下:

$$K_s = R_{rf} + \beta(R_m - R_{rf})$$

式中 $K_s$——普通股资本成本;

$R_{rf}$——无风险报酬率;

$R_m$——平均风险股票报酬率;

$\beta$——股票的贝塔系数。

【例 10.5】 市场的无风险报酬率为 10%,平均风险股票报酬率是 15%,$\beta$ 系数为 1.5,则普通股的成本为

$$K_s = 10\% + 1.5 \times (15\% - 10\%) = 17.5\%$$

(2)折现现金流量模型

根据普通股票估值公式,普通股价值可定义为预期未来红利现金流按股东要求的收益率贴现后的现值,即

$$P_0 = \sum_{t=1}^{\infty} \frac{D_t}{(1+K_s)^t}$$

式中 $P_0$——普通股市场价格或普通股筹资额;

$D_t$——普通股年股利;

$K_s$——普通股资本成本。

上述公式是测算普通股资本成本的基本公式。具体运用该模型测算普通股资本成本时,会因股利政策的不同而有所不同。在这里假设以普通股投资收益率不断提高来计算普通股资本成本。公司发行普通股时,所筹集的金额是股票市场发行价格扣除筹资费

用后确定的。

假如公司的预期股利以固定的年增长率 $g$ 递增,且增长率 $g$ 小于投资者要求的收益率,此时上式可表示为

$$P_0 = \frac{D_1}{K_s - g}$$

可表示为

$$K_s = \frac{D_1}{P_0} + g$$

由于普通股股利是在税后支付,没有节税作用,故该成本为税后成本。

对发行新普通股,还应考虑其筹资费用,即

$$K_s = \frac{D_1}{P_0(1-f)} + g$$

【例 10.6】 M 公司发行普通股 1 000 万股,每股面值 1 元,发行价格 5 元,筹资费率 5%,预计第一年的股利率为 10%,以后每年按 4% 递增。则该普通股的资本成本计算如下:

$$K_s = \frac{D_1}{P_0(1-f)} + g = \frac{1\ 000\ 万股 \times 10\%}{1\ 000\ 万股 \times 5\ 元/股 \times (1-5\%)} + 4\% = 6.11\%$$

折现现金流模型是估算普通股资本成本比较常用的方法,此方法主要是估计未来股利的预期增长率 $g$。一般情况下,我们根据过去的股息支付数据来估计未来的股息增长率来估算 $g$ 值,或者采用证券服务机构的分析师的预测值来估算。

(3)成本加成风险报酬法

成本加成风险报酬法,由于普通股的索赔权不仅在债权之后,而且次于优先股,因此持有普通股的风险要大于持有债权的风险。根据投资"风险越大,要求的报酬率越高"的原理,普通股股东就必然要求获得一定的风险溢价。因此,普通股资本成本可表示为

$$K_s = R_p + K_{dt}$$

式中 $R_p$——普通股股东承担债权人更大风险的风险溢价;

$K_{dt}$——税后债务资本成本。

$K_{dt}$ 比较好估算,但是 $R_p$ 没有直接的估算方法,大多凭借经验估计。资本市场经验表明,公司普通股的风险溢价对其自己发行的债券来讲为 3% ~ 5%。对风险高的股票用 5%,风险低的股票用 3%。成本加成风险报酬法与资本资产定价模型的区别在于所采用的基础不同:前者是以无风险报酬率为基础,而后者是以公司的税后债务资本成本为基础。

由于这三种方法的计算结果经常不一致,为了更接近真实的普通股成本,在实际中,我们通常利用以上三种分别估算普通股资本成本,最后取其算术平均值。

3)留存收益资本成本估算

留存收益是企业资金的一项重要来源,是所得税后形成的,实质上相当于股东对公

司的追加投资。股东将保留盈余用于公司发展,从中获得投资报酬,所以留存收益也有资本成本。其资本成本是股东失去向外投资的机会成本,因此,与普通股计算基本相同,只是不存在筹资费用。其计算公式如下:

$$K_e = \frac{D_c}{P_0} + g$$

式中　$P_0$——普通股市场价格;

　　　$D_c$——预期年股利率;

　　　$K_e$——留存收益成本。

### 10.2.3　综合资本成本估算

综合资本成本是指一个公司全部长期资本的成本,通常是以各种长期资本的比例为权重,对个别资本成本率进行加权平均估算,故也称为加权平均资本成本。因此,综合资本成本是由个别资本成本率和各种长期资本比例这两个因素所决定的。即

$$WACC = \sum_{j=1}^{n} W_j K_j$$

式中　$WACC$——综合资本成本;

　　　$W_j$——第 $j$ 种个别资本占全部资本比重(其中: $\sum_{j=1}^{n} W_j = 1$);

　　　$K_j$——第 $j$ 种个别资本成本。

根据前面个别资本成本的介绍,它包括长期借款、债券、普通股、优先股和保留盈余的资本成本。各种长期资本比例是指一个公司各种长期资本分别占公司全部长期资本的比例。

【例 10.7】　Y 公司的全部长期资本总额为 1 000 万元,其中长期借款占 20%,长期债券占 30%,普通股占 40%,保留盈余占 10%。假设其个别资本成本率分别是 6%,7%,9%,8%。求 Y 公司综合资本成本。

根据公式可知:

$$WACC = \sum_{j=1}^{n} W_j K_j = 20\% \times 6\% + 30\% \times 7\% + 40\% \times 9\% + 10\% \times 8\% = 7.7\%$$

### 10.2.4　边际资本成本估算

任何企业不可能以某一固定的资本成本来筹集到无限的资本,随着企业筹资规模的不断扩大,当其筹集的资金超过一定限度时,原来的资本成本就会增加。边际资本成本率是指公司追加筹资的资本成本率,即公司新增一元资本所需负担的成本。公司追加筹资有时可能只采取某一种筹资方式。在筹资数额较大,或在目标资本结构既定的情况下,往往需要通过多种筹资方式的组合来实现。这时,边际资本成本率应该按加权平均法测算,而且其资本比例必须根据市场价值确定。

下面用一个例子来说明边际资本成本的计算方法。

**【例 10.8】** 三可公司目前有资金 1 000 000 元,其中长期债务 200 000 元,优先股 50 000元,普通股 750 000 元。现在公司为满足投资需求,准备筹集更多的资金,则公司的边际资本成本是多少?

解题步骤:

第一步,确定公司最优资金结构。三可公司财务人员经过认真分析,认为目前的资金机会为最优资金结构,因此,在今后筹资时,继续保持长期债务占 20%、优先股占 5%、普通股占 75% 的资金结构。

第二步,确定各种筹资方式的资金(表 10.1)。

表 10.1　三可公司筹资方式资料表

| 资本种类 | 目标资本结构/% | 新筹资的数量范围/元 | 资本成本/% |
|---|---|---|---|
| 长期债务 | 20 | 0 ~ 10 000 | 6 |
|  |  | 10 000 ~ 40 000 | 7 |
|  |  | 40 000 以上 | 8 |
| 优先股 | 5 | 0 ~ 2 500 | 10 |
|  |  | 2 500 以上 | 12 |
| 普通股 | 75 | 0 ~ 22 500 | 14 |
|  |  | 22 500 ~ 75 000 | 15 |
|  |  | 75 000 以上 | 16 |

第三步,计算筹资总额分界点。在保持某资料成本率的条件下,可以筹集到的资金总额称为该条件下的筹资分界点(或筹资突破点)。在筹资分界点范围内筹集资金,原来的资金成本率不会改变,一旦筹资额超过筹资分界点,即使维持现有的资金结构,其资金成本率也会增加。根据目标资金结构和各种筹资方式资金成本变化的分界点,计算筹资总额的突破点。其计算公式如下:

$$筹资总额分界点 = \frac{可用某一特定成本筹集到的某种资金额}{该种资本在资本结构中所占比重}$$

根据上述资料,计算出若干个筹资总额分界点,见表 10.2。

表 10.2　公司筹资总额分界点计算表

| 资本种类 | 资本成本/% | 特定筹资方式的筹资范围/元 | 筹资总额分界点/元 | 筹资总额的范围/元 |
|---|---|---|---|---|
| 长期债务 | 6 | 0 ~ 10 000 | 50 000 | 0 ~ 50 000 |
|  | 7 | 10 000 ~ 40 000 |  | 50 000 ~ 200 000 |
|  | 8 | 40 000 以上 | 200 000 | 200 000 以上 |
| 优先股 | 10 | 0 ~ 2 500 | 50 000 | 0 ~ 50 000 |
|  | 12 | 2 500 以上 |  | 50 000 以上 |
| 普通股 | 14 | 0 ~ 22 500 | 30 000 | 0 ~ 30 000 |
|  | 15 | 22 500 ~ 75 000 |  | 30 000 ~ 100 000 |
|  | 16 | 75 000 以上 | 100 000 | 100 000 以上 |

第四步,划分筹资范围,计算边际资本成本。

由表10.3可得出5组筹资成本不同的筹资总额范围:0~30 000元,30 000~50 000元,50 000~100 000元,100 000~200 000元,200 000元以上。分别计算这5组筹资总额的边际资本成本,见表10.3。

表10.3 边际资本成本计算表

| 筹资范围 /元 | 筹资方式 | 资金结构 /% | 资金成本 /% | 资金的边际成本 /% | 综合资本成本 /% |
|---|---|---|---|---|---|
| 0~30 000 | 长期负债 | 20 | 6 | 1.2 | 12.2 |
| | 优先股 | 5 | 10 | 0.5 | |
| | 普通股 | 75 | 14 | 10.5 | |
| 30 000~50 000 | 长期负债 | 20 | 6 | 1.2 | 12.95 |
| | 优先股 | 5 | 10 | 0.5 | |
| | 普通股 | 75 | 15 | 11.25 | |
| 50 000~ 100 000 | 长期负债 | 20 | 7 | 1.4 | 13.25 |
| | 优先股 | 5 | 12 | 0.6 | |
| | 普通股 | 75 | 15 | 11.25 | |
| 100 000~ 200 000 | 长期负债 | 20 | 8 | 1.4 | 14 |
| | 优先股 | 5 | 12 | 0.6 | |
| | 普通股 | 75 | 16 | 12 | |
| 200 000以上 | 长期负债 | 14 | 8 | 1.6 | 14.2 |
| | 优先股 | 15 | 12 | 0.6 | |
| | 普通股 | 16 | 16 | 12 | |

第五步,将以上各筹资范围组的新增筹资总额的边际资本成本与投资项目的报酬率进行比较,可以采取投资与筹资相结合的方式。

本章思维导图　　　　　练习题　　　　　习题答案及解析

# 第11章　　财务杠杆

**学习目标:**通过本章的学习,要求学生在知识能力方面理解经营风险、财务风险和综合风险,掌握经营杠杆系数、财务杠杆系数和联合杠杆系数的计算;掌握采用比较资本成本法、EBIT-EPS分析法和综合分析法的目标资本结构的确定;培养思考能力和学习习惯,在社会能力方面,培养合作能力和协调能力。

杠杆效应是指固定成本提高公司期望收益,同时也增加公司风险的现象。经营杠杆是由与产品生产或提供劳务有关的固定性经营成本所引起的,而财务杠杆则是由债务利息等固定性融资成本所引起的。两种杠杆具有放大盈利波动性的作用,从而影响企业的风险与收益。

## 11.1　　经营杠杆

### 11.1.1　经营风险

经营风险是指企业因经营上的原因而导致利润变动的风险,是企业固有的未来经营效益的不确定性,一般用企业未来的息税前利润的不确定性来衡量。经营风险是决定企业资本结构的重要原因。影响企业风险的因素很多,主要有以下几个方面:

①产品需求。市场对企业产品的需求稳定,则经营风险小;反之,经营风险大。

②产品售价。产品售价稳定,则经营风险小;反之,经营风险大。

③产品成本。产品成本是收入的抵减,成本不稳定,会导致利润不稳定,因此,产品成本变动大,则经营风险大;反之,经营风险小。

④调整价格的能力,当产品成本变动时,若企业具有较强调整价格的能力,则经营风险小;反之,经营风险大。

⑤固定成本的比重。在企业全部成本中,固定成本所占比重较大时,单位产品分摊的固定成本较多,若产品数量发生变动,则单位产品分摊的固定成本会随之变动,最后导致利润产生更大的变动,经营风险大;反之,经营风险小。

### 11.1.2　经营杠杆系数

在其他条件不变的情况下,产销量的增加虽然一般不会改变固定成本总额,但会降低单位固定成本,从而提高单位利润,使息税前盈余的增长率大于产销量的增长率。反之,产销量的减少会提高单位固定成本,降低单位利润,使息税前盈余下降率也大于产销量的下降率。由于经营成本中存在固定成本而造成的营业利润变动率大于产销量变动率的现象,就叫做经营杠杆。

营业利润对产销量变动敏感性的数量化度量,被称为经营杠杆系数。其计算公式为

$$DOL = \frac{\text{息前税前利润变化的百分比}}{\text{销售量变化的百分比}} = \frac{\Delta EBIT/EBIT}{\Delta S/S}$$

式中　$EBIT$——基期的营业利润;

$\Delta EBIT$——营业利润的增长额;

$S$——基期的产销量;

$\Delta S$——产销量的增长额。

如果以 $M$ 代表总边际利润,则有

$$\Delta EBIT = M \frac{\Delta S}{S}$$

代入上面的公式,得到

$$DOL_q = \frac{M}{EBIT} = \frac{M}{M-F}$$

将 $M = Q(P-V)$ 代入公式,得到

$$DOL_q = \frac{M}{M-F} = \frac{Q(P-V)}{Q(P-V)-F} = \frac{Q}{Q-\dfrac{F}{P-V}}$$

式中　$F$——总固定成本;

$Q$——产销量;

$P$——产品单位售价;

$V$——单位变动成本;

$DOL_q$——产销量为 $Q$ 时的经营杠杆系数。

可见,若固定成本等于 0,则经营杠杆系数为 1,即不存在经营杠杆效应。当固定成本不为 0 时,通常经营杠杆系数都是大于 1 的,即显现出经营杠杆效应。

【例 11.1】　根据表 11.1 的条件,计算 A 公司销量为 10 000 件时的经营杠杆系数。

表 11.1　公司基本资料

| 项目 | 基期 | 预计期1 | 预计期2 |
|------|------|---------|---------|
| 单价($P$) | 10 元/件 | 10 元/件 | 10 元/件 |
| 单位变动成本($V$) | 5 元/件 | 5 元/件 | 5 元/件 |
| 销量($Q$) | 10 000 件 | 20 000 件 | 50 000 件 |
| 固定成本 | 20 000 元 | 20 000 元 | 20 000 元 |

(1)利用计算公式

基期 $M = Q(P-V) = (10-5)$元/件 $\times 10\,000$ 件 $= 50\,000$ 元

$$DOL = \frac{\text{基期边际贡献}}{\text{基期息税前利润}} = \frac{M}{EBIT} = \frac{M}{M-F}$$

$$= \frac{50\ 000\ \text{元}}{50\ 000\ \text{元} - 20\ 000\ \text{元}} = 1.67$$

（2）利用定义公式

基期：$EBIT = 50\ 000\ \text{元} - 20\ 000\ \text{元} = 30\ 000\ \text{元}$

预计：$M = Q(P-V) = (10-5)\ \text{元/件} \times 20\ 000\ \text{件} = 100\ 000\ \text{元}$

$EBIT = 100\ 000\ \text{元} - 20\ 000\ \text{元} = 80\ 000\ \text{元}$

$$DOL = \frac{\frac{\Delta EBIT}{EBIT}}{\frac{\Delta Q}{Q}} = \frac{\frac{(80\ 000 - 30\ 000)\ \text{元}}{30\ 000\ \text{元}}}{\frac{(20\ 000 - 10\ 000)\ \text{元}}{10\ 000\ \text{元}}} = 1.67$$

若该企业产销量预期为 50 000 件时：

$$DOL = \frac{M}{M-F} = \frac{Q(P-V)}{Q(P-V)-F} = \frac{Q}{Q - \frac{F}{P-V}} = \frac{50\ 000\ \text{元}}{50\ 000\ \text{元} - \frac{20\ 000\ \text{元}}{(10-5)\ \text{元/件}}} = 1.09$$

根据以上的计算结果可见，在其他条件不变时，销售额增加使经营杠杆度变小，即销售额处于高水平时，其销售量变动引起的息税前收益的变化小，经营风险相对较小。企业在经营中只要有固定成本支出，经营杠杆度必然大于 1.0，其息税前收益变动的百分比一定超过销售量变化的百分比。

经营杠杆有助于企业管理层在控制经营风险时，不是简单考虑固定成本的绝对量，而是关注固定成本与盈利水平的相对关系。企业一般可以通过增加营业收入、降低产品单位变动成本、降低固定成本比重等措施使经营杠杆系数下降，降低经营风险，但这往往要受到条件的制约。

# 11.2　财务杠杆

## 11.2.1　财务风险

财务风险是指企业为取得财务杠杆利益而利用负债资金时，增加了破产的可能或普通股盈余大幅度变动的可能所带来的风险。企业为取得财务杠杆利益，就要增加负债，一旦企业息税前盈余下降，不足以补偿固定利息支出，企业的每股盈余就下降得更快，甚至会引起企业破产。

## 11.2.2　财务杠杆系数

负债利息与优先股股息是企业固定支付义务，与企业实现利润的多少无关。因此，当营业利润增加时，企业固定财务费用负担就会相对减轻，从而给普通股股东带来更多的收益;同样,当营业利润减少时,企业固定财务费用水平就会加重,从而会大幅减少普通股股东的收益。这种固定财务费用的存在,使普通股每股收益变动幅度大于营业利润变动幅度的现象,称为财务杠杆效应。固定财务费用是引发财务杠杆效应的根源,但息前税前利润与固定财务费用之间的相对水平决定了财务杠杆的大小。

企业的每股收益变动率对息前税前利润变动率之间的比例,称为财务杠杆系数。

$$DFL = \frac{每股收益变化的百分比}{息前税前利润变化的百分比} = \frac{\Delta EPS/EPS}{\Delta EBIT/EBIT}$$

式中　$EBIT$——基期的营业利润;

　　　$\Delta EBIT$——营业利润的增长额;

　　　$EPS$——基期的每股收益;

　　　$\Delta EPS$——每股收益的增长额。

如果以 $N$ 流通在外的普通股股数,则有

$$EPS = \frac{(EBIT - I)(1 - T)}{N}$$

$$\Delta EPS = \frac{\Delta EBIT(1 - T)}{N}$$

代入上面的公式,则财务杠杆系数也可表示为

$$DFL = \frac{EBIT}{EBIT - I} = \frac{Q(P - V) - FC}{Q(P - V) - FC - I}$$

式中　$FC$——总固定成本;

　　　$Q$——产销量;

　　　$P$——产品单位售价;

　　　$V$——单位变动成本;

　　　$I$——企业的债务利息。

下面结合每股盈余标准离差的计算,说明财务杠杆与财务风险的关系。

【例11.2】　B,C,D 三家企业的资金构成情况见表11.2。其他有关情况三家企业完全一致,试计算每股盈余、财务杠杆系数及每股盈余的标准离差。

**表 11.2　B,C,D 三家企业的资金构成情况**

单位:元

| 项目 | B 企业 | C 企业 | D 企业 |
|---|---|---|---|
| 资金总额 | 2 000 | 2 000 | 2 000 |
| 普通股 | 2 000 | 1 000 | 1 000 |
| 负债 | 0 | 1 000 | 1 000 |
| 利息 | 0 | 60 | 120 |

说明:普通股面值均为10元/股。B 企业发行在外200股,C,D 企业发行在外100股。C 企业负债的利息率为6%,D 企业负债的利息率为12%。

根据以上资料,可通过表11.3计算每股盈余等资料。

### 表11.3  B,C,D三家企业每股盈余

单位:元

| 企业名称 | 经济情况 | 概率 | 息税前盈余 | 利息 | 税前盈余 | 所得税 | 税后盈余 | 每股盈余 |
|---|---|---|---|---|---|---|---|---|
| B | 较好 | 0.2 | 320 | 0 | 320 | 160 | 160 | 0.8 |
|   | 中等 | 0.6 | 200 | 0 | 200 | 100 | 100 | 0.5 |
|   | 较差 | 0.2 | 80 | 0 | 80 | 40 | 40 | 0.2 |
| C | 较好 | 0.2 | 320 | 60 | 260 | 130 | 130 | 1.3 |
|   | 中等 | 0.6 | 200 | 60 | 140 | 70 | 70 | 0.7 |
|   | 较差 | 0.2 | 80 | 60 | 20 | 10 | 10 | 0.1 |
| D | 较好 | 0.2 | 320 | 120 | 200 | 100 | 100 | 1.00 |
|   | 中等 | 0.6 | 200 | 120 | 80 | 40 | 40 | 0.4 |
|   | 较差 | 0.2 | 80 | 120 | -40 | -20 | -20 | -0.2 |

说明:假设所得税税率为50%,在实际工作中当企业亏损时,则不纳税,还能得到亏损弥补。这里为了理论上推导方便,在企业亏损时,也按50%的税率来计算。

根据表11.3可知,B企业的期望每股盈余、每股盈余的标准离差和财务杠杆系数分别为

$$\overline{EPS}_B = 0.8\text{元/股} \times 0.2 + 0.5\text{元/股} \times 0.6 + 0.2\text{元/股} \times 0.2 = 0.50\text{元/股}$$

$$\delta_B = \sqrt{(0.8\text{元} - 0.5\text{元})^2 \times 0.2 + (0.5\text{元} - 0.5\text{元})^2 \times 0.6 + (0.2\text{元} - 0.5\text{元})^2 \times 0.2}$$
$$= 0.19$$

$$DFL_B = \frac{200}{200 - 0} = 1$$

C企业的期望每股盈余、每股盈余的标准离差和财务杠杆系数分别为

$$\overline{EPS}_C = 1.3\text{元/股} \times 0.2 + 0.7\text{元/股} \times 0.6 + 0.1\text{元/股} \times 0.2 = 0.70\text{元/股}$$

$$\delta_C = \sqrt{(1.3\text{元} - 0.7\text{元})^2 \times 0.2 + (0.7\text{元} - 0.7\text{元})^2 \times 0.6 + (0.1\text{元} - 0.7\text{元})^2 \times 0.2}$$
$$= 0.38$$

$$DFL_C = \frac{200}{200 - 60} = 1.43$$

D企业的期望每股盈余、每股盈余的标准离差和财务杠杆系数分别为

$$\overline{EPS}_D = 1.00\text{元/股} \times 0.2 + 0.40\text{元/股} \times 0.6 + (-0.20)\text{元/股} \times 0.2 = 0.40\text{元/股}$$

$$\delta_D = \sqrt{(1.00\text{元} - 0.4\text{元})^2 \times 0.2 + (0.4\text{元} - 0.4\text{元})^2 \times 0.6 + (-0.2\text{元} - 0.4\text{元})^2 \times 0.2}$$
$$= 0.38$$

$$DFL_D = \frac{200}{200 - 120} = 2.5$$

从以上分析可知:

B 企业全部靠自有资金经营,其期望每股盈余为 0.5 元/股,财务杠杆系数为 1,标准离差为 0.19。

C 企业利用了利息率为 6% 的负债 1 000 元,自有资金与负债资金的比率为 1∶1,负债比率为 50%,则 C 企业的期望每股盈余上升到 0.7 元/股时,财务杠杆系数上升到 1.43,标准离差率上升到 0.38。企业期望每股盈余上升,说明利用财务杠杆取得了比较好的效益,当然,随之也加大了财务风险。

D 企业利用了利息率为 12% 的负债 1 000 元,负债比率也为 50%,但 D 企业的期望每股盈余却下降到 0.4 元/股,财务杠杆系数上升到 2.5,标准离差为 0.38。说明此时利用财务杠杆只能加大企业财务风险,而不能取得财务杠杆利益。换句话说,企业利用财务杠杆,可能会产生好的效果,也可能会产生不好的效果。

# 11.3 联合杠杆

由于存在固定的生产经营成本,因此会产生经营杠杆作用,使息税前盈余的变动率大于业务量的变动率;同样,由于存在固定的财务成本(如固定利息和优先股股利),因此会产生财务杠杆作用,使企业每股盈余的变动率大于息前税前盈余的变动率。

从企业利润产生到利润分配的整个过程来看,既存在固定的生产经营成本,又存在固定的财务成本,这便使得每股盈余的变动率远远大于业务量的变动率,通常把这种现象称为联合杠杆效应。

企业每股收益的变化率对销售量的变化率的比率,称为联合杠杆系数,用公式表示为

$$DTL = \frac{每股收益变动的百分比}{销售量变化的百分比} = \frac{\Delta EPS/EPS}{\Delta Q/Q}$$

联合杠杆系数也可以表示为

$$DTL = (DOL)(DFL) = \frac{Q(P-V)}{Q(P-V)-F-I}$$

杠杆系数的作用在于综合了经营杠杆和财务杠杆对每股收益的影响,同时也向管理层对比展示了债务融资和普通股融资的影响。例如,管理层可能发现,以现有的资本结构看,销售额下降10%,可能导致每股收益下降50%,而如果改变资本结构则有可能在同等情况下,每股收益只下降20%。因此,以这种方式对不同的资本结构进行比较,管理层就可以进行不同的选择。

本章思维导图　　　　　练习题　　　　　习题答案及解析

# 第 4 编
# 财务报告阅读与分析

## 【开篇案例】

### 乐视报表分析

**一、案例背景**

乐视公司成立于 2004 年 11 月北京中关村高科技产业园区，2010 年 8 月 12 日在中国创业板上市，股票代码 300104，是行业内全球首家 IPO 上市公司，还是全球第一家 IPO 上市的视频网站。乐视开创了其独特的发展模式："平台＋内容＋终端＋应用"的乐视生态。乐视生态即公司为顾客提供从资源、平台到应用、终端的一体化服务。

乐视主要从事基于整个网络视频行业的广告业务、终端业务（即公司销售的智能终端产品的收入）、会员及发行业务（包括付费业务、版权业务及电视剧发行收入）和其他业务。伴随着智能终端产品乐视超级电视等的推出，在乐视生态战略的引领下，乐视成为基于一云多屏构架、实现全终端覆盖的网络视频服务商。

快节奏地发展壮大，凸显实力虚浮。乐视从 2012—2017 年短短 5 年间，大胆创新，从国内一个单一业务公司发展成具有国际视野的多元化公司。但从乐视近 3 年的财务报表看，其业绩持续亏损，最终在 2020 年 7 月，乐视网股票被深圳证券交易所摘牌退市。

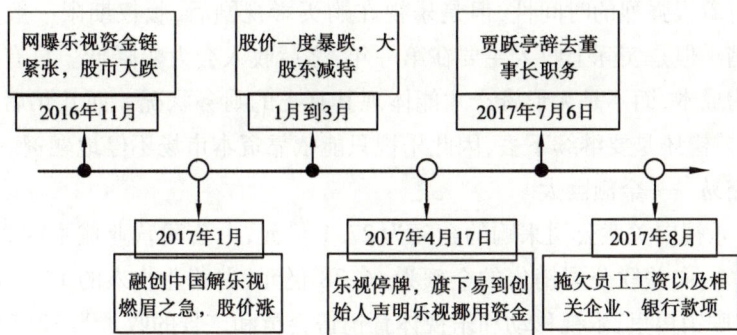

图 1

**二、乐视财报透视**

细看乐视报表，只要涉及会计估计或者会计政策选择方面，乐视都是竭力地做大报表利润。

1. 研发支出——过度资本化

通常情况下，企业自创商誉以及企业内部产生的无形资产，在报表里不确认为无形资产。研发分为研究阶段和开发阶段。研究阶段主要是研发的前期基础工作，开发阶段主要是将研究成果进行应用开发。研究阶段产生的费用只能计入当期损益，开发阶段必须要满足五个条件，才能将费用计入无形资产成本，其中有一个条件是，要能够证明该无形资产能够在市场上有价值或者内部使用时有价值。

一般来说，一项研发活动只有到开发阶段后期，才能符合资本化条件，这时研发活动基本接近尾声,后续的支出很少。所以,企业研发资本化的比例一般都很小,很多高科技企业就直接将研发投入全部确认为研发费用,不进行资本化。

但是乐视的研发资本化比例极高,2014年和2015年接近60%。乐视60%的研发资本化比例,在我国是罕见的。在一个项目还没怎么投入研发,经济价值具有很大不确定性的时候,乐视就假装已经知道开发结果和项目的确切价值了。也就是说,研究阶段还没走几步,就马上进入开发阶段的后半段,进行资本化。如果按照10%的研发资本化比例,2015年,乐视无形资产和开发支出虚增6亿元左右。

2015年,乐视无形资产里的非专利技术和系统软件的账面资产是10.49亿元,开发支出的账面资产是4.24亿元,两者合计14.73亿元,如果按照研发资本化比例10%,则这两块资产总虚增为12亿元左右。

### 2. 盈利模式——寅吃卯粮

乐视将客户充值会员的收入,一律在取得时直接全部计入当期利润,不分摊到后面的会员期中。乐视将收入提前确认、费用成本摊销到未来,典型的寅吃卯粮,但这种经营模式很难持续。乐视通过版权采购培育了庞大的网络视频版权资源库,并对采购的独家版权具有再分销的权利,即将影视剧授权给其他合作方非独家使用,授权期限不超过独家版权的自有期限,通常分销授权期限以1年居多。

影视剧有着很强烈的时间性,但是乐视在购买影视剧后,版权期限一般是3~7年,并且采用直销。但是实际上收入主要在第一年,之后收入会大幅降低。只有把乐视购买的影视剧作为成本,而不是无形资产才能体现其真正的财务状况。而几年后虽然版权卖不动了,但是摊销还是要继续下去,因此乐视只能依靠资本市场不停地融资。

### 3. 关联交易——金额巨大

2015年,乐视向关联公司采购的金额为27.1亿元,占公司营业成本的24.4%,占净利润的1 248%;向关联公司销售的金额为16.38亿元,占营业收入的12.6%,占净利润的754%。关联销售里,乐视移动和乐视体育销售会员和广告的收入为12.5亿元。

关联交易的金额跟乐视的净利润2.17亿元相差一个数量级,由此可见,集团内部之间关联交易严重。

### 4. 版权内容——购买多计提少

版权采购是视频网站最大的一块成本。2013—2015年,乐视采购、制作版权内容的成本分别为12.8亿元、14.6亿元和23.9亿元。

乐视没有躺在早年囤积的版权内容上吃老本,而是奋勇加入版权采购大战,到2015年末累计采购金额已达61亿元。

### 5. 资金管理——挪用资金

造成乐视困局的主要原因是其创始人贾跃亭以个人名义为乐视体育出融资担保对赌协议,并挪用乐视大笔资金到美国造车,拖累乐视,进而引发与关联公司的债务官司。而纠纷一直未得到妥善解决,影响乐视声誉,造成市值大幅缩水,股价成倍下跌,使公司陷入困境。

**思考：**

（1）乐视的财务报表在哪些方面有水分？

（2）乐视的发展史带给你的启示有哪些？

# 第12章　财务报告体系

**学习目标**：通过本章的学习，要求学生在知识能力方面了解财务报告的作用、内容，了解审计报告的类型；理解资产负债表、利润表、现金流量表和所有者权益变动表的内容、项目及结构；了解内部控制报告的内容和作用，理解内部控制评价报告和内部控制审计报告；培养思考能力和学习习惯，在社会能力方面，培养合作能力和协调能力。

## 12.1　财务报告概述

财务报告主要是指财务信息在财务报表表内的确认和表外的披露或表述。财务报告包括一季报、半年报、三季报和年报，其中年报需要在年度结束4个月内披露，最晚是在次年的4月30日前披露完毕，上市公司的年报必须经过注册会计师的审计，年报披露的信息最完整、准备时间最充分、可信度最高，是公司信息披露的核心，也是分析公司经营情况的最重要资料，我们可通过分析公司的财务报表判断公司的经营状况。

### 12.1.1　财务报告的作用

简言之，财务报告的作用主要包括以下几个方面：

1）帮助投资人和债权人进行合理决策

企业的资金主要来自股东的投资和债权人的贷款。无论是现在的或潜在的投资人或债权人，为了做出合理的投资和信贷决策，必须拥有一定的信息以了解已投资或计划投资企业的财务状况和经营成果。例如，投资人主要关心企业的经营业绩或获利能力，因此需要了解投资的风险及其报酬高低，或者是关于企业盈利和股利分配的信息。而债权人则要考虑企业的财务状况或偿债能力，以保证贷款的安全和可收回。显然，这些方面的信息都属于财务信息，应通过财务报告来提供。

2）反映管理当局的受托经营责任

股东投入企业的资源是由专职的管理当局加以控制和使用的，股东和管理当局形成一种经济受托关系。为了保护自己的切身利益，股东需要了解和评估管理当局的业绩及其对受托资源的经管责任。这里，既要了解企业资源在期初和期末的形态、数量和状况是否完好，又要进行对管理当局创造有利净现金流入（盈利）及其组成部分的能力的评估。财务报告可以充分揭示企业在期末的财务状况和期间经营业绩的有关信息，从而可以反映管理当局的受托责任及其完成情况。也就是说，"财务报告可望提供关于企业在某一期间的财务经营业绩的信息,以及关于企业管理当局如何履行其对业主的经管责任的信息。"

3)评估和预测未来的现金流动

企业内外使用者对信息的需求主要是为了帮助未来的经济决策,因而要预测企业的采购经营活动。其中的主要内容侧重于财务预测,即预测有关企业的预期现金净流入的金额、时间分布和不确定性,或者是预测企业能否产生足够的现金流入,来偿付到期债务和经营活动中的其他现金需要、再投资以及支付股利。通常,预测经济前景应以过去的经营活动的信息为基础,即由财务报告所提供的企业过去的财务状况和经营业绩的信息作为预测依据。

4)促进社会资源的最佳配置

在经济社会中,资源是有限的。资源配置主要是以发达的资本市场为媒介,通过私人资本从低效率企业向高效率企业的自由流动来配置资源。财务报告所提供的一个主要信息就是各个企业的盈利水平及其获利能力,这有助于投资人、债权人和社会公众对不同企业的经营业绩和财务实力进行比较和预测,以便确定予以投资或贷款的企业或方向,其结果将促使社会资源流向高收益的行业或企业,达到最佳配置。

5)有助于政府管制和经济稳定

为了避免经济混乱和危机的损失,政府机构或多或少地会对私有企业进行某些干预,比如在税收、证券流通、就业、社会保险等方面施加必要的管制。财务报告可以提供这些干预或分配的信息,也可以有助于缓和雇员、工会和管理当局之间的劳资关系。

### 12.1.2 财务报告披露标准

为了达到财务报告的目标,无论是定量还是定性的信息,都要符合一定的披露标准。这些披露标准应包括:

①恰当性。所披露的信息应当是与使用者决策相关和可信的,并且不会造成误解。

②公正性,又称为公允性或公平性。财务报告信息必须满足内外部使用者的共同决策需要,应保持公正,不能偏向特定使用者或集团的决策需要。

③充分性。财务报告必须包括与内外使用者决策相关的全部信息。不论是定量还是定性信息,只要它们对使用者决策具有重要影响,都应当通过一定的报告形式予以披露。

④重要性。充分披露并不等于对可能影响决策的所有经营活动或事项的信息都赋予同等程度的比重,因此在披露中要区别对待。对于重要事项及其影响,必须详尽披露;而对某些次要的信息可以适当简化或省略,避免其掩盖或冲淡重要信息的有效利用。

⑤实质重于形式。财务报告应强调经济交易和事项及其影响的经济实质,而不仅仅考虑其法律形式。例如控股企业,尽管其各个母子公司在法律上都是独立的法人,但它们在实质上是一个经济主体,所以应提供合并财务报表。

⑥效益大于成本。财务信息也可视为一种商品，需要耗费一定的加工成本，但披露信息的成本必须低于其所提供的效用。因此，有些信息即使对特定决策是相关的，如果其正式披露的成本超过其效用，就不能通过正式财务报表披露，而只能以其他财务报告手段补充披露。

**海天味业财报**

# 12.2 财务报告内容

以海天味业 2020 年年报为例来了解报表。

打开海天味业 2020 年年报，首先看到的是"重要提示"。"重要提示"包含十一条内容，其中最重要的是第三、第五这两条。

凡是会计师事务所不愿意出具标准无保留意见的审计报告的，可以理解为会计师事务所认为企业财务有问题（表 12.1）。

表 12.1  会计师事务所出具的审计意见类型

| 序号 | 会计师事务所出具的报告类型 | 会计师事务所真实意思 |
|---|---|---|
| 1 | 标准无保留意见的审计报告 | 没有发现造假行为，但也不能保证是真的 |
| 2 | 带强调事项段或其他事项段的无保留意见审计报告 | 有造假行为，至少是在粉饰报表 |
| 3 | 保留意见审计报告 | 财务有造假，报表不可信 |
| 4 | 无法表示意见审计报告 | 对于这等拙劣的造假行为，无语了 |
| 5 | 否定意见审计报告 | 该企业是骗子 |

只有对企业出具了标准无保留意见的审计报告才具有可信的价值，其他的表述都表明企业的财务存在问题。

看完"重要提示"之后，接下来是目录。不同公司的目录会有细小的差别，即使同一企业不同年度的目录也会有细小的差别。

海天味业 2020 年的年报目录包括 12 节内容：

第一节　释义

第二节　公司简介和主要财务指标

第三节　公司业务概要

第四节　经营情况讨论与分析

第五节　重要事项

第六节　普通股股份变动及股东情况

第七节　优先股相关情况

第八节　董事、监事、高级管理人员和员工情况重点了解"公司业务概要""经营情况讨论与分析""重要事项""普通股股份变动及股东情况""董事、监事、高级管理人员和员工情况""财务报告"等。

通过以上部分内容再加上有效的分析方法,就可以了解一家企业的基本情况,帮助会计信息使用者能够更好地理解和使用财务报告所提供的信息,帮助信息使用者做出正确的决策。

### 12.2.1　审计报告

审计报告是指注册会计师根据独立审计准则的要求,在实施了必要审计程序后出具的、用于对被审计单位年度会计报表发表审计意见的书面文件。这里涉及的被审计单位包括负责编制和报送会计报表,并接受注册会计师审计的企业和实行企业化管理的事业单位。审计报告是审计工作最终成果体现,具有法定证明效力。注册会计师在实施必要的审计程序后,以经过核实的审计证据为依据,形成审计意见并出具的审计报告,对各方面的人来说都具有十分重要的意义。

审计报告分为标准审计报告和非标准审计报告。当注册会计师出具的无保留意见的审计报告不附加说明段、强调事项段或任何修饰性用语时,该报告称为标准审计报告。标准审计报告包含的审计报告要素齐全,属于无保留意见,且不附加说明段、强调事项段或任何修饰性用语。否则,不能称为标准审计报告。

非标准审计报告是指标准审计报告以外的其他审计报告,包括带强调事项段的无保留意见的审计报告和非无保留意见的审计报告。非无保留意见的审计报告包括保留意见的审计报告、否定意见的审计报告和无法表示意见的审计报告(表12.2)。

表 12.2　审计报告样式

审　计　报　告

×会审〔2021〕×××号

×××股份有限公司全体股东:

**一、审计意见**

我们审计了×××股份有限公司(以下简称"贵公司")财务报表,包括2020年12月31日的合并及母公司资产负债表,2020年度的合并及母公司利润表、合并及母公司现金流量表、合并及母公司股东权益变动表以及相关财务报表附注。

我们认为,后附的财务报表在所有重大方面按照企业会计准则的规定编制,公允反映了×××股份有限公司2020年12月31日的合并及母公司财务状况以及2020年度的合并及母公司经营成果和现金流量。

续表

---

**二、形成审计意见的基础**

我们按照中国注册会计师审计准则的规定执行了审计工作。审计报告的"注册会计师对财务报表审计的责任"部分进一步阐述了我们在这些准则下的责任。按照中国注册会计师职业道德守则，我们独立于×××股份有限公司，并履行了职业道德方面的其他责任。我们相信，我们获取的审计证据是充分的、适当的，为发表审计意见提供了基础。

**三、关键审计事项**

关键审计事项是我们根据职业判断，认为对本期财务报表审计最为重要的事项。这些事项的应对以对财务报表整体进行审计并形成审计意见为背景，我们不对这些事项单独发表意见。

我们在审计中识别出的关键审计事项汇总如下：

（一）营业收入的确认

（二）关联方关系及其交易的披露

**四、其他信息**

×××股份有限公司管理层（以下简称"管理层"）对其他信息负责。其他信息包括×××股份有限公司 2020 年年度报告中涵盖的信息，但不包括财务报表和我们的审计报告。我们对财务报表发表的审计意见不涵盖其他信息，我们也不对其他信息发表任何形式的鉴证结论。

结合我们对财务报表的审计，我们的责任是阅读其他信息，在此过程中，考虑其他信息是否与财务报表或我们在审计过程中了解到的情况存在重大不一致或者似乎存在重大错报。

基于我们已执行的工作，如果我们确定其他信息存在重大错报，我们应当报告该事实。在这方面，我们无任何事项需要报告。

**五、管理层和治理层对财务报表的责任**

管理层负责按照企业会计准则的规定编制财务报表，使其实现公允反映，并设计、执行和维护必要的内部控制，以使财务报表不存在由舞弊或错误导致的重大错报。

在编制财务报表时，管理层负责评估×××股份有限公司的持续经营能力，披露与持续经营相关的事项（如适用），并运用持续经营假设，除非计划进行清算、终止运营或别无其他现实的选择。

治理层负责监督×××股份有限公司的财务报告过程。

**六、注册会计师对财务报表审计的责任**

我们的目标是对财务报表整体是否不存在由于舞弊或错误导致的重大错报获取合理保证，并出具包含审计意见的审计报告。合理保证是高水平的保证，但并不能保证按照审计准则执行的审计在某一重大错报存在时总能被发现。错报可能是舞弊或错误导致的，如果合理预期错报单独或汇总起来影响财务报表使用者依据财务报表做出的经济决策，则通常认为错报是重大的。

在按照审计准则执行审计工作的过程中，我们运用职业判断，并保持职业怀疑。同时，我们也执行以下工作：

（1）识别和评估由舞弊或错误导致的财务报表重大错报风险，设计和实施审计程序以应对这些风险，并获取充分、适当的审计证据，作为发表审计意见的基础。由于舞弊可能涉及串通、伪造、故意遗漏、虚假陈述或凌驾于内部控制之上，因此未能发现由舞弊导致的重大错报的风险高于未能发现由错误导致的重大错报的风险。

（2）了解与审计相关的内部控制，以设计恰当的审计程序。

续表

（3）评价管理层选用会计政策的恰当性和做出会计估计及相关披露的合理性。

（4）对管理层使用持续经营假设的恰当性得出结论。同时，根据获取的审计证据，就可能导致对×××股份有限公司持续经营能力产生重大疑虑的事项或情况是否存在重大不确定性得出结论。如果我们得出结论认为存在重大不确定性，审计准则要求我们在审计报告中提请报表使用者注意财务报表中的相关披露；如果披露不充分，我们应当发表非无保留意见。我们的结论基于截至审计报告日可获得的信息。然而，未来的事项或情况可能导致×××股份有限公司不能持续经营。

（5）评价财务报表的总体列报、结构和内容，并评价财务报表是否公允反映相关交易和事项。

（6）就实体或业务活动的财务信息获取充分、适当的审计证据，以对财务报表发表审计意见。我们负责指导、监督和执行集团审计，并对审计意见承担全部责任。

我们与治理层就计划的审计范围、时间安排和重大审计发现等事项进行沟通，包括我们在审计中识别出值得关注的内部控制缺陷。

我们还就已遵守与独立性相关的职业道德要求向治理层提供声明，并与治理层沟通可能被合理认为影响我们独立性的所有因素和其他事项，以及相关的防范措施（如适用）。

从与治理层沟通过的事项中，我们确定哪些事项对本期财务报表审计最为重要，因而构成关键审计事项。我们在审计报告中描述这些事项，除非法律法规禁止公开披露这些事项，或在极少数情形下，如果合理预期在审计报告中沟通某事项造成的负面后果超过在公众利益方面产生的益处，我们确定不应在审计报告中沟通该事项。

中国注册会计师

（项目合伙人）：×××

中国注册会计师：×××

中国注册会计师：×××

2021 年×月××日

## 12.2.2　资产负债表

### 1）资产负债表的内容

资产负债表是指反映企业在某一特定日期财务状况的会计报表。它反映企业在某一特定日期所拥有或控制的经济资源、所承担的现时义务和所有者对净资产的要求权。资产负债表可以提供某一日期资产的总额及其结构，表明企业拥有或控制的资源及其分布情况，使用者可以一目了然地从资产负债表上了解企业在某一特定日期所拥有的资产总量及其结构；可以提供某一日期的负债总额及其结构，表明企业未来需要用多少资产或劳务清偿负债以及清偿时间；可以反映所有者的权益，据以判断资本保值、增长的情况以及对负债的保值程度。此外，资产负债表还可以提供财务分析的基本资料，如将流动资产与流动负债进行比较，计算出流动比率；将速度资产与流动负债比较，计算出速动比率，以表明企业的变现能力、偿债能力和资金周转能力，从而有助于报表使用者做出正确的决策。

2）资产负债表的结构

在我国，资产负债表采用账户式结构，报告分为左右两部分，左方列示资产各项目，反映全部资产的分布及存在形态；右方列示负债和所有者权益各项目，反映全部负债和所有者权益的内容及构成情况。资产负债表左右两方平衡，资产总计等于负债和所有者权益总计，即"资产 = 负债 + 所有者权益"。资产负债表也可采用报告式结构，报告分为上下两部分，上方列示资产各项目，反映全部资产的分布及存在形态；下方列示负债和所有者权益各项目，反映全部负债和所有者权益的内容及构成情况。资产负债表的具体结构见表 12.3。为便于说明财务比率的计算和分析方法，本章以佛山市海天调味食品股份有限公司的财务报表为例。

表 12.3　资产负债表

编制单位：佛山市海天调味食品股份有限公司　　　　2020 年 12 月 31 日　　　　　　　　　单位：元

| 资产 | 2020 年 12 月 31 日 | 2019 年 12 月 31 日 |
|---|---|---|
| 流动资产： | | |
| 　货币资金 | 16 957 675 015.45 | 13 455 532 720.24 |
| 　结算备付金 | | |
| 　拆出资金 | | |
| 　交易性金融资产 | 5 054 735 186.75 | 4 878 142 342.48 |
| 　衍生金融资产 | | |
| 　应收票据 | | |
| 　应收账款 | 41 492 650.30 | 2 463 315.07 |
| 　应收款项融资 | | |
| 　预付款项 | 15 623 255.46 | 18 577 720.22 |
| 　应收保费 | | |
| 　应收分保账款 | | |
| 　应收分保合同准备金 | | |
| 　其他应收款 | 11 185 829.20 | 89 751 214.54 |
| 　其中：应收利息 | | 78 920 578.58 |
| 　　　　应收股利 | | |
| 　买入返售金融资产 | | |
| 　存货 | 2 099 920 921.86 | 1 802 760 746.44 |
| 　合同资产 | | |
| 　持有待售资产 | | |

| 资产 | 2020 年 12 月 31 日 | 2019 年 12 月 31 日 |
|---|---|---|
| 一年内到期的非流动资产 | | |
| 其他流动资产 | 19 503 828. 31 | 22 139 073. 03 |
| 流动资产合计 | 24 200 136 687. 33 | 20 269 367 132. 02 |
| 非流动资产: | | |
| 发放贷款和垫款 | | |
| 债权投资 | | |
| 其他债权投资 | | |
| 长期应收款 | | |
| 长期股权投资 | | |
| 其他权益工具投资 | | |
| 其他非流动金融资产 | 100 000. 00 | 100 000. 00 |
| 投资性房地产 | 4 912 608. 29 | 5 424 533. 82 |
| 固定资产 | 3 913 914 242. 44 | 3 448 256 519. 87 |
| 在建工程 | 368 803 829. 98 | 493 515 429. 53 |
| 生产性生物资产 | | |
| 油气资产 | | |
| 无形资产 | 385 298 787. 75 | 138 370 580. 99 |
| 开发支出 | | |
| 商誉 | 30 578 355. 42 | 15 090 466. 13 |
| 长期待摊费用 | 4 550 870. 63 | 87 059. 73 |
| 递延所得税资产 | 625 324 656. 82 | 383 676 376. 59 |
| 其他非流动资产 | | |
| 非流动资产合计 | 5 333 483 351. 33 | 4 484 520 966. 66 |
| 资产总计 | 29 533 620 038. 66 | 24 753 888 098. 68 |
| 流动负债: | | |
| 短期借款 | 92 600 000. 00 | 19 600 000. 00 |
| 向中央银行借款 | | |
| 拆入资金 | | |
| 交易性金融负债 | | |
| 衍生金融负债 | | |
| 应付票据 | 413 368 683. 31 | 397 525 371. 80 |

续表

| 资产 | 2020 年 12 月 31 日 | 2019 年 12 月 31 日 |
|---|---|---|
| 应付账款 | 1 001 363 367.54 | 900 946 325.38 |
| 预收款项 | | 4 097 996 215.03 |
| 合同负债 | 4 451 535 500.47 | |
| 卖出回购金融资产款 | | |
| 吸收存款及同业存放 | | |
| 代理买卖证券款 | | |
| 代理承销证券款 | | |
| 应付职工薪酬 | 828 424 042.65 | 700 536 530.75 |
| 应交税费 | 716 772 010.27 | 645 119 763.32 |
| 其他应付款 | 1 239 133 371.41 | 1 216 716 912.76 |
| 其中:应付利息 | | |
| 应付股利 | | |
| 持有待售负债 | | |
| 一年内到期的非流动负债 | | |
| 其他流动负债 | 337 145 880.46 | |
| 流动负债合计 | 9 080 342 856.11 | 7 978 441 119.04 |
| 非流动负债: | | |
| 长期借款 | | |
| 应付债券 | | |
| 其中:优先股 | | |
| 永续债 | | |
| 租赁负债 | | |
| 长期应付款 | | |
| 长期应付职工薪酬 | | |
| 预计负债 | | |
| 递延收益 | 270 361 510.27 | 177 740 197.81 |
| 递延所得税负债 | 16 881 127.32 | |
| 其他非流动负债 | | |
| 非流动负债合计 | 287 242 637.59 | 177 740 197.81 |
| 负债合计 | 9 367 585 493.70 | 8 156 181 316.85 |
| 所有者权益(或股东权益) | | |

续表

| 资产 | 2020 年 12 月 31 日 | 2019 年 12 月 31 日 |
|---|---|---|
| 实收资本（或股本） | 3 240 443 208.00 | 2 700 369 340.00 |
| 其他权益工具 | | |
| 其中:优先股 | | |
| 永续债 | | |
| 资本公积 | 790 587 443.39 | 1 330 661 311.39 |
| 减:库存股 | | |
| 其他综合收益 | | |
| 专项储备 | | |
| 盈余公积 | 1 638 797 219.90 | 1 368 760 285.90 |
| 未分配利润 | 14 398 588 292.06 | 11 182 164 121.35 |
| 归属于母公司所有者权益（或股东权益）合计 | 20 068 416 163.35 | 16 581 955 058.64 |
| 少数股东权益 | 97 618 381.61 | 15 751 723.19 |
| 所有者权益（或股东权益）合计 | 20 166 034 544.96 | 16 597 706 781.83 |
| 负债和所有者权益（或股东权益）总计 | 29 533 620 038.66 | 24 753 888 098.68 |

法定代表人:×× 　　　　主管会计工作负责人:×× 　　　　会计机构负责人:××

### 12.2.3　利润表

**1）利润表的内容**

利润表是反映企业在一定会计期间的经营成果的会计报表。利润表的列报必须充分反映企业经营业绩的主要来源和构成,有助于使用者判断净利润的质量及其风险,有助于使用者预测净利润的持续性,从而做出正确的决策。利润表可以反映企业一定会计期间的收入实现情况,如实现的营业收入、实现的投资收益、实现的营业外收入;可以反映一定会计期间的费用耗费情况,如耗费的营业成本、营业税费、销售费用、管理费用、财务费用、营业外支出;可以反映企业生产经营活动的成果,即净利润的实现情况,据以判断资本保值、增值情况;等等。将利润表中的信息与资产负债表中的信息相结合,还可以得到财务分析的基本资料,如将赊销收入净额与应收账款平均余额进行比较,计算出应收账款周转率;将销货成本与存货平均余额进行比较,计算出存货周转率;将净利润与资产总额进行比较,计算出资产收益率等,可以表现企业资金周转情况以及企业的盈利能力和水平,便于报表使用者判断企业未来的发展趋势,做出经济决策。

**2）利润表的结构**

常见的利润表结构主要有单步式和多步式两种。在我国,企业利润表基本上采用多步式结构,即通过对当期的收入、费用、支出项目按性质加以归类,按利润形成的主要环节列示一些中间性利润指标,分步计算当期净损益。

利润表主要反映以下几方面的内容:

①营业收入,由主营业务收入和其他业务收入组成。

②营业利润,营业收入减去营业成本(主营业务成本、其他业务成本)、营业税金及附加、销售费用、管理费用、财务费用、资产减值损失,加上公允价值变动收益、投资收益,即为营业利润。

③利润总额,营业利润加上营业外收入,减去营业外支出,即为利润总额。

④净利润,利润总额减去所得税费用,即为净利润。

⑤综合收益,包括其他综合收益和综合收益总额。其中,其他综合收益反映企业根据企业会计准则规定未在损益中确认的各项利得和损失扣除所得税影响后的净额;综合收益总额是企业净利润与其他综合收益的合计金额。

⑥每股收益,普通股或潜在普通股已公开交易的企业,以及正处于公开发行流通股或潜在普通股过程中的企业,还应当在利润表中列示每股收益信息,包括基本每股收益和稀释每股收益两项指标。

利润表具体格式见表12.4。

表 12.4  合并利润表

编制单位:佛山市海天调味食品股份有限公司    2020 年 12 月 31 日                单位:元

| 项目 | 2020 年 | 2019 年 |
|---|---|---|
| 一、营业总收入 | | |
| 其中:营业收入 | 22 791 873 936.49 | 19 796 889 800.07 |
| 利息收入 | | |
| 已赚保费 | | |
| 手续费及佣金收入 | | |
| 二、营业总成本 | 15 438 560 038.05 | 13 751 478 014.86 |
| 利息支出 | | |
| 手续费及佣金支出 | | |
| 退保金 | | |
| 赔付支出净额 | | |
| 提取保险责任准备金净额 | | |
| 保单红利支出 | | |
| 分保费用 | | |
| 税金及附加 | 211 339 161.22 | 203 349 591.81 |
| 销售费用 | 1 365 533 071.16 | 2 162 819 226.68 |

续表

| 项目 | 2020 年 | 2019 年 |
|---|---|---|
| 管理费用 | 361 389 131.13 | 289 903 386.14 |
| 研发费用 | 711 748 662.76 | 587 425 290.51 |
| 财务费用 | − 392 238 055.13 | − 292 740 159.04 |
| 其中:利息费用 | 5 289 288.72 | 1 087 729.30 |
| 利息收入 | 399 908 034.97 | 294 715 462.91 |
| 加:其他收益 | 122 379 388.50 | 122 367 594.38 |
| 投资收益(损失以"−"号填列) | 35 803 114.96 | 59 691 020.82 |
| 其中:对联营企业和合营企业的投资收益 | | |
| 以摊余成本计量的金融资产终止确认收益 | | |
| 汇兑收益(损失以"−"号填列) | | |
| 净敞口套期收益(损失以"−"号填列) | | |
| 公允价值变动收益(损失以"−"号填列) | 138 909 941.49 | 172 686 041.08 |
| 信用减值损失(损失以"−"号填列) | − 1 680 840.08 | |
| 资产减值损失(损失以"−"号填列) | | − 17 177 837.38 |
| 资产处置收益(损失以"−"号填列) | − 4 856 278.40 | − 3 538 763.86 |
| 三、营业利润(亏损以"−"号填列) | 7 643 869 224.91 | 6 379 439 840.25 |
| 加:营业外收入 | 12 021 411.10 | 1 319 059.42 |
| 减:营业外支出 | 13 468 361.30 | 3 560 220.90 |
| 四、利润总额(亏损总额以"−"号填列) | 7 642 422 274.71 | 6 377 198 678.77 |
| 减:所得税费用 | 1 233 392 261.00 | 1 020 956 084.25 |
| 五、净利润(净亏损以"−"号填列) | 6 409 030 013.71 | 5 356 242 594.52 |
| (一)按经营持续性分类 | | |
| 1. 持续经营净利润(净亏损以"−"号填列) | 6 409 030 013.71 | 5 356 242 594.52 |
| 2. 终止经营净利润(净亏损以"−"号填列) | | |
| (二)按所有权归属分类 | | |
| 1. 归属于母公司股东的净利润(净亏损以"−"号填列) | 6 402 859 991.91 | 5 353 185 029.35 |
| 2. 少数股东损益(净亏损以"−"号填列) | 6 170 021.80 | 3 057 565.17 |
| 六、其他综合收益的税后净额 | | |
| (一)归属母公司所有者的其他综合收益的税后净额 | | |
| 1. 不能重分类进损益的其他综合收益 | | |
| (1)重新计量设定受益计划变动额 | | |

续表

| 项目 | 2020 年 | 2019 年 |
|---|---|---|
| （2）权益法下不能转损益的其他综合收益 | | |
| （3）其他权益工具投资公允价值变动 | | |
| （4）企业自身信用风险公允价值变动 | | |
| 2. 将重分类进损益的其他综合收益 | | |
| （1）权益法下可转损益的其他综合收益 | | |
| （2）其他债权投资公允价值变动 | | |
| （3）金融资产重分类计入其他综合收益的金额 | | |
| （4）其他债权投资信用减值准备 | | |
| （5）现金流量套期储备 | | |
| （6）外币财务报表折算差额 | | |
| （7）其他 | | |
| （二）归属于少数股东的其他综合收益的税后净额 | | |
| 七、综合收益总额 | 6 409 030 013.71 | 5 356 242 594.52 |
| （一）归属于母公司所有者的综合收益总额 | 6 402 859 991.91 | 5 353 185 029.35 |
| （二）归属于少数股东的综合收益总额 | 6 170 021.80 | 3 057 565.17 |
| 八、每股收益 | | |
| （一）基本每股收益(元/股) | 1.98 | 1.65 |
| （二）稀释每股收益(元/股) | 1.98 | 1.65 |

法定代表人：××      主管会计工作负责人：××      会计机构负责人：××

### 12.2.4 现金流量表

#### 1）现金流量表的内容

现金流量表是指反映企业在一定会计期间现金和现金等价物流入和流出的报表。从编制原则上看，现金流量表按照收付实现制原则编制，将权责发生在下的盈利信息调整为收付实现制下的现金流量信息，便于信息使用者了解企业净利润的质量。从内容上看，现金流量表被划分为经营活动、投资活动和筹资活动3个部分，每类活动又分为各具体项目，这些项目从不同角度反映企业业务活动的现金流入与流出，弥补了资产负债表和利润表的不足。通过现金流量表，报表使用者能够了解现金流量的影响因素，评价企业的支付能力、偿债能力和周转能力，预测企业未来现金流量，为其决策提供有力依据。

#### 2）现金流量表的结构

在现金流量表中，现金及现金等价物被视为一个整体，企业现金形式的转换不会产生现金的流入和流出。例如,企业从银行提取现金,是企业现金存放形式的转换,并未流出企业,不构成现金流量。同样,现金与现金等价物之间的转换也不属于现金流量,例如,企业用现金购买 3 个月到期的国库券。根据企业业务活动的性质和现金流量的来源,现金流量表在结构上将企业一定期间产生的现金流量分为 3 类:经营活动产生的现金流量、投资活动产生的现金流量和筹资活动产生的现金流量。现金流量表的具体格式见表 12.5。

**表 12.5 现金流量表**

编制单位:佛山市海天调味食品股份有限公司　　　2020 年 1—12 月　　　　　　单位:元

| 项目 | 2020 年度 | 2019 年度 |
| --- | --- | --- |
| 一、经营活动产生的现金流量: | | |
| 　销售商品、提供劳务收到的现金 | 26 730 426 331.93 | 23 458 432 379.73 |
| 　客户存款和同业存放款项净增加额 | | |
| 　向中央银行借款净增加额 | | |
| 　向其他金融机构拆入资金净增加额 | | |
| 　收到原保险合同保费取得的现金 | | |
| 　收到再保业务现金净额 | | |
| 　保户储金及投资款净增加额 | | |
| 　收取利息、手续费及佣金的现金 | | |
| 　拆入资金净增加额 | | |
| 　回购业务资金净增加额 | | |
| 　代理买卖证券收到的现金净额 | | |
| 　收到的税费返还 | 11 804 852.11 | 11 043 693.38 |
| 　收到其他与经营活动有关的现金 | 288 548 540.26 | 198 472 179.83 |
| 经营活动现金流入小计 | 27 030 779 724.30 | 23 667 948 252.94 |
| 　购买商品、接受劳务支付的现金 | 13 992 984 691.51 | 12 039 415 284.50 |
| 　客户贷款及垫款净增加额 | | |
| 　存放中央银行和同业款项净增加额 | | |
| 　支付原保险合同赔付款项的现金 | | |
| 　拆出资金净增加额 | | |
| 　支付利息、手续费及佣金的现金 | | |
| 　支付保单红利的现金 | | |
| 　支付给职工以及为职工支付的现金 | 1 199 926 771.99 | 946 858 493.22 |
| 　支付的各项税费 | 2 957 262 971.66 | 2 653 304 804.76 |

续表

| 项目 | 2020 年度 | 2019 年度 |
|---|---|---|
| 支付其他与经营活动有关的现金 | 1 930 173 274.16 | 1 460 800 181.94 |
| 经营活动现金流出小计 | 20 080 347 709.32 | 17 100 378 764.42 |
| 经营活动产生的现金流量净额 | 6 950 432 014.98 | 6 567 569 488.52 |
| 二、投资活动产生的现金流量： | | |
| 收回投资收到的现金 | 7 085 000 000.00 | 11 100 107 500.00 |
| 取得投资收益收到的现金 | 192 620 212.18 | 206 648 007.09 |
| 处置固定资产、无形资产和其他长期资产收回的现金净额 | 1 620 103.97 | 3 367 507.29 |
| 处置子公司及其他营业单位收到的现金净额 | | |
| 收到其他与投资活动有关的现金 | 416 016 728.16 | 261 467 939.97 |
| 投资活动现金流入小计 | 7 695 257 044.31 | 11 571 590 954.35 |
| 购建固定资产、无形资产和其他长期资产支付的现金 | 906 995 127.40 | 582 632 086.23 |
| 投资支付的现金 | 8 579 500 000.00 | 10 900 107 500.00 |
| 取得子公司及其他营业单位支付的现金净额 | 57 787 351.70 | |
| 支付其他与投资活动有关的现金 | 70 550 695.66 | |
| 投资活动现金流出小计 | 9 614 833 174.76 | 11 482 739 586.23 |
| 投资活动产生的现金流量净额 | − 1 919 576 130.45 | 88 851 368.12 |
| 三、筹资活动产生的现金流量： | | |
| 吸收投资收到的现金 | | |
| 其中：子公司吸收少数股东投资收到的现金 | | |
| 取得借款收到的现金 | 107 200 000.00 | 19 600 000.00 |
| 收到其他与筹资活动有关的现金 | | |
| 筹资活动现金流入小计 | 107 200 000.00 | 19 600 000.00 |
| 偿还债务支付的现金 | 130 700 000.00 | 19 600 000.00 |
| 分配股利、利润或偿付利息支付的现金 | 2 921 184 860.63 | 2 647 449 682.50 |
| 其中：子公司支付给少数股东的股利、利润 | | |
| 支付其他与筹资活动有关的现金 | 4 290 097.51 | |
| 筹资活动现金流出小计 | 3 056 174 958.14 | 2 667 049 682.50 |
| 筹资活动产生的现金流量净额 | − 2 948 974 958.14 | − 2 647 449 682.50 |

续表

| 项目 | 2020 年度 | 2019 年度 |
|------|-----------|-----------|
| 四、汇率变动对现金及现金等价物的影响 | | |
| 五、现金及现金等价物净增加额 | 2 081 880 926.39 | 4 008 971 174.14 |
| 　加：期初现金及现金等价物余额 | 13 434 799 612.69 | 9 425 828 438.55 |
| 六、期末现金及现金等价物余额 | 15 516 680 539.08 | 13 434 799 612.69 |

法定代表人：×× 　　　　主管会计工作负责人：×× 　　　　会计机构负责人：××

### 12.2.5　所有者权益变动表

#### 1）所有者权益变动表的内容

所有者权益变动表是指反映构成所有者权益各组成部分、当期增减变动情况的报表。所有者权益变动表应当全面反映一定时期所有者权益变动的情况，不仅包括所有者权益总量的增减变动，还包括所有者权益增减变动的重要结构性信息，帮助报表使用者准确理解所有者权益增减变动的根源。

在所有者权益变动表中，企业至少应当单独列示反映下列信息的项目：

①净利润。

②其他综合收益。

③会计政策变更和差错更正的累积影响金额。

④所有者投入资本和向所有者分配利润等。

⑤提取的盈余公积。

⑥实收资本或股本、资本公积、盈余公积、未分配利润的期初和期末余额及其调节情况。

#### 2）所有者权益变动表的结构

为了清楚地表明构成所有者权益的各组成部分当期的增减变动情况，所有者权益变动表应当以矩阵的形式表示：一方面，列示反映所有者权益变动的交易或事项，改变了以往仅仅按照所有者权益的各组成部分反映所有者权益变动情况，而是从所有者权益变动的来源对一定时期所有者权益变动情况进行全部反映；另一方面，按照所有者权益各组成部分（包括实收资本、资本公积、盈余公积、未分配利润和库存股）及其总额列示交易或事项对所有者权益的影响。所有者权益变动表的具体格式见表12.6。

## 表 12.6 合并所有者权益变动表

编制单位：佛山市海天调味食品股份有限公司　　2020 年 1—12 月　　　　　　　　　　　　　　　　　单位：元

| 项目 | 归属于母公司所有者权益 | | | | | | | | | | | 少数股东权益 | 所有者权益合计 |
| | 实收资本（或股本） | 其他权益工具（优先股 永续债 其他） | 资本公积 | 减：库存股 | 其他综合收益 | 专项储备 | 盈余公积 | 一般风险准备 | 未分配利润 | 其他 | 小计 | | |
|---|---|---|---|---|---|---|---|---|---|---|---|---|---|
| 一、上年年末余额 | 2 700 369 340.00 | | 1 330 661 311.39 | | | | 1 368 760 285.90 | | 11 182 164 121.35 | | 16 581 955 058.64 | 15 751 723.19 | 16 597 706 781.83 |
| 加：会计政策变更 | | | | | | | | | | | | | |
| 前期差错更正 | | | | | | | | | | | | | |
| 同一控制下企业合并 | | | | | | | | | | | | | |
| 其他 | | | | | | | | | | | | | |
| 二、本年年初余额 | 2 700 369 340.00 | | 1 330 661 311.39 | | | | 1 368 760 285.90 | | 11 182 164 121.35 | | 16 581 955 058.64 | 15 751 723.19 | 16 597 706 781.83 |
| 三、本期增减变动金额（减少以"—"号填列） | 540 073 868.00 | | −540 073 868.00 | | | | 270 036 934.00 | | 3 216 424 170.71 | | 3 486 461 104.71 | 81 866 658.42 | 3 568 327 763.13 |
| （一）综合收益总额 | | | | | | | | | 6 402 859 991.91 | | 6 402 859 991.91 | 6 170 021.80 | 6 409 030 013.71 |
| （二）所有者投入和减少资本 | | | | | | | | | | | | | |

| 项目 | | | | | | |
|---|---|---|---|---|---|---|
| 1. 所有者投入的普通股 | | | | | | |
| 2. 其他权益工具持有者投入资本 | | | | | | |
| 3. 股份支付计入所有者权益的金额 | | | | | | |
| 4. 其他 | | | | | | |
| （三）利润分配 | | | 270 036 934.00 | −3 186 435 821.20 | −2 916 398 887.20 | −2 916 398 887.20 |
| 1. 提取盈余公积 | | | 270 036 934.00 | −270 036 934.00 | | |
| 2. 提取一般风险准备 | | | | | | |
| 3. 对所有者（或股东）的分配 | | | | −2 916 398 887.20 | −2 916 398 887.20 | |
| 4. 其他 | | | | | | |
| （四）所有者权益内部结转 | 540 073 868.00 | −540 073 868.00 | | | | |
| 1. 资本公积转增资本（或股本） | 540 073 868.00 | −540 073 868.00 | | | | |

续表

| 项目 | 归属于母公司所有者权益 | | | | | | | | | | | | 少数股东权益 | 所有者权益合计 |
| --- | --- | --- | --- | --- | --- | --- | --- | --- | --- | --- | --- | --- | --- | --- |
| | 实收资本（或股本） | 其他权益工具 | | | 资本公积 | 减：库存股 | 其他综合收益 | 专项储备 | 盈余公积 | 一般风险准备 | 未分配利润 | 其他 | 小计 | | |
| | | 优先股 | 永续债 | 其他 | | | | | | | | | | | |
| 2. 盈余公积转增资本（或股本） | | | | | | | | | | | | | | | |
| 3. 盈余公积弥补亏损 | | | | | | | | | | | | | | | |
| 4. 设定受益计划变动额结转留存收益 | | | | | | | | | | | | | | | |
| 5. 其他综合收益结转留存收益 | | | | | | | | | | | | | | | |
| 6. 其他 | | | | | | | | | | | | | | | |
| （五）专项储备 | | | | | | | | | | | | | | | |
| 1. 本期提取 | | | | | | | | | | | | | | | |
| 2. 本期使用 | | | | | | | | | | | | | | | |
| （六）其他 | | | | | | | | | | | | | | 75 696 636.62 | 75 696 636.62 |
| 四、本期期末余额 | 3 240 443 208.00 | | | | 790 587 443.39 | | | | 1 638 797 219.90 | | 14 398 588 292.06 | | 20 068 416 163.35 | 97 618 381.61 | 20 166 034 544.96 |

法定代表人：×× 主管会计工作负责人：×× 会计机构负责人：××

# 12.3　内部控制报告

内部控制报告是指管理当局依据内部控制有效性评价的标准,对本企业内部控制的设计和执行的有效性进行评估后,将结果提供给外部信息使用者的报告。它主要向社会公众声明企业的内部控制无重大缺失或存在哪些重大缺失等,让社会公众了解企业内部控制的现状。建立有效的内部控制制度是管理当局的责任。但是企业管理当局自身是否应当对本单位的内部控制制度进行评价,提供给注册会计师并包含在年度报告中提供给外部信息使用者,也就是企业是否应该提供内部控制报告在会计界和实务界引起了广泛的争论。

内部控制报告是管理当局解除受托责任的一种方式。它可以提高企业管理当局内部控制的意识,企业管理当局对内部控制进行评估并对外报告,可以提高企业财务报告的可靠性,在一定程度上减少舞弊的发生。同时,内部控制报告可以向报表使用者提供单纯的财务报告所不能提供的信息,有助于报表使用者进行决策。此外,它在一定程度上也可以减少注册会计师的工作量。基于上述理由,上市公司提供的内部控制报告对增进企业内部控制,减少财务报告舞弊现象,促进与注册会计师的交流等方面都起着积极的作用,同时也表明了上市公司管理当局对建立内部控制制度、保障公司财产安全的责任和履行。因此,上市公司应当对其内部控制做出报告,以帮助投资者进行决策。

## 12.3.1　内部控制报告的内容

上市公司的管理当局在对其内部控制进行自我评价后,则可出具报告,向投资者宣布其内部控制不存在重大缺陷或除某些方面外,不存在重大缺陷。内部控制报告应包括:

①表明管理当局对内部控制的责任。管理当局应在内部控制报告中明确声明建立、健全、实施和维护企业的内部控制制度是管理当局的责任,内部控制的目标在于合理保证财务报告的可靠性、经营的效果和效率,符合适用的法律、法规。

②企业已经确定内部控制的设计和实施是否有效的标准,并按照标准设计并颁布实施内部控制制度。如宣布"本公司已根据《内部控制基本规范》规定的原则、标准,制订并颁布实施内部控制制度"。内部控制可分为会计控制和管理控制,前者的目的是保护企业资产,检查会计数据的准确性和可靠性,后者的目的是提高经营效率,促使有关人员遵守既定的管理方针。我国目前只制定了《内部会计控制规范》,但是由于内部会计控制和内部管理控制很难绝对地划清界限,所以,内部控制报告的范围不能仅仅局限于内部会计控制,还应包括内部管理控制。因此,在内部控制报告中不仅应指出建立内部会计控制制度,还应包括有无有效的内部管理控制制度,但这应建立在成本效益和重要性原则之上。

③声明本公司已按有关标准、程序对本企业的内部控制的设计和执行的有效性进行了评估,发现无重大缺陷。如果发现重大缺陷,应指出该缺陷。

④声明公司内部控制有效,不会发生对公司财务报告的可靠性和对公司财产的安全、完整有重大不利影响的情况。如发现某些缺陷,应指出这些缺陷,并声明相信除上述情况外,公司内部控制有效。

⑤承认内部控制具有固有限制。存在错误或舞弊而导致错报发生和未被发现的可能性,因此,只能对财务报告的编制及企业资产的安全和完整提供合理保证。并且,随着环境和情况的变化,内部控制制度的有效性可能发生变化,对内部控制制度的遵循程度可能会降低。根据内部控制制度评价结果推测未来内部控制有效性具有一定风险。

⑥管理层签名,包括董事长、总经理、财务总监等,以表示对内部控制和控制报告负责。

### 12.3.2 内部控制报告的作用

①内部控制报告可以提高管理当局内部控制的意识,从而重视企业内部控制。

内部控制报告必须由总经理和财务总监签名。总经理签名将提高其对财务报告和内部控制的责任感,类似地,财务总监的签名将强调其对财务报告的作用和责任。

②内部控制报告表明了企业高级管理人员对内部控制的义务,从而传递出企业控制环境的信号。

控制环境是内部控制的一项重要因素,对财务报告的可靠性有着重大影响。是否提供内部控制报告,在一定程度上反映了管理当局对内部控制的重视程度,也反映了其管理哲学。

③内部控制报告是管理当局解脱受托责任的一种方式。

内部控制报告的目的在于表明企业的内部控制是否有效。资源提供者将资源提供给企业,交由经理人员进行经营管理。管理当局必须尽心尽责地完成受托责任,保护资产安全完整,并向资源提供者提供财务报告以反映受托责任的履行情况。管理当局应对内部控制负责,如果企业没有健全的内部控制制度或内部控制制度失败,导致财务报告虚假而对投资者形成误导,将承担责任。因此,建立完善的内部控制制度并保证其有效执行,是管理当局的责任。通过对内部控制制度的评估并将结果报告给投资者,实际上是向投资者表明其已经履行管理职责。

④内部控制报告可以向外部使用者提供单纯的财务报告所不能提供的信息,从而帮助用户做出决策。

通过内部控制报告,用户可在一定程度上了解企业管理控制是否有效。如果企业有着良好的控制制度,则企业的经营有序而有效,能够防范经营活动中的风险。巴林银行就是缺乏有效的内部控制制度——因一个交易员的失误而倒闭。

⑤可以提高企业财务报告的可靠性,在一定程度上减少舞弊的发生。

一方面,在内部控制报告中,管理当局应对内部控制的设计和执行是否有效做出评价,并表明其对财务报告和资产的安全完整无重大不利影响,这实际上表明了管理当局的一种合理保证,因此,可在一定程度上减少舞弊的可能性;另一方面,通过自我评估,可发现企业内部控制中存在的问题,因此可改善企业的内部控制。

### 12.3.3　内部控制评价报告

内部控制评价是一种新兴的审计技术,它将运行和维持内部控制的主要责任赋予企业管理层,同时使内部审计与管理层一道承担对内部控制评价的责任。这使得以往由内部审计对控制的适应性及有效性进行独立验证发展到了全新阶段,即通过设计、规划和运行内部控制自我评估程序,由企业整体对管理控制和治理负责,具体举例见表12.7。

**表12.7　内部控制评价报告**

股份有限公司全体股东:

根据《企业内部控制基本规范》及其配套指引的规定和其他内部控制监管要求(以下简称"企业内部控制规范体系"),结合本公司(以下简称"公司")内部控制制度和评价办法,在内部控制日常监督和专项监督的基础上,我们对公司2020年12月31日(内部控制评价报告基准日)的内部控制有效性进行了评价。

**一、重要声明**

按照企业内部控制规范体系的规定,建立健全和有效实施内部控制,评价其有效性,并如实披露内部控制评价报告是公司董事会的责任。监事会对董事会建立和实施内部控制进行监督。经理层负责组织领导企业内部控制的日常运行。公司董事会、监事会及董事、监事、高级管理人员保证本报告内容不存在任何虚假记载、误导性陈述或重大遗漏,并对报告内容的真实性、准确性和完整性承担个别及连带法律责任。

公司内部控制的目标是合理保证经营管理合法合规、资产安全、财务报告及相关信息真实完整,提高经营效率和效果,促进实现发展战略。由于内部控制存在的固有局限性,故仅能为实现上述目标提供合理保证。此外,由于情况的变化可能导致内部控制变得不恰当,或对控制政策和程序遵循的程度降低,根据内部控制评价结果推测未来内部控制的有效性具有一定的风险。

**二、内部控制评价结论**

1. 公司于内部控制评价报告基准日,是否存在财务报告内部控制重大缺陷

□是 √否

2. 财务报告内部控制评价结论

√有效 □无效

根据公司财务报告内部控制重大缺陷的认定情况,于内部控制评价报告基准日,不存在财务报告内部控制重大缺陷,董事会认为,公司已按照企业内部控制规范体系和相关规定的要求在所有重大方面保持了有效的财务报告内部控制。

3. 是否发现非财务报告内部控制重大缺陷

□是 √否

根据公司非财务报告内部控制重大缺陷认定情况,于内部控制评价报告基准日,公司未发现非财务报告内部控制重大缺陷。

续表

4. 自内部控制评价报告基准日至内部控制评价报告发出日之间影响内部控制有效性评价结论的因素

□适用 √不适用

自内部控制评价报告基准日至内部控制评价报告发出日之间未发生影响内部控制有效性评价结论的因素。

5. 内部控制审计意见是否与公司对财务报告内部控制有效性的评价结论一致

√是 □否

6. 内部控制审计报告对非财务报告内部控制重大缺陷的披露是否与公司内部控制评价报告披露一致

√是 □否

### 三、内部控制评价工作情况

（一）内部控制评价范围

公司按照风险导向原则确定纳入评价范围的主要单位、业务和事项以及高风险领域。

1. 纳入评价范围的主要单位

佛山市海天调味食品股份有限公司、佛山市海天（高明）调味食品有限公司、佛山市海天（江苏）调味食品有限公司。

2. 纳入评价范围的单位占比

| 指标 | 占比/% |
|---|---|
| 纳入评价范围单位的资产总额占公司合并财务报表资产总额之比 | 86.57 |
| 纳入评价范围单位的营业收入合计占公司合并财务报表营业收入总额之比 | 92.68 |

3. 纳入评价范围的主要业务和事项

组织架构、发展战略、人力资源、社会责任、企业文化、资金活动、采购业务、资产管理、销售业务、工程项目、担保业务、业务外包、财务报告、全面预算、合同管理、内部信息传递、信息系统、研究与开发。

4. 重点关注的高风险领域

资金活动风险、原料采购风险、工程项目风险、存货管理风险、销售管理风险、资产管理风险、会计信息风险。

5. 上述纳入评价范围的单位、业务和事项以及高风险领域涵盖了公司经营管理的主要方面，是否存在重大遗漏

□是 √否

6. 是否存在法定豁免

□是 √否

7. 其他说明事项

公司无其他内部控制相关重大事项说明。

（二）内部控制评价工作依据及内部控制缺陷认定标准

公司依据企业内部控制规范体系及《企业内部控制应用指引》《企业内部控制评价指引》等相关规定,结合本公司的经营管理实际状况,组织开展内部控制评价工作。

1. 内部控制缺陷具体认定标准是否与以前年度存在调整

□是 √否

公司董事会根据企业内部控制规范体系对重大缺陷、重要缺陷和一般缺陷的认定要求,结合公司规模、行业特征、风险偏好和风险承受度等因素,区分财务报告内部控制和非财务报告内部控制,研究确定了适用于本公司的内部控制缺陷具体认定标准,并与以前年度保持一致。

2. 财务报告内部控制缺陷认定标准

公司确定的财务报告内部控制缺陷评价的定量标准如下:

| 指标名称 | 重大缺陷定量标准 | 重要缺陷定量标准 | 一般缺陷定量标准 |
|---|---|---|---|
| 营业收入潜在错报金额 | 潜在错报金额＞合并会计报表营业收入的1% | 合并会计报表营业收入的0.5%＜潜在错报金额≤合并会计报表营业收入的1% | 潜在错报金额＜合并会计报表营业收入的0.5% |
| 利润总额潜在错报金额 | 潜在错报金额＞合并会计报表利润总额的3% | 合并会计报表利润总额的1%＜潜在错报金额≤合并会计报表利润总额的3% | 潜在错报金额＜合并会计报表利润总额的1% |
| 资产总额潜在错报金额 | 潜在错报金额＞合并会计报表资产总额的1% | 合并会计报表资产总额的0.5%＜潜在错报金额≤合并会计报表资产总额的1% | 潜在错报金额＜合并会计报表资产总额的0.5% |

说明:公司财务报告内部控制缺陷认定标准由该缺陷可能导致财务报表错报的重要程度来确定,这种重要程度主要取决于两方面的因素:一是该缺陷是否具备合理的可能性导致内部控制不能及时防止、发现并纠正财务报表错报;二是该缺陷单独或连同其他缺陷可能导致的潜在错报金额的大小,这样财务报告内部控制缺陷一般可以通过定量的方式予以确定。

公司确定的财务报告内部控制缺陷评价的定性标准如下:

| 缺陷性质 | 定性标准 |
|---|---|
| 重大缺陷 | 公司会计报表、财务报告及信息披露等方面发生重大违规事件;公司审计委员会和内部审计机构未能有效发挥监督职能;注册会计师对公司财务报表出具无保留意见之外的其他三种意见审计报告 |
| 重要缺陷 | 公司会计报表、财务报告编制不完全符合企业会计准则和披露要求,导致财务报表出现重要错报;公司以前年度公告的财务报告出现重要错报需要进行追溯调整 |
| 一般缺陷 | 未构成重大缺陷、重要缺陷标准的其他内部控制缺陷 |

说明:根据公司会计报表、财务报告等信息披露的情况确定缺陷等级。

续表

3. 非财务报告内部控制缺陷认定标准

公司确定的非财务报告内部控制缺陷评价的定量标准如下：

| 指标名称 | 重大缺陷定量标准 | 重要缺陷定量标准 | 一般缺陷定量标准 |
|---|---|---|---|
| 直接财产损失金额 | 500 万元以上 | 100 万~500 万元（含 500 万元） | 小于 100 万元（含 100 万元） |
| 重大负面影响 | 对公司造成重大影响并以公告形式对外披露 | 受到省级或省级以上政府部门处罚,但未造成重大负面影响 | 受到省级以下政府处罚,但未造成负面影响 |

说明:根据财产损失金额及政府处罚等级确定缺陷等级。

公司确定的非财务报告内部控制缺陷评价的定性标准如下：

| 缺陷性质 | 定性标准 |
|---|---|
| 重大缺陷 | 公司经营活动严重违反国家法律制度;决策程序导致重大失误;重要业务缺乏制度控制或系统性时效且缺乏有效的补偿性控制;中高级管理人员和高级技术人员流失严重;内部控制评价的结果特别是重大缺陷未得到整改;其他对公司产生重大负面影响的情形 |
| 重要缺陷 | 决策程序出现一般性失误;重要业务制度或系统存在缺陷;关键岗位人员流失严重;内部控制评价的结果特别是重要性缺陷未得到整改;其他对公司产生较大负面影响的情形 |
| 一般缺陷 | 决策程序效率不高;一般业务制度和系统存在缺陷;一般岗位业务人员流失严重;一般缺陷未得到整改 |

说明：根据公司的经营活动状况好坏程度确定缺陷等级。

（三）内部控制缺陷认定及整改情况

1. 财务报告内部控制缺陷认定及整改情况

1.1. 重大缺陷

报告期内公司是否存在财务报告内部控制重大缺陷。

□是 √否

1.2. 重要缺陷

报告期内公司是否存在财务报告内部控制重要缺陷。

□是 √否

1.3. 一般缺陷

无

1.4. 经过上述整改,于内部控制评价报告基准日,公司是否存在未完成整改的财务报告内部控制重大缺陷

□是 √否

1.5.经过上述整改,于内部控制评价报告基准日,公司是否存在未完成整改的财务报告内部控制重要缺陷

□是 √否

2.非财务报告内部控制缺陷认定及整改情况

2.1.重大缺陷

报告期内公司是否发现非财务报告内部控制重大缺陷。

□是 √否

2.2.重要缺陷

报告期内公司是否发现非财务报告内部控制重要缺陷。

□是 √否

2.3.一般缺陷

无

2.4.经过上述整改,于内部控制评价报告基准日,公司是否发现未完成整改的非财务报告内部控制重大缺陷

□是 √否

2.5.经过上述整改,于内部控制评价报告基准日,公司是否发现未完成整改的非财务报告内部控制重要缺陷

□是 √否

**四、其他内部控制相关重大事项说明**

1.上一年度内部控制缺陷整改情况

□适用 √不适用

2.本年度内部控制运行情况及下一年度改进方向

√适用 □不适用

自内部控制评价报告基准日至内部控制评价报告发出日之间未发生影响内部控制有效性评价结论的因素。2021年,公司将继续通过健全和完善内部控制,进一步优化公司的管理制度及流程,提高风险管理水平,从而保证公司经营管理合法合规,促进公司战略发展目标的实现和可持续发展。

3.其他重大事项说明

□适用 √不适用

董事长(已经董事会授权):×××

佛山市海天调味食品股份有限公司

2021年3月30日

### 12.3.4　内部控制审计报告

内部控制审计是通过对被审计单位的内控制度的审查、分析测试、评价,确定其可信程度,从而对内部控制是否有效做出鉴定的一种现代审计方法。内部控制审计是内部控

制的再控制,它是企业改善经营管理、提高经济效益的自我需要,具体举例见表12.8。

表 12.8　内部控制审计报告

×××审字第 2102492 号

×××股份有限公司全体股东:

按照《企业内部控制审计指引》及中国注册会计师执业准则的相关要求,我们审计了×××股份有限公司 2020 年 12 月 31 日的财务报告内部控制的有效性。

**一、企业对内部控制的责任**

按照《企业内部控制基本规范》《企业内部控制应用指引》《企业内部控制评价指引》的规定,建立健全和有效实施内部控制,并评价其有效性是×××股份有限公司董事会的责任。

**二、注册会计师的责任**

我们的责任是在实施审计工作的基础上,对财务报告内部控制的有效性发表审计意见,并对注意到的非财务报告内部控制的重大缺陷进行披露。

**三、内部控制的固有局限性**

内部控制具有固有局限性,存在不能防止和发现错报的可能性。此外,由于情况的变化可能导致内部控制变得不恰当,或对控制政策和程序遵循的程度降低,根据内部控制审计结果推测未来内部控制的有效性具有一定风险。

**四、财务报告内部控制审计意见**

我们认为,×××股份有限公司于 2020 年 12 月 31 日按照《企业内部控制基本规范》和相关规定在所有重大方面保持了有效的财务报告内部控制。

×××会计师事务所　　　　　　　　　中国注册会计师　×××

　　　　　　　　　　　　　　　　　中国注册会计师　×××

　　　　　　　　　　　　　　　　　2021 年 3 月 30 日

| 本章思维导图 | 练习题 | 习题答案及解析 |

# 第13章　财务报表分析

**学习目标:**通过本章的学习,要求学生在知识能力方面了解财务报表分析的目的和不同的财务报表使用人的需求;掌握财务分析的一般方法,如对比分析法、比率分析法、趋势分析法、因素分析法、平衡分析法、差量分析、综合分析法;掌握资产负债表分析的七大步骤;利润表分析的八大步骤;现金流量表分析的六大步骤;理解传统杜邦分析体系和改进的财务分析体系;能够识别财务舞弊的主要手段,了解财务舞弊的种类;培养思考能力和学习习惯,在社会能力方面,培养合作能力和协调能力。

## 13.1　财务报表分析概述

### 13.1.1　财务报表分析的目的

财务报表分析的目的是将财务报表数据转换成有用的信息,帮助报表使用人改善决策。

最早的财务报表分析,主要是为银行服务的信用分析。由于借贷资本在公司资本中的比重不断增加,银行需要对贷款人进行信用调查和分析,逐步形成了偿债能力分析等有关内容。

资本市场出现以后,财务报表分析为贷款银行服务扩展到为各种投资人服务。社会筹资范围扩大,银行债权人和股权投资人增加,公众进入资本市场。投资人要求的信息更为广泛,逐步形成了盈利能力分析、筹资结构分析和利润分配分析等新的内容,发展出比较完善的外部分析体系。

本章主要讨论财务分析的有关内容。与其他分析相比,财务分析更强调分析的系统性和有效性,并强调运用财务数据发现公司的问题。

### 13.1.2　财务报表的使用人

对外发布的财务报表,是根据所有使用人的一般要求设计的,并不适合特定报表使用人的特定目的。报表使用人要通过对报表的分析,从中提取自己需要的信息,并研究其相互关系,使之符合特定决策的要求。

企业财务报表的主要使用人有以下几种:

①股权投资人:为决定是否投资,需要分析公司的盈利能力;为决定是否转让股份,

需要分析盈利状况、股价变动和发展前景;为考察经营者业绩,需要分析资产盈利水平、破产风险和竞争能力:为决定股利分配政策,需要分析筹资状况。

②债权人:为决定是否给公司贷款,需要分析贷款的报酬和风险;为了解债务人的短期偿债能力,更需要分析其流动状况:为了解债务人的长期偿债能力,需要分析其盈利状况和资本结构。

③经理人员:为改善财务决策,需要进行内容广泛的财务分析,几乎包括外部使用人关心的所有问题。

④供应商:为决定建立长期合作关系,需要分析公司的长期盈利能力和偿债能力;为决定信用政策,需要分析公司的短期偿债能力。

⑤政府:为履行政府职能,需要了解公司纳税情况、遵守政府法规和市场秩序的情况以及职工的收入和就业状况。

⑥注册会计师:为减少审计风险,需要评估公司的盈利性和破产风险;为确定审计的重点,需要分析财务数据的异常变动。

### 13.1.3 财务分析的一般方法

财务分析的方法有很多种,主要包括比较分析法、比率分析法、趋势分析法、因素分析法、平衡分析法、差量分析法、综合分析法。

1) 比较分析法

比较分析法也称对比分析法,是把客观事物加以比较,以达到认识事物的本质和规律并做出正确的评价。对比分析法是通过对财务报表的各项指标进行比较,来分析判断企业财务状况和经营成果及其变化情况,并据以预测未来趋势的方法。对比分析法可分为绝对数比较和相对数比较。

①绝对数比较是将一个企业连续数期的资产负债表或利润表排列在一起并设增减栏,列示增减金额(以某一年的数据作为基数,也可以分别以前一年作为基数)。通过绝对数比较就可以分析出报告期与基期各指标的绝对变化。

②相对数比较是通过对比各指标之间的比例关系和在整体中所占的相对比重来揭示企业财务状况和经营成果。这种分析方法是将某一关键指标的金额作为比较标准,将其余指标与标准指标进行计算比较百分比,然后将几年的百分比进行比较,分析其未来的变化发展趋势。

2) 比率分析法

比率分析法是指利用财务报表中两项相关数值的比率揭示企业财务状况和经营成果的一种分析方法。根据分析的目的和要求的不同,比率分析主要有以下3种:

①构成比率。构成比率又称结构比率,是某个经济指标的各个组成部分与总体的比率,反映部分与总体的关系。其计算公式为

$$构成比率 = 某个组成部分数额 \div 总体数额$$

利用构成比率,可以考察总体中某个部分的形成和安排是否合理,以便协调各项财务活动。

②效率比率。它是某项经济活动中所费与所得的比率,反映投入与产出的关系。利用效率比率指标,可以进行得失比较,考察经营成果,评价经济效益。

③相关比率。它是根据经济活动客观存在的相互依存、相互联系的关系,以某个项目和与其有关但又不同的项目加以对比所得的比率,反映有关经济活动的相互关系,如流动比率。

短期偿债能力比率:

$$流动比率 = \frac{流动资产}{流动负债}$$

流动比率假设全部流动资产都可用于偿还流动负债,表明每1元流动负债有多少流动资产作为偿债保障。

$$速动比率 = \frac{速动资产}{流动负债}$$

速动比率假设速动资产是可偿债资产,表明每1元流动负债有多少速动资产作为偿债保障。

$$现金比率 = \frac{货币资金 + 交易性金融资产}{流动负债}$$

现金比率假设现金资产是可偿债资产,表明1元流动负债有多少现金资产作为偿债保障。

长期偿债能力比率:

$$资产负债率 = \frac{总负债}{总资产} \times 100\%$$

资产负债率反映总资产中有多大比例是通过负债取得的。它可以衡量企业清算时对债权人利益的保护程度。资产负债率越低,企业偿债越有保证,贷款越安全。

$$产权比率 = \frac{总负债}{股东权益}$$

$$权益乘数 = \frac{总资产}{股东权益}$$

产权比率,表明每1元股东权益借人的债务额,权益乘数表明每1元股东权益拥有的资产额,它们是两种常用的财务杠杆比率。财务杠杆,表明债务的多少,与偿债能力有关。财务杠杆影响总资产净利率和权益净利率之间的关系,还表明权益净利率的风险高低,与盈利能力有关。

$$长期资本负债率 = \frac{非流动负债}{非流动负债 + 股东权益} \times 100\%$$

长期资本负债率反映企业长期资本结构。由于负债的金额经常变化,资本结构管理大多使用长期资本结构。

$$利息保障倍数 = \frac{息税前利润}{利息费用}$$

$$= \frac{净利润 + 利息费用 + 所得税费用}{利息费用}$$

利息保障倍数，表明每 1 元利息支付有多少倍的息税前利润作为保障，它可以反映债务政策的风险大小。

$$现金流量利息保障倍数 = \frac{经营现金净流量}{利息费用}$$

现金流量利息保障倍数是现金基础的利息保障倍数，表明每 1 元利息费用有多少倍的经营现金净流量作为保障。

$$本年经营活动现金流量债务比 = \frac{经营活动现金流量净额}{债务总额} \times 100\%$$

该比率表明企业用经营现金净流量偿付全部债务的能力。比率越高，偿还债务总额的能力越强。

根据海天调味食品股份有限公司的财务报表数据，其 2020 年的偿债指标见表 13.1。

表 13.1　海天调味食品股份有限公司偿债能力指标

| 偿债能力指标 | 2019 年 | 2020 年 |
| --- | --- | --- |
| 流动比率 | 2.54 | 2.67 |
| 速动比率 | 2.31 | 2.43 |
| 现金比率 | 2.3 | 2.42 |
| 资产负债率 | 32.95% | 31.72 |
| 产权比率 | 49.14% | 46.45% |
| 权益乘数 | 1.49 | 1.46 |
| 长期资本负债率 | 1.06% | 1.4% |
| 利息保障倍数 | 5 863.85 | 1 445.89 |
| 现金流量利息保障倍数 | 6 037.87 | 1 314.06 |
| 本年经营活动现金流量债务比 | 80.52% | 74.2% |

营运能力比率：

$$应收账款周转次数 = \frac{营业收入}{应收账款}$$

$$应收账款周转天数 = \frac{365}{\dfrac{营业收入}{应收账款}}$$

$$应收账款与收入比 = \frac{应收账款}{营业收入}$$

应收账款周转次数，表明 1 年中应收账款周转的次数，或者说明每 1 元应收账款投资支持的营业收入。应收账款周转天数，也称为应收账款收现期，表明从销售开始到收回现金平均需要的天数。应收账款与收入比,则表明每 1 元营业收入需要的应收账款投资。

$$存货周转次数 = \frac{营业收入}{存货}$$

$$存货周转天数 = \frac{365}{\dfrac{营业收入}{存货}}$$

$$存货与收入比 = \frac{存货}{营业收入}$$

存货周转次数,表明 1 年终存货周转的次数,或者说明每 1 元存货支持的营业收入。存货周转天数,表明存货周转一次需要的时间,也就是存货转换成现金平均需要的时间。存货与收入比,表明每 1 元营业收入需要的存货投资。

$$流动资产周转次数 = \frac{营业收入}{流动资产}$$

$$流动资产周转天数 = \frac{365}{\dfrac{营业收入}{流动资产}}$$

$$流动资产与收入比 = \frac{流动资产}{营业收入}$$

流动资产周转次数,表明 1 年终流动资产周转的次数,或者说每 1 元流动资产支持的销售收入。流动资产周转天数,表明流动资产周转一次需要的时间,也就是流动资产转换成现金平均需要的时间。流动资产与收入比,表明每 1 元营业收入需要的流动资产投资。

$$营运资本周转次数 = \frac{营业收入}{营运资本}$$

$$营运资本周转天数 = \frac{365}{\dfrac{营业收入}{营运资本}}$$

$$营运资本与收入比 = \frac{营运资本}{营业收入}$$

营运资本周转次数,表明 1 年中营运资本周转的次数,或者说明每 1 元营运资本支持的营业收入。营运资本周转天数,表明营运资本周转一次需要的时间,也就是营运资本转换成现金平均需要的时间。营运资本与收入比,表明 1 元营业收入需要的营运资本投资。

$$非流动资产周转次数 = \frac{营业收入}{非流动资产}$$

$$非流动资产周转天数 = \frac{365}{\dfrac{营业收入}{非流动资产}}$$

$$非流动资产与收入比 = \frac{非流动资产}{营业收入}$$

非流动资产周转次数，表明 1 年中非流动资产周转的次数，或者说明每 1 元非流动资产支持的营业收入。非流动资产周转天数，表明非流动资产周转一次需要的时间，也就是非流动资产转换成现金平均需要的时间。非流动资产与收入比，表明 1 元销售收入需要的非流动资产投资。

$$总资产周转次数 = \frac{营业收入}{总资产}$$

$$总资产周转天数 = \frac{365}{\dfrac{营业收入}{总资产}}$$

$$总资产与收入比 = \frac{总资产}{营业收入}$$

总资产周转次数，表明 1 年中总资产周转的次数，或者说明每 1 元总资产支持的销售收入。总资产周转天数，表明总资产周转一次需要的时间，也就是总资产转换成现金平均需要的时间。总资产与收入比，表明 1 元销售收入需要的总资产投资。

根据海天调味食品股份有限公司的财务报表数据，其 2020 年的营业能力指标见表 13.2。

表 13.2　海天调味食品股份有限公司营业能力指标

| 营业能力指标 | 2020 年 | 2019 年 |
| --- | --- | --- |
| 应收账款周转次数 | 549.3 | 8 036.69 |
| 应收账款周转天数 | 0.66 | 0.05 |
| 应收账款与收入比 | 0.18% | 0.01% |
| 存货周转次数 | 10.85 | 10.98 |
| 存货周转天数 | 33.63 | 33.24 |
| 存货与收入比 | 9.21% | 9.11% |
| 流动资产周转次数 | 0.94 | 0.98 |
| 流动资产周转天数 | 387.55 | 373.71 |
| 流动资产与收入比 | 1.06 | 1.02 |
| 营运资本周转次数 | 1.51 | 1.61 |
| 营运资本周转天数 | 242.14 | 226.61 |
| 营运资本与收入比 | 66.34% | 62.09% |
| 非流动资产周转次数 | 4.27 | 4.41 |
| 非流动资产周转天数 | 85.41 | 82.68 |
| 非流动资产与收入比 | 23.4% | 22.65% |
| 总资产周转次数 | 0.77 | 0.8 |
| 总资产周转天数 | 472.97 | 456.39 |
| 总资产与收入比 | 129.58% | 125.04% |

盈利能力比率:

$$营业净利率 = \frac{净利润}{营业收入} \times 100\%$$

营业净利率是指净利润与营业收入的比率,表明每 1 元销售收入与其成本费用之间可以"挤"出来的净利润。该比率越大,企业的盈利能力越强。

$$总资产净利率 = \frac{净利润}{总资产} \times 100\%$$

总资产净利率是企业盈利能力的关键。虽然股东报酬由总资产净利率和财务杠杆共同决定,但提高财务杠杆会同时增加企业风险,往往并不增加企业价值。

$$权益净利率 = \frac{净利润}{股东权益} \times 100\%$$

权益净利率是净利润与股东权益的比率,它反映每 1 元股东权益赚取的净利润,可以衡量企业的总体盈利能力。

根据海天调味食品股份有限公司的财务报表数据,其 2020 年的盈利能力指标见表 13.3。

表 13.3 海天调味食品股份有限公司盈利能力指标

| 盈利能力指标 | 2020 年 | 2019 年 |
|---|---|---|
| 营业净利率 | 28.12% | 27.06% |
| 总资产净利率 | 21.7% | 21.64% |
| 权益净利率 | 31.78% | 32.27% |

市价比率:

$$市盈率 = \frac{每股市价}{每股收益}$$

$$每股收益 = \frac{普通股股东净利润}{流通在外普通股加权平均股数}$$

市盈率是指普通股每股市价与每股收益的比率,它反映普通股股东愿意为每 1 元净利润支付的价格。其中,每股收益是指可分配给普通股股东的净利润与流通在外的普通股加权平均股东的比率,它反映每只普通股当年创造的净利润。每股市价实际上反映了投资者对未来收益的预期。然而,市盈率是基于过去年度的收益。

$$每股收益 = \frac{净利润 - 优先股股利}{流通在外普通股加权平均股数}$$

每股收益的概念仅适用于普通股,优先股股东除规定的优先股股利外,对收益没有要求权。

$$市净率 = \frac{每股市价}{每股净资产}$$

$$每股净资产 = \frac{普通股股东权益}{流通在外普通股股数}$$

市净率也称为市账率,是指普通股每股市价与每股净资产的比率,它反映普通股股东愿意为每 1 元净资产支付的价格,说明市场对公司资产质量的评价。

$$市销率 = \frac{每股市价}{每股销售收入}$$

$$每股销售收入 = \frac{销售收入}{流通在外普通股加权平均股数}$$

市销率也称为收入乘数,是指普通股每股市价与每股销售收入的比率,它反映普通股股东愿意为每 1 元销售收入支付的价格。

根据海天调味食品股份有限公司的财务报表数据,其 2020 年的市价比率指标见表 13.4。

表 13.4　海天调味食品股份有限公司市价比率指标

| 市价比率指标 | 2020 年 | 计算过程 |
| --- | --- | --- |
| 每股收益 | 1.98 | 1.98 |
| 每股净资产 | 6.19 | 6.15 |
| 每股经营现金流 | 2.14 | 2.43 |

### 3)趋势分析法

趋势分析法又称水平分析法,是将两期或连续数期财务报告中相同指标进行对比,确定其增减变动的方向、数额和幅度,以说明企业财务状况和经营成果的变动趋势的一种方法。

趋势分析法的具体运用主要有以下三种方式:

(1)重要财务指标的比较

它是将不同时期财务报告中的相同指标或比率进行比较,直接观察其增减变动情况及变动幅度,考察其发展趋势,预测其发展前景。

对不同时期财务指标的比较,可以有两种方法:

①定基动态比率。它是以某一时期的数额为固定的基期数额而计算出来的动态比率。其计算公式为

定基动态比率 = 分析期数额 ÷ 固定基期数额

②环比动态比率。它是以每一分析期的前期数额为基期数额而计算出来的动态比率。其计算公式为

环比动态比率 = 分析期数额 ÷ 前期数额

(2)会计报表的比较

会计报表的比较是将连续数期的会计报表的金额并列起来,比较其相同指标的增减变动金额和幅度,据以判断企业财务状况和经营成果发展变化的一种方法。

（3）会计报表项目构成的比较

这是在会计报表比较的基础上发展而来的。它是以会计报表中的某个总体指标作为100%，再计算出其各组成项目占该总体指标的百分比，从而来比较各个项目百分比的增减变动，以此来判断有关财务活动的变化趋势。

### 4）因素分析法

因素分析法是财务分析方法中非常重要的一种分析方法。运用因素分析法，准确计算各个影响因素对分析指标的影响方向和影响程度，有利于企业进行事前计划、事中控制和事后监督，促进企业进行目标管理，提高企业经营管理水平。因素分析法的使用需要注意几个问题，即因素分解的相关性、分析前提的假定性、因素替代的顺序性、顺序替代的连环性。

### 5）平衡分析法

平衡分析法是分析事物之间相互关系的一种方法。它分析事物之间发展是否平衡，揭示出事物间的不平衡状态、性质和原因，指引人们去研究积极平衡的方法，促进事物的发展。统计平衡分析的主要方法有编制平衡表和建立平衡关系式。平衡表与一般统计表的区别在于：指标体系必须包括收入与支出，来源与使用两个对应平衡的指标。平衡表的主要形式有三种，即收付式平衡表、并列式平衡表和棋盘式平衡表，前两种形式如资产负债表、能源平衡表，后一种形式如投入产出表。平衡关系式是用等式表示各相关指标间平衡关系的式子。如：

$$期初库存 + 本期入库 = 本期出库 + 期末库存$$
$$资产 = 负债 + 所有者权益$$
$$增加值 = 总产出 - 中间收入$$

统计中的平衡分析基本要求和特点是：平衡分析要通过有联系指标数值的对等关系来表现经济现象之间的联系；要通过有联系指标数值的比例关系来表现经济现象之间的联系；要通过任务的完成与时间进度之间的正比关系来表现经济现象的发展速度；要通过各有关指标的联系表现出全局平衡与局部平衡之间的联系。

### 6）差量分析法

所谓差量分析法是指在合并报表分析中将合并报表与母公司报表逐项进行比较，在分析差额的基础上对集团的资源分布状况、母子公司之间的关联关系及其特征、母子公司的资产管理质量、相对盈利能力以及现金流转等方面做出判断，进而考察集团的经营战略、扩张战略及其实施效果，发现目前经营管理中存在的主要问题，为企业今后的发展提供有用的决策信息支持。通过差量分析能够更好地了解企业的以下信息：

（1）可以反映企业控制性投资的资产扩张效果

在将企业资产划分为经营性资产与投资性资产的情况下，企业可以分为经营主导型、投资主导型与并重型三种。在这三种类型的企业中，企业的资产均可能包括控制性投资。

企业对外控制性投资的目的很多。在以扩张为目的所形成的控制性投资的情况下，其控制性投资的资产扩张效果是评价其扩张质量的重要方面。具体地说，我们需要就以下几个方面展开分析：

①控制性投资所占用的资源规模分析。

②控制性投资的资产扩张效果分析。

③影响母公司控制性投资的资产扩张效果的原因分析。

（2）可以反映出企业的资金管理模式

在企业实施集团化经营的过程中，有关资金的集权与分权管理模式，会在母公司报表和合并报表的相关项目的规模特征上有所体现（表13.5）。

表13.5　企业资金管理模式

| 资金管理模式 | 集权 | 分权 |
|---|---|---|
| 1 | 是指由母公司集中融资，融资后再向控股子公司提供资金的资金运作模式 | 是指由母、子公司根据各自的资金需求分别进行融资的资金运作模式 |
| 2 | 企业母公司的财务报表上就会出现财务费用高、短期借款或者长期借款高、其他应收款高的"三高"现象 | 合并资产负债表的短期借款或者长期借款规模表现出远远大于母公司的短期借款或者长期借款规模；合并资产负债表的货币资金规模远远大于母公司的货币资金规模等特征 |

（3）可以反映母子公司之间的业务联系

反映母子公司之间业务关系的内容主要体现在母公司利润表和合并利润表上。母子公司之间的业务联系，可以划分为这样几个方面：

①母子公司"一致对外"销售。

母子公司之间、子公司之间如果是选择"无关多元化"发展战略或者母子公司之间地域结构较为分散，则母子公司通常会各自直接面向市场，"一致对外"销售。合并利润表与母公司利润表的主要项目之间的关系一般会呈现出越合并越大的情况。

②母公司将主要产品销往子公司，子公司负责对外销售。

某些情况下，母公司将其全部或者主要的产品销往子公司，子公司的设立就是为了将母公司的产品销往市场。在这种情况下，合并利润表与母公司利润表之间的一个重大差异是相对于子公司，母公司基本没有或者仅有少量的销售费用。例如，贵州茅台2016年度报告中利润表和合并利润表的部分信息。

③相当一部分子公司主要为母公司提供配套零部件或者劳务，而只向集团外销售少量商品或者劳务。

有些子公司的设立目的主要就是向母公司提供配套的产品零部件或者劳务。子公司在满足母公司的需求以后再向集团外部市场直接销售。在这种情况下，合并利润表的营业收入与母公司利润表的营业收入并不一定有显著差异,但合并营业成本却有可能小于母公司营业成本。销售费用往往是母公司的销售费用占合并销售费用比重较大。例如,格力电器 2015 年度报告中利润表和合并利润表的部分信息。

（4）可以评价母子公司的基本获利能力和费用发生的比较效率

这种分析尤其适用于前面的母子公司"一致对外"销售的模式。

由于母子公司各自均直接面对外部市场,因此,通过比较母公司利润表和合并利润表的主要项目之间的差异,可以判断母子公司基本的获利能力,考察母子公司基本盈利能力的差异及其变化趋势。

其中需要比较的项目主要有:营业收入、营业成本、毛利及毛利率、销售费用与销售费用率、管理费用与管理费用率等。

（5）可以分析整个集团的现金流转状况和投融资运作状况

合并现金流量表中的经营活动现金流量净额、对外投资现金流量、筹资活动中的子公司吸收的少数股东资本、贷款带来的现金流量等信息,为信息使用者分析整个集团开展的经营活动、投资活动与资本运作活动以及税务环境等提供了条件。

通过比较母公司现金流量表和合并现金流量表的相关项目,可以分析比较母子公司的经营活动现金流量的获取能力差异;投资活动现金流量的发生情况与扩张规模及其战略上的差异;筹资活动现金流量所表现出来的融资能力上的差异等。

### 7）综合分析法

财务比率综合分析法是一种传统的信用风险评级方法。

综合财务分析一般采用"杜邦分析法",杜邦财务分析体系的基本原理是将财务指标作为一个系统,将财务分析与评价作为一个系统工程,全面评价企业的偿债能力、营运能力、盈利能力及其相互之间的关系,在全面财务分析的基础上进行全面评价,使评价者对公司的财务状况有深入的认识,有效地进行决策;其基本特点是以净值报酬率为龙头,以资产净利润率为核心,将偿债能力、资产营运能力、盈利能力有机结合起来,层层分解,逐步深入,构成了一个完整的分析系统,全面、系统、直观地反映了企业的财务状况。

（1）传统杜邦分析体系

杜邦分析体系,又称杜邦财务分析体系,简称"杜邦体系",是利用各主要财务比率之间的内在联系,对企业财务状况和经营成果进行综合系统评价的方法。该体系是以权益净利率为龙头,以资产净利率和权益乘数为分支,重点揭示企业获利能力及杠杆水平对权益净利率的影响,以及各相关指标间的相互作用关系。杜邦财务分析体系利用各主要财务比率之间的内在联系,形成一个完整的指标体系,来综合分析和评价企业的财务状况。

①传统杜邦分析体系的核心比率。

权益净利率是分析体系的核心比率,具有很好的可比性,可用于不同企业之间的比较。由于资本具有逐利性,总是流向投资报酬率高的行业和企业,因此各企业的权益净利率会比较接近。如果一个企业的权益净利率经常高于其他企业,就会引来竞争者,迫使该企业的权益净利率回到平均水平。如果一个企业的权益净利率经常低于其他企业，就得不到资金，会被市场逐出，从而使幸存企业的权益净利率提升到平均水平。

权益净利率不仅有很好的可比性，而且有很强的综合性。为了提高权益净利率，管理者可以从如下三个分析指标入手：

$$权益净利率 = \frac{净利润}{销售收入} \times \frac{销售收入}{总资产} \times \frac{总资产}{股东权益}$$

$$= 销售净利率 \times 总资产周转次数 \times 权益乘数$$

无论提高其中的那个比率，权益利率都会提高。其中，"销售净利率"是利润表的概括，"销售收入"在利润表的第一行，"净利润"在利润表的最后一行，两者相除可以概括全部经营成果；"权益乘数"是对资产负债表的概括，表明资产、负债和股东权益的比例关系，可以反映最基本的财务状况；"总资产周转次数"把利润表和资产负债表联系起来，使权益净利率可以综合整个企业经营成果和财务状况。

②传统杜邦分析体系的基本框架。

传统杜邦分析体系的基本框架如图 13.1 所示。

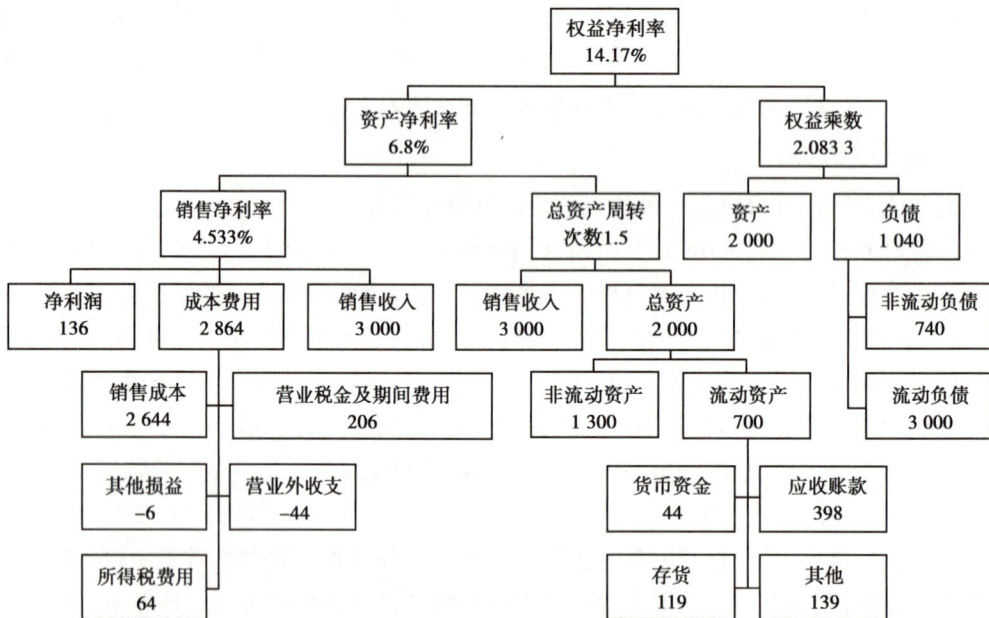

**图 13.1 传统杜邦分析体系的基本框架**

该体系是一个多层次的财务比率分解体系。各项财务比率，可在每个层次上与本企业历史或同业财务比率比较，比较之后向下一级分解。逐级向下分解，逐步覆盖企业经营活动的每个环节，以达成系统、全面评价企业经营成果和财务状况的目的。

第一层次的分解，是把权益净利率分解为销售净利率、总资产周转次数和权益乘数，3 个比率在各企业之间可能存在显著差异。通过对产业的比较，可以观察本企业与其他企业的经营战略和财务政策有什么不同。

分解出来的销售净利率和总资产周转次数,可以反映企业的经营战略。一些企业销售净利率较高,而总资产周转次数较低;另外一些企业则相反,总资产周转次数较高而销售净利率较低。两者经常呈反方向变化。这种现象不是偶然的。为了提高销售净利率,就要增加产品附加值,往往需要增加投资,引起周转率的下降。与此相反,为了加快周转,就要降低价格,引起销售净利率下降。通常,销售净利率较高的制造业,其周转率都较低;周转率很高的零售业,销售净利率很低。采取"高盈利、低周转"还是"低盈利、高周转"的方针,是企业根据外部环境和自身资源做出的战略选择。正因如此,仅从销售净利率的高低并不能看出业绩好坏,应把它与总资产周转次数联系起来考察企业经营战略。真正重要的是两者共同作用得到的总资产净利率。总资产净利率可以反映管理者运用受托资产赚取盈利的业绩,是最重要的盈利能力。

分解出来的财务杠杆可以反映企业的财务政策。在总资产净利率不变的情况下,提高财务杠杆可以提高权益净利率,但同时也会增加财务风险。如何配置财务杠杆是企业最重要的财务政策。一般说来,总资产净利率较高的企业,财务杠杆较低,反之亦然。这种现象也不是偶然的。可以设想,为了提高权益净利率,企业倾向于尽可能提高财务杠杆。但是,贷款提供者不一定会同意这种做法。贷款提供者不分享超过利息的收益,更倾向于为预期未来经营活动现金流量净额比较稳定的企业提供贷款。为了稳定现金流量,企业的一种选择是降低价格以减少竞争,另一种选择是增加营运资本以防止现金流中断,这都会导致总资产净利率下降,这就是说,为了提高流动性,只能降低盈利性。因此,我们实际看到的是,经营风险低的企业可以得到较多的贷款,其财务杠杆较高;经营风险高的企业,只能得到较少的贷款,其财务杠杆较低。总资产净利率与财务杠杆负相关,共同决定了企业的权益净利率。因此,企业必须使其经营战略和财务政策相匹配。

③权益净利率的驱动因素分解。

该分析体系要求,在每一个层次上进行财务比率的比较和分解。通过与上年比较可以识别变动的趋势,通过与同业比较可以识别存在的差距。分解的目的是识别引起变动(或产生差距)的原因,并衡量其重要性,为后续分析指明方向。

下面以 ABC 公司权益净利率的比较和分解为例,说明其一般方法。

权益净利率的比较对象,可以是其他企业的同期数据,也可以是本企业的历史数据,这里仅以本企业的本年与上年的比较为例。

$$权益净利率 = 销售净利率 \times 总资产周转次数 \times 权益乘数$$

即,本年权益净利率 $14.17\% = 4.533\% \times 1.5 \times 2.083\,3$。

④传统杜邦分析体系的局限性。

传统杜邦分析体系虽然被广泛使用,但也存在某些局限性。

第一,计算总资产净利率的"总资产"与"净利润"不匹配。总资产为全部资产提供者享有,而净利润则专属于股东,两者不匹配。由于总资产利润率的"投入与产出"不匹配,该指标不能反映实际的报酬率。为了改善该比率,要重新调整分子和分母。为公司提供资产的人包括无息负债的债权人、有息负债的债权人和股东,无息负债的债权人不要求分析收益,要求分享收益的是股东和有息负债的债权人。因此,需要计量股东和有息负债债权人投入的资本,并且计量这些资本产生的收益,两者相除才是合乎逻辑的总资产净利率,才能准确反映企业的基本盈利能力。

第二,没有区分经营活动损益和金融活动损益。传统杜邦分析体系没有区分经营活动和金融活动。对大多数企业来说,金融活动是净筹资,它们在金融市场上主要是筹资,而不是投资。筹资活动不产生净利润,而是支出净费用。这种筹资费用是否属于经营活动费用,在会计准则制定过程中始终存在很大争议,各国会计准则对此的处理不尽相同。从财务管理角度看,企业的金融资产是尚未投入实际经营活动的资产,应将其与经营资产相区别。与此相应,金融损益也应与经营损益相区别,经营资产和经营损益才能相匹配。因此,正确计算基本盈利能力的前提是区分经营资产和金融资产,区分经营损益和金融损益。

第三,没有区分金融负债与经营负债。既然要把金融活动分离出来单独考察,就需要单独计量筹资活动成本。负债的成本(利息支出)仅仅是金融负债的成本,经营负债是无息负债。因此,必须区分金融负债和经营负债,利息与金融负债相除,才是真正的平均利息率。此外,区分金融负债与经营负债后,金融负债与股东权益相除,可以得到更符合实际的财务杠杆。经营负债没有固定成本,没有杠杆作用,将其计入财务杠杆,会歪曲杠杆的实际效应。

（2）改进的财务分析体系

①对资产负债表的调整。

改进的财务分析体系要求对资产和负债进行重新分类,分为经营性和金融性两类。经营性资产和负债,是指在销售商品或提供劳务的过程中涉及的资产和负债。金融性资产和负债,是指在筹资过程中或利用经营活动多余资金进行投资的过程中涉及的资产和负债。

对资产负债表的调整如下:

资产 = 经营资产 + 金融资产

  = (经营性流动资产 + 经营性长期资产) + (短期金融资产 + 长期金融资产)

负债 = 经营负债 + 金融负债

  = (经营性流动负债 + 经营性长期负债) + (短期金融负债 + 长期金融负债)

经营性资产 = 经营资产 – 经营负债

  = (经营性流动资产 + 经营性长期资产) – (经营性流动负债 + 经营性长期负债)

  = (经营性流动资产 – 经营性流动负债) + (经营性长期资产 – 经营性长期负债)

  = 经营营运资本 + 经营性长期资产

   净金融负债 = 金融负债 – 金融资产 = 净负债

   净经营资产 = 净负债 + 股东权益 = 净投资资本

②对利润表的调整。

区分经营活动和金融活动,不仅涉及资产负债表,还涉及利润表。经营活动的利润反映管理者的经营业绩。通过经营活动取得盈利是企业的目的,也是增加股东财富的基本途径。金融活动的目的是筹集资金,筹集资金的目的是投资生产经营,而不是投资金融市场获利。利用投资的剩余部分返回到资本市场上取得金融收益,不是企业的经营目标。因此,要区分经营损益和金融损益。

对利润表的调整如下:

$$净利润 = 经营损益 + 金融损益$$
$$= 税后经营净利润 - 税后利息费用$$
$$= 税前经营利润 \times (1 - 所得税税率) - 利息费用 \times (1 - 所得税税率)$$

③对现金流量表的调整。

如前所述,通过经营活动取得盈利是企业的目的,也是增加股东财富的基本途径。因此,企业的价值取决于企业经营活动产生的现金流量。而传统现金流量表中的经营活动并未包括为了经营而进行的经营性固定资产等长期资产的投资,是不完整的经营活动。

对现金流量表的调整如下:

$$营业现金毛流量 = 税后经营净利润 + 折旧与摊销$$

营业现金毛流量,也经常简称为"营业现金流量"。

$$营业现金净流量 = 营业现金毛流量 - 经营营运资本净增加$$
$$实体现金流量 = 营业现金净流量 - 净经营长期资产总投资$$
$$= 营业现金净流量 - (净经营长期资产增加 + 折旧与摊销)$$

由于

$$净经营资产总投资 = 经营营运资本增加 + 净经营长期资产 + 折旧与摊销$$
$$= 净经营资产净增加 + 折旧与摊销$$
$$= 净经营资产净投资 + 折旧与摊销$$

其中,净经营资产总投资也被称为资本支出,净经营资产净投资也被称为资本净支出。

所以实体现金流量也可以按下述方法计算:

$$实体现金流量 = 营业现金毛流量 - 净经营资产总投资$$
$$= (税后经营净利润 + 折旧与摊销) - (净经营资产净投资 + 折旧与摊销)$$
$$= 税后经营净利润 - 净经营资产净投资$$

从实体现金流量的来源分析,它是营业现金毛流量超出净经营资产总投资的部分,即来自经营活动;从实体现金流量的去向分析,它被用于债务融资活动和权益融资活动,即被用于金融活动。因此

$$营业现金毛流量 - 净经营资产总投资 = 债务现金流量 + 股权现金流量$$
$$实体现金流量 = 融资现金流量$$

④改进的财务分析体系的核心公式。

鉴于传统杜邦分析体系存在"总资产"与"净利润"不匹配、未区分经营损益和金融损益、未区分有息负债和无息负债等诸多局限,故应基于改进的管理用财务报表重新设

计财务分析体系。

该体系的核心公式如下:

$$权益净利率 = \frac{税后经营净利润}{股东权益} - \frac{税后利息费用}{股东权益}$$

$$= \frac{税后经营净利润}{净经营资产} \times \frac{净经营资产}{股东权益} - \frac{税后利息费用}{净负债} \times \frac{净负债}{股东权益}$$

$$= \frac{税后经营净利润}{净经营资产} \times \left(1 + \frac{净负债}{股东权益}\right) - \frac{税后利息费用}{净负债} \times \frac{净负债}{股东权益}$$

$$= 净经营资产净利率 + (净经营资产净利率 - 税后净利率) \times 净财务杠杆$$

根据该公式,权益净利率的高低取决于三个驱动因素:净经营资产净利率(可进一步分解为税后经营净利率和净经营资产周转次数)、税后利息率和净财务杠杆。根据管理用财务报表计算的有关财务比率见表13.6。

表13.6　主要财务比率及变动

| 主要财务比率 | 本年 | 上年 | 变动 |
|---|---|---|---|
| 1. 税后经营净利润(税后经营利润/销售收入) | 6.891% | 7.908% | -1.017% |
| 2. 净经营资产周转次数(销售收入/净经营资产) | 1.720 2 | 2.037 2 | -0.317 0 |
| 3. =(1×2)净经营资产净利率(税后经营利率/净经营资产) | 11.853% | 16.110% | -4.257% |
| 4. 税后利息率(税后利息费用/净负债) | 9.020% | 12.595% | -3.575% |
| 5. =(3-4)经营差异率(净经营资产净利率 - 税后利息率) | 2.833% | 3.515% | -0.682% |
| 6. 净财务杠杆(净负债/股东权益) | 0.816 7 | 0.589 8 | 0.226 9 |
| 7. =(5×6)杠杆贡献率(经营差异率×净财务杠杆) | 2.314% | 2.073% | 0.241% |
| 8. =(3+7)权益净利率(净经营资产净利率 + 杠杆贡献率) | 14.167% | 18.182% | -4.015% |

⑤改进的财务分析体系的基本框架。

根据管理用财务报表,改进的财务分析体系的基本框架如图13.2所示。

⑥杠杆贡献率的分析。

权益净利率被分解为净经营资产净利率和杠杆贡献率两部分,为分析杠杆贡献率提供了方便。影响杠杆贡献率的因素是净经营资产净利率、税后利息率和净财务杠杆。其计算公式为

$$杠杆贡献率 = (净经营资产净利率 - 税后利息率) \times 净财务杠杆$$

第一,税后利息率的分析。

税后利息率的分析,需要使用报表附注的明细资料。本年税后利息率为9.02%,比上年下降3.575%。从报表附注可知,下降原因是市场贷款利率普遍下调。企业利用这个机会,以新债还旧债,提前归还了一些过去借入利息率较高的借款,同时借入了更多利息率较低的借款,使平均利率下降。不过,进一步降低的可能性已经不大,负债从高息到低息的转换已基本完成。

权益净利率
14.167%

净经营资产净利率
11.853%

杠杆贡献率
2.314%

税后经营净利率
6.891%

净经营资产周转次数
1.720 2

经营差异率
2.833%

经营财务杠杆
0.816 7

毛利率
11.867%

经营资产周转次数
1.504 5

净经营资产净利率11.853%

净负债
784

收入管理

成本管理

存货管理

税后净利率
9.020%

股东权益
960

−营业税金及期间费用率
3.2%

应收账款管理

税后利息
70.72

资本结构政策

主要营业利润率
8.667%

预付账款管理

净负债
784

利润留存政策

+其他营业利润率
0%

长期资产管理

短期债务政策

税前营业利润率
8.667%

经验负债与收入比

长期债务政策

+营业外收支率
1.467%

短期经营负债管理

税前经营利润率
10.133%

长期经营负债管理

−所得税与收入比
3.243%

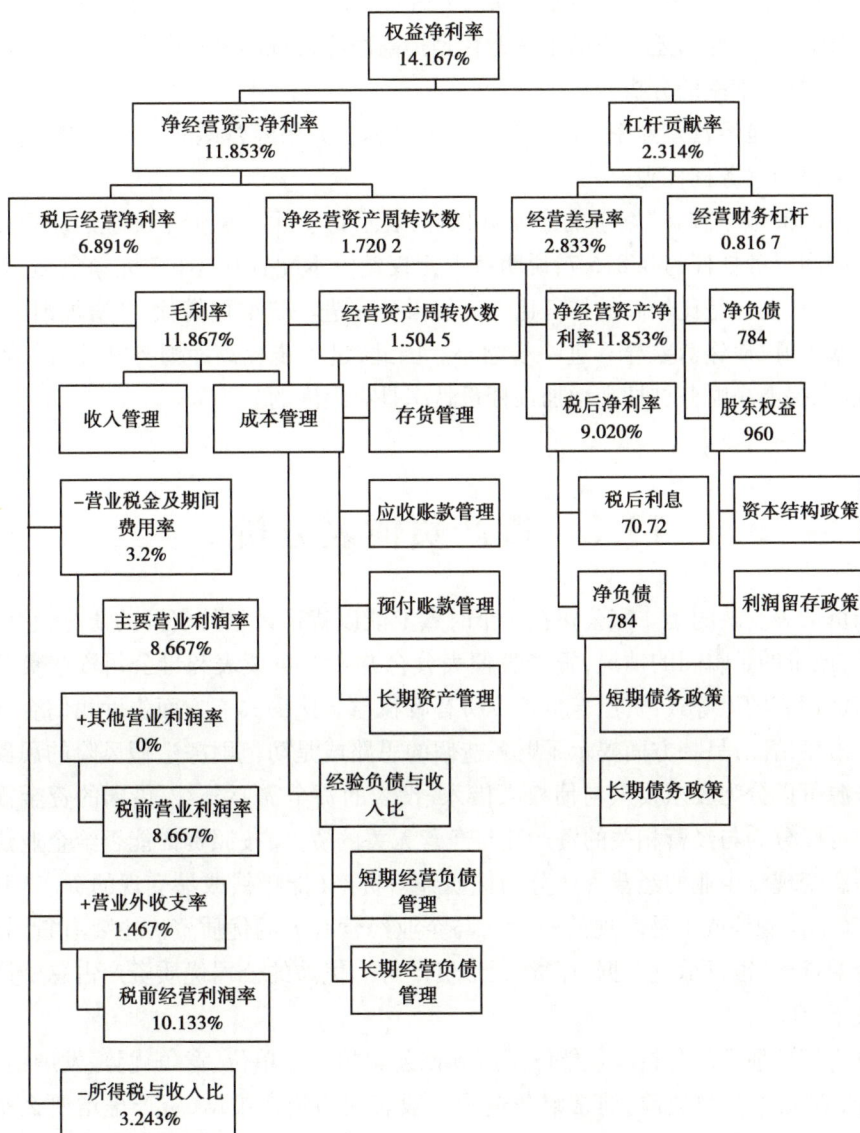

图 13.2 改进的财务分析体系的基本框架

第二,经营差异率的分析。

经营差异率是净经营资产净利率和税后利息率的差额,它表示每借入 1 元债务资本投资于净经营资产所产生的净收益偿还税后利息后的剩余部分。该剩余归股东享有。净经营资产净利率越高,税后利息率越低,剩余的部分越多。

经营差异率是衡量借款是否合理的重要依据之一。如果经营差异率为正,借款可以增加股东报酬;如果为负,借款会减少股东报酬。从增加股东报酬来看,净资产经营净利率是企业可以承担的借款税后利息率的上限。

本年的经营差异率是 2.833% ,比上年减少 0.682% ,原因是净经营资产净利率下降

4.257%,税后利息率下降3.575%,前者大于后者。由于税后利息率的高低主要由资本市场决定,因此提高经营差异率的根本途径是提高净经营资产净利率。

第三,杠杆贡献率的分析。

杠杆贡献率是经营差异率和净财务杠杆的乘积。如果经营差异率不能提高,是否可以进一步提高净财务杠杆呢?

以"净负债/股东权益"衡量的净财务杠杆,表示每1元权益资本配置的净负债。该公司本年的净财务杠杆为0.816 7,说明每1元权益资本配置0.816 7元净负债:与行业平均水平相比,已经是比较高的杠杆比率。如果公司进一步增加借款,会增加财务风险,推动利息率上升,使经营差异率进一步缩小。因此,进一步提高净财务杠杆可能不是明智之举,依靠提高净财务杠杆来增加杠杆贡献率是有限度的。

# 13.2 资产负债表分析

资产负债表反映的是一家公司在某个时点上能以货币计量的资源的情况,它就像是一张照片,记录的是瞬间的情况,资产负债表分合并资产负债表和母公司资产负债表两种。资产负债表的恒等式:资产 = 负责 + 所有者权益。该等式一方面告诉我们企业的资金来源于占用情况;另一方面揭示了财务造假的思路或是防范财务造假风险的思路。企业资金来源可以分为股东投入与债权人借入,投入的资金需要分红,借入的资金需要付息。占用可以分为与经营相关的资产和与经营无关的资产,按照资产能否给企业赚钱或是否容易意变现将企业的经营资产分为优质经营资产(能赚钱或易变现的资产)和劣质经营资产(不能赚钱或不易变现的资产),与企业经营有关的优质资产主要有货币资金、交易性金融资产、银行承兑票据、存货、无形资产等。优秀的公司优质资产占总资产的比率一般大于50%。

通过资产负债表的分析应该能够了解到该公司的行业单位、竞争优势、发展潜力、经营风险、偿债风险、造假风险,通常财务造假一般表现为资产虚增,资产虚增要么是某些资产科目虚增了金额,要么是某些资产科目隐瞒了损失。

资产负债表的分析步骤主要分为以下步骤:

1)通过总资产,了解企业的实力与成长性

总资产重点分析:

①总资产的规模。公司的总资产规模代表该公司掌控的资源规模,也就是公司的实力。通过公司的总资产规模,在一定程度上能看出这家公司在行业中的地位。一般情况下,总资产规模排名第一的企业虽然不一定就是这个行业中最好的公司,但一定是这个行业中很有影响力的公司。

②总资产的同比增长率。通常总资产的同比增长率大于10%的企业成长性比较好。但注意总资产的规模大且同比增长,并不一定代表公司就好,因为总资产中可能95%的

部分都是负债;总资产的同比增长快可能是由于负债的扩张,而不是企业净利润的增长所带来的。

2)通过负债了解企业的偿债风险

负债重点分析:

①资产负债率。

$$资产负债率 = \frac{总负债}{总资产} \times 100\%$$

通常情况下资产负债率的警戒线为70%,资产负债率小于40%的企业没有偿债风险。

②准货币资金减有息负债的差额。

准货币资金 - 有息负债 =(货币资金 + 交易性金融资产)-

(短期借款 + 一年内到期的非流动负债 + 长期借款 + 应付债券 + 长期应付款)

准货币资金减有息负债的差额 >0,没有偿债风险。

准货币资金减有息负债的差额 <0,存在偿债风险。

3)通过"应付预收"减"应收预付"的差额,了解企业的竞争优势

"应付"指应付票据、应付账款;"预收"指预收款项、合同负债。"应收"指应收票据、应收账款、应收款项融资、合同资产;"预付"指预付款项。

应收票据、应收账款、应收款项融资、合同资产、预付款项的金额越小,代表公司对经销商和供应商的话语权越强,竞争优势越明显,行业地位越高。应付票据、应付账款、预收款项、合同负债的金额越大,代表公司对供应商和经销商的话语权越强,竞争优势越明显,行业地位越高。

①"应付预收" -"应收预付" =(应付票据 + 应付账款 + 预收款项 + 合同负债)- (应收票据 + 应收账款 + 应收款项融资 + 预付款项 + 合同资产)<0,表明企业在经营中被供应商和经销商企业无偿占用了的资金,相当于企业为上下游企业提供了无息贷款,企业对经销商和供应商的话语权较弱,没有什么竞争优势,行业地位较低。

②"应付预收" -"应收预付" =(应付票据 + 应付账款 + 预收款项 + 合同负债)- (应收票据 + 应收账款 + 应收款项融资 + 预付款项 + 合同资产)>0,表明企业在经营中无偿占用了供应商和经销商的资金,相当于上下游企业为企业提供了无息贷款,对经销商和供应商有较强的话语权,竞争优势明显,行业地位较高

4)通过应收账款、合同资产,了解企业的产品竞争力

公司的品牌影响力强,产品一般都很畅销,要想买公司的产品往往需要一手交钱一手交货,有时甚至需要先付钱过一段时间才能收到货,所以优秀的公司基本没有应收账款。应收账款多的公司,其品牌影响力往往较弱,产品竞争力不行。公司靠品牌或产品自身的影响力很难有好的销量,所以公司迫不得已才会采取先赊销的方式。

主要通过计算应收账款及合同资产占总资产的比率来考查,优秀的企业该比率一般

小于3%，表明该企业的产品比较畅销。一旦该比率大于20%，则表明该企业的产品很难销售。

$$（应收账款+合同资产）占总资产的比率 = \frac{应收账款+合同资产}{总资产} \times 100\%$$

5）通过固定资产，了解企业维持竞争力的成本

由于固定资产会变旧，为了保持企业竞争力就需要持续不断地在固定资产上进行大量投入，这样会影响企业的自由现金流，也会影响股东的分红。另外，如果市场环境发生变化，已经投入的固定资产很难退出，这样就增大了企业的风险。

主要通过计算固定资产及在建工程占总资产的比率

$$（固定资产+在建工程）占总资产的比率 = \frac{固定资产+在建工程}{总资产} \times 100\%$$

固定资产及在建工程占总资产的比率越高表明企业维持竞争力的成本越高，优秀的企业该比率一般小于20%

6）通过投资类资产，了解企业的主业专注度

投资类资产主要包括以公允价值计量且其变动计入当期损益的金融资产、债券投资、其他债券投资、可供出售金融资产、持有至到期投资、长期股权投资、其他权益工具投资、其他非流动金融资产、投资性房地产。

主要通过投资类资产占总资产的比率

投资类资产=以公允价值计量且其变动计入当期损益的金融资产+债券投资+

其他债券投资+可供出售金融资产+持有至到期投资+长期股权投资+

其他权益工具投资+其他非流动金融资产+投资性房地产

$$投资类占总资产的比率 = \frac{投资类资产}{总资产} \times 100\%$$

与主业无关的投资类资产占总资产的比率越低越好，一般认为投资类资产占总资产的比率大于10%的企业不太专注于主业。

7）通过存货、商誉分析企业的风险

容易出现问题的资产主要包括应收账款、存货、长期股权投资、固定资产、商誉，这五个科目是最易存在问题的，后期问题爆发时会导致利润大幅减少甚至大幅亏损。前面已分析了应收账款、固定资产、长期股权投资科目。以下分析一下存货和商誉。

①通过存货占总资产的比率，考察存货潜在的风险。

$$存货占总资产的比率 = \frac{存货}{总资产} \times 100\%$$

通常当应收账款占总资产的比率大于5%，并且存货占总资产的比率大于15%的公司，出现问题的风险比较大。

②通过商誉占总资产的比率，考察商誉潜在的风险。

商誉是公司对外收购所花的超出被收购公司净资产的那部分。收购来的公司企业

文化不同,甚至行业也不同,很难经营成功,所以商誉是最容易出问题的科目之一。在 A 股的业绩爆雷案例中,10 个爆雷的有 5 个来自商誉,1 个来自应收账款,1 个来自存货,1 个来自长期股权投资,1 个来自固定资产,还有 1 个来自其他所有可能出现爆雷的资产科目。

$$商誉占总资产的比率 = \frac{商誉}{总资产} \times 100\%$$

通常商誉占总资产的比率大于10%的公司,出现问题的风险比较大。

通过以上七步,就能快速地了解公司的大概情况,但是准确率还不够高。如何提高分析的准确率,需要进行深入分析。

通过资产负债表的分析可以了解公司的行业地位、竞争优势、发展潜力、经营风险、偿债风险、造假风险。

接下来以佛山市海天调味食品股份有限公司 2020 年的财务报表为例,其资产负债表分析见表13.7。

**表 13.7　海天调味 2020 年资产负债表分析**

| 指标 | 2020 年 | |
|---|---|---|
| 资产总额 | 规模:295.34 亿元 | 同比增长率:19.3% |
| 资产负债率 | 31.7% | |
| 准货币资金 – 有息负债 | 221.22 亿元 | |
| 应付预收 – 应收预付 | 53.54 亿元 | |
| (应收账款＋合同资产)/总资产 | 0.14% | |
| (固定资产＋在建工程)/总资产 | 14.5% | |
| 投资类资产/总资产 | 0.17% | |
| 存货/总资产 | 7.11% | |
| 商誉/总资产 | 0.1% | |

①海天味业 2020 年年末的总资产为 295.34 亿元,比 2019 年的 247.54 亿元增加了 47.8 亿元,增幅为 19.3%,可以初步判断海天味业处在快速扩张之中。

②海天味业 2020 年资产负债率为 31.7%,小于 40%,没有偿债风险。

③海天味业 2020 年的准货币资金减有息负债的差额为 221.22 亿元,远远大于 0,进一步确认了海天味业没有偿债风险。

④海天味业 2020 年的"应付预收"减"应收预付"的差额为 53.54 亿元,表明海天味业无偿占用其上游供应商和下游经销商的资金,这相当于海天味业的上下游公司为海天味业提供了 53.54 亿元的无息贷款,海天味业具有很强的"两头吃"的能力。

⑤海天味业 2020 年的(应收账款＋合同资产)占总资产的比率为 0.14%,可见海天味业的产品非常畅销,产品竞争力很强。

⑥海天味业 2020 年(固定资产＋在建工程)占总资产的比率为 15.92%,小于 20%,

属于轻资产型公司。

⑦海天味业 2020 年投资类资产占总资产的比率为 0. 17%,可以忽略不计。表明海天味业是非常专注于主业的,这样有利于海天味业长期保持行业领先地位。

⑧海天味业 2020 年存货与总资产的比率为 7. 11%,海天味业的存货价值非常高,海天味业的存货是优质资产。

⑨海天味业 2020 年商誉占总资产的比率为 0. 1%,远远小于 10%。海天味业的商誉没有爆雷的风险。

# 13.3   利润表分析

利润表反映的是公司在某段时期内的经营成果,也就是收支情况,它就像是一段视频,记录的是一段时间的收支情况。利润表分合并利润表和母公司利润表两种。利润表的“利润”是如何产生的? 关于利润是怎么产生的有一个简单的公式:收入 – 费用 = 利润,这里的“收入”和“费用”都是广义的。凡是能增加利润的科目都是收入,凡是能减少利润的科目都是费用。

利润表分析重点分析利润的含金量和利润的来源,利润的质量与利润的来源有关,利润的来源主要有四种:日常经营、政府补贴、资产持有、资产或债务重组。来源于日常经营的利润质量是最高的,因为日常经营产生的利润稳定性和持续性是最高的,其他三种来源的利润质量比较低。

利润表的分析步骤主要包括以下八步:

1) 通过营业收入,了解企业的行业地位及成长性

营业总收入主要是和日常经营相关的收入,由现金收入和白条收入(应收账款)构成,营业收入分析主要从规模、质量、增长率和主业收入占营业收入的比率四方面展开。

①营业收入规模。

从营业收入的规模我们大概可以判断出公司的实力和行业地位,一般来说营业收入规模大的公司实力较强,行业地位较高。

②营业收入质量。

营业收入可能全部由现金收入构成,也可能由现金收入和白条收入共同构成。如果公司的营业收入中没有商业票据和应收账款,那么该公司的营业收入都是现金收入,该公司的营业收入质量非常高。如果白条收入占营业收入的比重较大,比如大于 10%,那么该公司的营业收入质量较差。

$$营业收入质量 = \frac{销售商品、提供劳务收到的现金}{营业收入} \times 100\%$$

营业收入的质量需要借助现金流量表中的“销售商品、提供劳务收到的现金”这个科目,如果“销售商品、提供劳务收到的现金”与“营业收入”的比率大于 100%,则说明营业

收入中基本都是现金收入,营业收入的质量比较高。由于"销售商品、提供劳务收到的现金"中的金额是含税的,"营业收入"中的金额是不含税的,在没有白条收入的情况下,"销售商品、提供劳务收到的现金"与"营业收入"的比率应该在110%左右。当然这个比率越高越好,如果这个比率大于120%,说明公司不但没有白条收入,还有大量预收款项,基本是先收钱后发货。如果一家公司"销售商品、提供劳务收到的现金"与"营业收入"的比率小于80%,说明营业收入中的白条收入较多,后期应收账款出现风险的可能性较大。

③营业收入增长率。

$$营业收入增长率 = \frac{本期营业收入 - 上期营业收入}{上期营业收入} \times 100\%$$

从营业收入增长率我们可以判断出公司的成长性:营业收入增长率大于10%,说明公司成长较快,前景较好;营业收入增长率低于10%,说明公司成长缓慢;营业收入增长率小于0,说明公司可能处于衰退之中。

④主业收入占营业收入的比率。

$$主业收入占营业收入的比率 = \frac{主业收入}{营业收入} \times 100\%$$

营业收入中主业收入占比越高,营业收入的质量越好。一般优秀企业的主业收入占营业收入的比率 >90%,如果主业收入占营业收入的比率 <70%,则表明企业不太专注。

主业经营产生的利润可以称为主营利润,主营利润的计算公式如下:

主营利润 = 营业收入 - 营业成本 - 税金及附加 - 销售费用 - 管理费用 - 研发费用 - 财务费用

简化一下:

主营利润 = 毛利 - 税金及附加 - 四费

2)分析毛利率,了解公司的产品竞争力及风险

毛利率分析主要从数值和波幅两方面进行。

①毛利率。

毛利反映的是公司产品或服务的盈利能力,也是公司生存的基础,其中营业成本是当期内被卖掉的存货的价值。

$$毛利率 = \frac{营业收入 - 营业成本}{营业收入} \times 100\%$$

毛利率越高的公司,代表其产品盈利能力越强,竞争优势越明显。毛利率大于40%为高毛利率,毛利率小于40%为中低毛利率。高毛利率说明公司的产品或服务的竞争力较强,中低毛利率说明公司的产品或服务的竞争力较差。一般来说,毛利率大于40%的公司都有某种核心竞争力,毛利率小于40%的公司一般面临的竞争压力都较大,风险也较大。

毛利率低的公司要想获得高收益,就必须提高周转率或加杠杆,提高周转率需要强

大的运营能力,经营难度较大,加杠杆会增大公司的财务风险。低毛利率的公司要想获得成功需要比高毛利率的公司付出更大的代价,这就增加了公司的风险。

②毛利率波动幅度。

优秀公司的毛利率不但高还比较稳定,波动幅度比较小。一般来说优秀公司的毛利率每年的波动幅度小于 10%。毛利率波动幅度太大的公司要么是公司经营的风险大,要么是公司财务造假的风险大。

3)分析期间费用率,了解公司的成本管控能力

期间费用率是四费总和与营业收入的比率。其中四费指销售费用、管理费用、研发费用、财务费用,也叫期间费用。

$$期间费用率 = \frac{销售费用 + 管理费用 + 研发费用 + 财务费用}{营业收入} \times 100\%$$

期间费用率越低,公司的成本管控能力就越强。毛利率高,期间费用率低,净利润率才可能高。优秀公司的期间费用率与毛利率的比率一般小于 40%。

4)分析销售费用率,了解公司产品的销售难易度

用"销售费用"除以"营业收入"可以得到销售费用率。销售费用率反映公司产品的销售难易度,销售费用率越低,产品就越畅销,产品本身的竞争力就越强,公司面临的销售风险就越小。

$$销售费用率 = \frac{销售费用}{营业收入} \times 100\%$$

销售费用率分析主要从数值和变动趋势两方面进行。

①销售费用率。

一般来说,销售费用率小于 15% 的公司,其产品比较容易销售,销售风险相对较小。销售费用率大于 30% 的公司,其产品销售难度大,销售风险大。

②销售费用率变动趋势。

销售费用率变动趋势在下降,意味着企业产品的销售难度在下降,销售风险也在下降。反之,则意味着企业产品的销售难度在上升,销售风险也在上升。

5)分析主营利润,了解公司主业的盈利能力及利润质量

营业利润 = 营业总收入 − 营业总成本 + 其他收益 + 投资收益 + 汇兑收益 +
         净敞口套期收益 + 公允价值变动收益 + 信用减值损失 +
         资产减值损失 + 资产处置收益

相关项目的注释:

其他收益是政府补贴收入,主要由现金收入构成。

投资收益主要是股息、利息、价差收益,主要由现金收入构成。

汇兑收益是外币业务因汇率变动折算成人民币时产生的收益,主要由账面收入构成。

净敞口套期收益是通过金融工具进行套期保值产生的收益,主要由账面收入构成。

公允价值变动收益是交易性金融资产、投资性房地产价格波动产生的收益,由账面收入构成。

资产处置收益是处置固定资产、无形资产发生的收益,主要由现金收入构成。

营业外收入主要包括非经营相关的政府补助、债务重组利得、接受捐赠、罚款收入等,主要由现金收入构成。

营业外支出主要是和日常经营无关的费用,主要由现金支出构成。

所得税费是交给税务局的钱,全部是现金支出。

信用减值损失(其他应收款坏账损失;债权投资减值损失;其他债权投资减值损失;长期应收款坏账损失;合同资产减值损失;应收账款坏账损失)和资产减值损失(坏账损失;存货跌价损失及合同履约成本减值损失;持有至到期投资减值损失;长期股权投资减值损失;投资性房地产减值损失;固定资产减值损失;工程物资减值损失;在建工程减值损失;生产性生物资产减值损失;油气资产减值损失;无形资产减值损失;商誉减值损失;其他)是由资产负债表中的资产科目减值产生的账面损失,基本不涉及现金。

该公式的优点是能反映公司整体的利润情况,不足是不能反映公司主业的利润情况。但公司主业经营产生的利润才是最重要的,主业经营是一家公司创造价值的核心,主业经营产生的利润才是最重要的利润,也是质量最高的利润。

主营利润的公式是:

主营利润 = 营业收入 - 营业成本 - 税金及附加 - 销售费用 - 管理费用 - 研发费用 - 财务费用

简化:

$$主营利润 = 毛利 - 税金及附加 - 四费$$

可见主营利润反映的是公司纯经营活动带来的利润。主营利润与政府补贴、投资收益、公允价值变动收益、营业外收入等都无关。主营利润对应的是一家公司的经营活动,主营利润是一家公司最核心的利润,它决定净利润的质量以及公司能否持续健康地发展。以主营利润为主的利润远比以公允价值变动收益或营业外收入净额为主的利润质量高得多。在比较每股收益的时候不能只看数值,更要看净利润的质量。

主营利润分析主要在于主营利润率和主营利润与营业利润的比率两方面。

①主营利润率。

$$主营利润率 = \frac{主营利润}{营业收入} \times 100\%$$

一般主营利润率大于15%的公司主业盈利能力强。

②主营利润与营业利润的比率。

$$主营利润与营业利润比率 = \frac{主营利润}{营业利润} \times 100\%$$

利润质量高的公司的主营利润与营业利润的比率至少要大于80%,说明营业利润中的绝大部分利润是由主业创造的,这样的利润结构才是健康的,这样的利润才是可持续的。

6)分析营业外收入净额,进一步了解公司的利润质量

营业外收入净额主要分析与利润总额的比率。利润总额是公司在一段时期内获得的总成果。

$$利润总额 = 营业利润 + 营业外收入 - 营业外支出$$

$$营业外收入净额与利润总额比率 = \frac{营业外收入净额}{利润总额} \times 100\%$$

优秀公司的营业外收入净额与利润总额的比率一般都小于5%,越小越好。营业外收入净额与利润总额的比率大于5%的公司利润质量较差,使用净利润数据时最好把营业外收入净额从净利润中减掉。

7)分析净利润,了解公司的经营成果及含金量

净利润主要看规模和含金量,规模越大越好,含金量越高越好。净利润现金含量的计算公式为

$$净利润现金含量 = \frac{经营活动产生的现金流量净额}{净利润} \times 100\%$$

优秀的公司净利润现金含量会持续大于100%,说明净利润中基本都是现金,净利润的质量比较高,如果净利润现金含量<80%,则表明净利润中有部分不是现金,净利润质量比较低。

8)分析归母净利润,了解公司的整体盈利能力及持续性

在净利润下面有两个科目,一个是"归属母公司股东的净利润",一个是"少数股东损益"。"归属母公司股东的净利润"反映的是在母公司及其子公司的合并利润中,归属于母公司股东的那部分净利润。"少数股东损益"反映的是归属于子公司小股东们的那部分净利润。"归属母公司股东的净利润"除以"总股本",就得到了合并利润表中最后一项的每股收益。

归母净利润主要分析规模和增长率两方面。

①归母净利润的规模。

一般来说,归母净利润规模大的公司盈利能力更强。比如:归母净利润为20亿元的公司盈利能力要强于10亿元的公司。

②归母净利润的增长率。

归母净利润的增长率大于10%,说明公司的盈利能力不但强而且持续性较好。归母净利润规模较大但增长率小于0的公司,很可能意味公司已经处于衰落之中了,盈利能力的可持续性较差。

通过以上八步分析,可以对利润表有一个初步认识,如果想要更深入地了解公司,就必须要结合资产负债表和现金流量表一起分析。

接下来以佛山市海天调味食品股份有限公司 2020 年的财务报表为例,其利润表分析见表 13.8。

**表 13.8　海天调味 2020 年利润表分析**

| 指标 | 2020 年 | |
|---|---|---|
| 营业收入 | 营业收入规模:227.92 亿元 | 营业收入质量:124% |
| | 营业收入增长率:13.14% | 主业收入占营业收入的比率:94.91% |
| 毛利率 | 毛利率数值:46.39% | 毛利率波动幅度:46.39% − 45.44% = 0.95% |
| 期间费用率 | 11% | |
| 期间费用率与毛利率的比率 | 23% | |
| 销售费用 | 销售费用率:6% | 销售费用率变动趋势:6% − 10.93% = − 4.93% |
| 主营利润 | 主营利润率:33.08% | 主营利润与营业利润的比率:93.61% |
| | 主营利润规模:71.55 亿元 | |
| 营业外收入净额与利润总额的比率 | − 0.02% | |
| 净利润现金含量 | 108.45% | |
| 归母净利润 | 规模:64.03 亿元 | 增长率:19.61% |

①海天味业 2019 年和 2020 年的营业收入分别为 197.97 亿元和 227.92 亿元。营业收入的规模说明海天味业的实力还是非常强的。

②海天味业 2019 年和 2020 年的毛利率分别为 45.44% 和 46.39%,大于 40%,波动幅度为 0.95%,这说明海天味业的产品竞争力很强并且风险很小。

③海天味业 2019 年和 2020 年的期间费用率分别为 15.36% 和 11%,期间费用率与毛利率的比率分别为 33.8% 和 23%,小于 40%,说明海天味业的成本管控能力较强,并且费用控制能力得到提升。

④海天味业 2019 年和 2020 年的销售费用率分别为 10.93% 和 6%,小于 15%,说明海天味业的产品销售难度较小,销售风险也较小。海天味业的销售费用率在下降,这意味着海天味业产品的销售难度在下降,销售风险也在下降。

⑤海天味业 2019 年和 2020 年的主营利润分别为 57.53 亿元和 71.55 亿元,主营利润率分别为 29.06% 和 33.08%,主营利润与营业利润的比率分为 90.65% 和 90.18%。

⑥海天味业 2019 年和 2020 年的营业外收入净额分别为 − 0.02 亿元和 0.014 亿元,营业外收入净额与利润总额的比率分别为 − 0.03% 和 − 0.02%,远远小于 5%,可见海天味业的利润质量非常高。

⑦海天味业 2019 年和 2020 年的归母净利润分别为 53.53 亿元和 64.03 亿元,规模

大,说明海天味业的盈利能力强;海天味业 2020 年的归母净利润比 2019 年增长了 19.61%,说明海天味业的盈利能力持续性比较好。

# 13.4　现金流量表分析

现金流量表是反映一定时期内(如月度、季度或年度)企业经营活动、投资活动和筹资活动对其现金及现金等价物所产生影响的财务报表,反映了公司的现金流入和流出的具体情况。现金流量表同样分为合并现金流量表和母公司现金流量表。

现金流就是公司的血液,决定公司的生死存亡。长期亏损但现金流充足的公司可能会活得很久并且变得更强大,比如京东;利润良好但现金流暂时断裂的公司却会突然倒闭,比如曾经的巨人集团。

现金流量表的分析步骤如下:

1)通过经营活动产生的现金流量净额,分析公司的造血能力

经营活动产生的现金流量净额反映公司的造血能力。经营活动产生的现金流量净额主要看两点,一是大小;二是增长率。

(1)经营活动产生的现金流量净额的大小

经营活动产生的现金流量净额首先必须要大于 0,小于 0 的公司没有造血能力。其次经营活动产生的现金流量净额越大越好,金额越大,说明公司的造血能力越强。

(2)经营活动产生的现金流量净额的增长率

经营活动产生的现金流量净额的增长率要大于 0,如果小于 0 则意味公司的造血能力在下降,这预示着公司要走下坡路。

2)分析购建固定资产、无形资产和其他长期资产支付的现金,了解公司的增长潜力

购建固定资产、无形资产和其他长期资产支付的现金这个科目能反映公司未来的增长潜力。购建固定资产、无形资产和其他长期资产支付的现金主要看两点,一是与经营活动产生的现金流量净额的比率;二是能否带来销售商品、提供劳务收到的现金的增长。

①购建固定资产、无形资产和其他长期资产支付的现金与经营活动产生的现金流量净额的比率

购建固定资产、无形资产和其他长期资产支付的现金与经营活动产生的现金流量净额的合理比率为 3% ~ 60%,公司增长潜力较大并且风险相对较小。购建固定资产、无形资产和其他长期资产支付的现金与经营活动产生的现金流量净额的比率大于 100% 的公司太激进,风险较大;持续小于 3% 的公司成长太慢,回报较低。

②购建固定资产、无形资产和其他长期资产支付的现金能否带来销售商品、提供劳务收到的现金的增长

合理的投资支出要能带来销售商品、提供劳务收到的现金的增长。如果一家公司购建固定资产、无形资产和其他长期资产支付的现金比较多,但是销售商品、提供劳务收到的现金不增长,那么这家公司的风险比较大。

3)分析分配股利、利润或偿付利息支付的现金,了解公司的现金分红情况

分配股利、利润或偿付利息支付的现金科目反映公司每年的现金分红情况。分配股利、利润或偿付利息支付的现金重点看其与经营活动产生的现金流量净额的比率。

分配股利、利润或偿付利息支付的现金与经营活动产生的现金流量净额的比率 =

$$\frac{\text{分配股利、利润或偿付利息支付的现金}}{\text{经营活动产生的现金流量净额}} \times 100\%$$

优秀的公司每年的现金分红金额一般在经营活动产生的现金流量净额的 20% ~ 70%。低于 20% 的公司要么能力有问题,要么品质有问题。高于 70% 的公司,分红比例很难长期持续。

4)分析经营、投资、筹资活动产生的现金流量净额,了解公司所属的类型

将经营、投资、筹资三大活动产生的现金流量净额的正负现金流量进行排列组合,会出现八种不同的情况(表 13.9)。

表 13.9　经营、投资、筹资三大活动排列组合情况

| 类型 | 经营活动产生的现金流量净额 | 投资活动产生的现金流量净额 | 筹资活动产生的现金流量净额 |
|---|---|---|---|
| 1 | 负 | 正 | 正 |
| 2 | 负 | 负 | 正 |
| 3 | 负 | 正 | 负 |
| 4 | 负 | 负 | 负 |
| 5 | 正 | 正 | 正 |
| 6 | 正 | 负 | 正 |
| 7 | 正 | 正 | 负 |
| 8 | 正 | 负 | 负 |

①类型 1:"负正正"型。

公司经营活动产生的现金流量净额为负,说明公司主业经营亏损;投资活动产生的现金流量净额为正,说明公司在卖家当。筹资活动现金流量净额为正,说明公司在通过借钱或者股权融资筹钱,靠卖家当或者借钱度日。

②类型 2:"负负正"型。

公司经营活动产生的现金流量净额为负,说明公司主业经营亏损;投资活动产生的现金流量净额为负,说明公司还在继续投资。筹资活动现金流量净额为正,说明公司在通过借钱或者股权融资筹钱。

公司主业不赚钱,而且公司还在通过借钱继续投资。如果是处于创业期的公司这也

是正常现象,重点要通过公司的创始人、核心团队、商业模式等关键因素来分析公司的前景。在中国,创业期的公司是不能上市的,所以 A 股中这种类型的公司基本都是主业不行了,在尝试新项目的公司。这类公司的风险很大。

③类型 3:"负正负"型。

公司经营活动产生的现金流量净额为负,说明公司主业经营亏损;投资活动产生的现金流量净额为正,说明公司在卖家当。筹资活动现金流量净额为负,说明公司在还钱或分红,当然更可能是在还钱,即使是分红也是不能持续的。

④类型 4:"负负负"型。

公司经营活动产生的现金流量净额为负,说明公司主业经营亏损;投资活动产生的现金流量净额为负,说明公司还在继续投资。筹资活动现金流量净额为负,说明公司在还钱或分红。这种公司将在"货币资金"被消耗完以后土崩瓦解。

⑤类型 5:"正正正"型。

公司经营活动产生的现金流量净额为正,说明公司主业经营赚钱;投资活动产生的现金流量净额为正,说明公司在卖家当或有投资收益。筹资活动现金流量净额为正,说明公司在通过借钱或者股权融资筹钱。公司三大活动都带来现金流入,这种公司看起来好像很好,但是有点反常。一家主业赚钱又不对外投资的公司为什么要筹集资金呢？这种公司要么是马上要进行大规模对内或对外投资,要么就是在背地里干坏事。遇到这种类型的公司,我们一定要弄清楚公司近期是否有大规模的投资计划。如果没有,我们就可以认为这是一家在背地里干坏事的公司。

⑥类型 6:"正负正"型。

公司经营活动产生的现金流量净额为正,说明公司主业经营赚钱;投资活动产生的现金流量净额为负,说明公司正在对内或对外投资。筹资活动现金流量净额为正,说明公司在通过借钱或者股权融资筹钱。

这类公司把主业赚的钱都投到新项目中去了,但还不够,于是公司通过融资来投资。一般处于快速成长期的公司可能会出现这种情况。如果新项目顺利,公司将会获得快速的发展;如果新项目不顺利,投资出去的钱很可能无法收回。这种类型的公司风险和机会并存。

⑦类型 7:"正正负"型。

公司经营活动产生的现金流量净额为正,说明公司主业经营赚钱;投资活动产生的现金流量净额为正,说明公司在卖家当或有投资收益。筹资活动现金流量净额为负,说明公司在还钱或分红。

在经营活动产生的现金流量净额为正的情况下,公司卖家当的可能性还是比较小的,一般是投资收益。如果经营和投资带来的现金流入大于还债或分红带来的现金流出,公司的情况就是比较健康的。投资活动现金流净额为正,说明这类公司已经不再扩张,这种类型的公司一般处于成熟期,能带来稳定的现金流。

⑧类型 8:"正负负"型。

公司经营活动产生的现金流量净额为正,说明公司主业经营赚钱;投资活动产生的现金流量净额为负,说明公司在继续投资,公司处于扩张之中。筹资活动现金流量净额为负,说明公司在还钱或分红。

公司靠着主营业务赚的钱支持扩张的同时还在还钱或分红。如果经营活动产生的现金流量净额持续大于投资和筹资活动产生的现金净流出额,说明公司造血能力强大,靠自己就能实现扩张,这样的公司很有价值。当然如果经营活动产生的现金流量净额小于投资和筹资活动产生的现金净流出额,那么"正负负"型是没有办法持续的,后期很可能会变成"正负正"型。

优秀的公司一般都是"正负负"或"正正负"型。

5) 分析现金及现金等价物净增加额,了解公司的现金增长情况

现金及现金等价物净增加额主要看正负。现金及现金等价物净增加额大于0,公司才能积累更多的钱。公司所属的"正负负"或"正正负"类型才能持续保持。

优秀公司的现金及现金等价物净增加额一般都是大于0的。去掉现金分红后,现金及现金等价物的净增加额小于0的公司,风险较大。

6) 分析现金及现金等价物余额,了解公司的可用现金总额

现金及现金等价物余额反映公司手里有多少钱可以用。一般钱越多的公司,抗风险能力越强,进行现金分红的能力也越强。

通过以上六步,可以了解公司的现金流状况,如果想要更深入地了解公司,就必须要结合资产负债表和利润表进行分析(表13.10、表13.11)。

表 13.10　海天调味2020年现金流量表分析

| 指标 | 2020 年 | |
|---|---|---|
| 经营活动产生的现金流量净额 | 大小:6 950 432 014.98 | 增长率为5.83% |
| 购建固定资产、无形资产和其他长期资产支付的现金 | 购建固定资产、无形资产和其他长期资产支付的现金与经营活动产生的现金流量净额的比率为13% | 购建固定资产、无形资产和其他长期资产支付的现金能否带来销售商品、提供劳务收到的现金的增长率为13.95% |
| 现金分红、分配股利、利润或偿付利息支付的现金与经营活动产生的现金流量净额的比率 | 42% | |
| 经营、投资、筹资三大活动产生的现金流量净额的正负 | "正负负"型公司靠着主营业务赚的钱支持扩张的同时还在还钱或分红。考察本年公司经营活动产生的现金流量净额与投资和筹资活动产生的现金净流出额为2.08亿元,大于0,表明公司造血能力强大,靠自己就能实现扩张,公司很有价值,"正负负"型是可以持续的 | |
| 现金及现金等价物净增加额 | 20.82 亿元 | |
| 现金及现金等价物余额 | 155.17 亿元 | |

①海天味业2019年和2020年的经营活动产生的现金流量净额分别为65.68亿元和

69.5 亿元,增长率为 5.83%。金额都比较大,说明海天味业的造血能力比较强。增长率大于 0,说明海天味业的造血能力在增强。

②海天味业 2019 年和 2020 年的购建固定资产、无形资产和其他长期资产支付的现金金额分别为 5.83 亿元和 9.07 亿元,与经营活动产生的现金流量净额的比率分别为 8.89% 和 13%,处在合理范围。

③海天味业 2019 年到 2020 年的销售商品、提供劳务收到的现金分别为 234.58 亿元和 267.3 亿元,销售商品、提供劳务收到的现金在增长。表明海天味业购建固定资产、无形资产和其他长期资产支付的现金金额是合理的,海天味业未来的增长潜力较大并且风险较小。

④海天味业 2019 年和 2020 年分配股利、利润或偿付利息支付的现金分别为 26.47 亿元和 29.21 亿元,与经营活动产生的现金流量净额的比率分别为 40.3% 和 42.03%,这说明海天味业在这两年进行了大额的现金分红,并且分红的金额在合理范围之内,分红的长期可持续性较强。

表 13.11　海天味业经营、投资、筹资三大活动情况

单位:亿元

| 年份 | 经营活动现金流 | 投资活动现金流 | 筹资活动现金流 | 增加额 | 类型 |
|------|------|------|------|------|------|
| 2015 | 21.95 | −3.18 | −12.8 | 5.97 | 正负负 |
| 2016 | 40.74 | −17.58 | −16.35 | 6.81 | 正负负 |
| 2017 | 47.21 | −24.6 | −18.57 | 4.05 | 正负负 |
| 2018 | 59.96 | 1.69 | −23.13 | 38.52 | 正正负 |
| 2019 | 65.68 | 0.89 | −26.47 | 40.09 | 正正负 |
| 2020 | 69.50 | −19.21 | −29.49 | 20.82 | 正负负 |

①海天味业 2019 和 2020 两年的现金净增加额分别为 40.09 亿元和 20.82 亿元,大于 0,海天味业的现金及现金等价物在大幅增长中。

②现金及现金等价物余额反映公司手里有多少钱可以用。一般钱越多的公司,抗风险能力越强,进行现金分红的能力也越强。海天味业在 2020 年末有 155.17 亿元的可用现金,可见海天味业的实力很强。

# 13.5　财务报表综合分析

综合财务分析采用的方法主要是杜邦财务分析体系,杜邦财务分析体系的本质是企业为实现股东财富最大化的思路框架。净资产收益率是杜邦财务分析体系最核心的指标,反映了企业将资本所有者财富最大化作为首要财务目标。杜邦财务分析体系实现了企业财务目标与企业业务活动的有机结合。杜邦财务分析体系将企业财务目标与各环节、各领域的财务活动紧密相连,形成完整的分析指标体系。在杜邦财务分析体系中,净

资产收益率处于最高层次。杜邦财务分析体系明晰地表明了净资产收益率的决定因素，以及总资产净利率、销售净利率、总资产周转率和权益乘数之间的相互关系，给财务报表使用者提供了一张从不同层次考察公司盈利能力、营运能力和偿债能力以及如何最大化股东投资回报的路线图。杜邦财务分析体系不仅可以揭示关键财务比率之间的关系，而且可以揭示指标变动的原因和趋势，为采取措施指明方向，为不同类型的企业指出不同的"生财之道"。

净资产收益率＝净利润/所有者权益＝总资产净利率×权益乘数

＝净利润/销售收入×销售收入/资产总额×资产总额/所有者权益

＝销售净利率×总资产周转率×权益乘数

### 1）计算净资产收益率

净资产收益率的数据来自利润表的净利润和资产负债表的所有者权益，浓缩了利润表和资产负债表最关键的信息。净资产收益率是综合性较强的盈利能力指标，是杜邦财务分析的核心，这一指标反映投资者投入资本获利能力的高低，体现了企业的财务目标。

### 2）计算销售净利率

总资产净利率的数据来自利润表的净利润和资产负债表的资产总额，浓缩了利润表和资产负债表重要的信息。总资产净利率是影响净资产收益率的最重要因素，也是目前理论界和实务界所公认反映企业盈利能力的最重要指标。总资产净利率的高低相当程度上取决于企业的投资决策水平和日常成本控制能力。

### 3）计算总资产周转率

总资产周转率的数据来自利润表的销售收入和资产负债表的资产总额，浓缩了利润表和资产负债表重要的信息，是连接资产负债表和利润表的桥梁和纽带。总资产周转率是反映企业营运能力最重要的指标。要提高总资产周转率，必须增加销售收入，降低资产占用额，改善资产结构，提高资产使用效率。

### 4）计算权益乘数

权益乘数的数据来自资产负债表的资产总额和所有者权益，浓缩了资产负债表最重要的信息。权益乘数反映的是企业财务杠杆的利用程度和财务风险。权益乘数大，企业负债程度高，虽然会有较多的杠杆收益，但风险也高；反之权益乘数小，企业负债程度低，虽然杠杆收益较少，但相应所承担的风险也低。权益乘数是企业融资决策或者说最优资本结构决策的结果。企业需要在负债融资所带来的杠杆收益和财务风险之间进行权衡，选择合适的权益乘数。

### 5）杜邦分析法及其改进方法的计算

以海天味业2020年、2019年财务报表相关数据采用杜邦分析法计算（表13.12）。

表 13.12　海天味业传统杜邦分析主要财务指标及变动

| 主要财务比率 | 2020 年 | 2019 年 | 变动 |
|---|---|---|---|
| 权益净利率 | 31.78% | 32.27% | −0.49% |
| 权益乘数＝资产/所有者权益 | 134.60% | 135.25% | 0.00% |
| 资产净利率＝净利润/总资产 | 23.61% | 23..86% | −0.25% |
| 营业净利率＝净利润/营业收入 | 28.12% | 27.06% | 1.06% |
| 资产周转率＝营业收入/资产 | 83.97% | 88.19% | −4.22% |

由图 13.3 可知,海天味业 2020 年权益净利率为 31.78%,2019 年权益净利率为 32.78%,本年较上年略降低 0.49%,主要是资产净利率下降了 0.25%及资产周转率下降 4.22%共同作用所致,整体来说发展比较稳健。

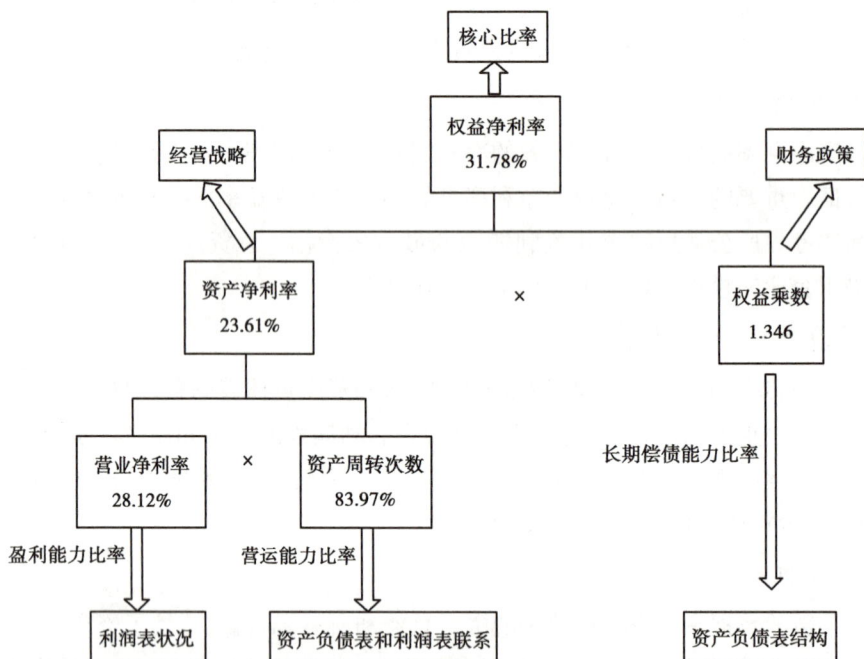

图 13.3　海天味业传统杜邦分析逻辑图

从企业经营战略来看,资产净利率本年和上年均在 23%左右,其中营业净利润两年均达到了 27%左右,而资产周转率也均小于 0.9,说明其使用的是"高周转高营利"的发展模式,具有较强的市场话语权。

而从财务政策来看,权益乘数指标接近 1.4,说明长期偿债能力较强,企业财务状态稳健,财务风险较小,属于典型的"经营型"企业。

鉴于传统杜邦分析体系存在"总资产"与净利润不匹配、未区分经营损益和金融损益、未区分有息负债和无息负债等诸多局限,故应基于改进的管理用财务报表重新设计财务分析体系。该体系的核心公式如下:

$$权益净利率 = \frac{税后经营净利润}{股东权益} - \frac{税后利息费用}{股东权益}$$

$$= \frac{税后经营净利润}{净经营资产} \times \frac{净经营资产}{股东权益} - \frac{税后利息费用}{净负债} \times \frac{净负债}{股东权益}$$

$$= \frac{税后经营净利润}{净经营资产} \times \left(1 + \frac{净负债}{股东权益}\right) - \frac{税后利息费用}{净负债} \times \frac{净负债}{股东权益}$$

$$= 净经营资产净利率 + (净经营资产净利率 - 税后净利率) \times 净财务杠杆$$

根据该公式,权益净利率的高低取决于三个驱动因素:净经营资产净利率(可进一步分解为税后经营净利率和净经营资产周转次数)、税后利息率和净财务杠杆。根据管理用财务报表,以海天味业2020年、2019年财务报表相关数据采用改进的杜邦分析法计算(表13.13)。

表13.13 海天味业改进杜邦分析主要财务指标及变动

| 主要财务比率 | 2020年 | 2019年 | 变动 |
|---|---|---|---|
| 1. 税后经营净利润(税后经营净利润/销售收入) | 17.74% | 16.18% | 1.56% |
| 2. 净经营资产周转次数(营业收入/净经营资产) | 1.5 | 1.7 | -0.2 |
| 3. =(1×2)净经营资产净利率(税后经营净利率/净经营资产) | 26.6% | 27.51% | -0.91% |
| 4. 税后利息率(税后利息费用/净负债) | 4.79% | 4.66% | 0.13% |
| 5. =(3-4)经营差异率(净经营资产净利率-税后利息率) | 21.81% | 22.85% | -1.04% |
| 6. 净财务杠杆(净负债/股东权益) | 24.63% | 22.8% | 1.83% |
| 7. =(5×6)杠杆贡献率(经营差异率×净财务杠杆) | 5.37% | 5.21% | 0.16% |
| 8. =(3+7)权益净利率(净经营资产净利率+杠杆贡献率) | 31.97% | 32.72% | -0.75% |

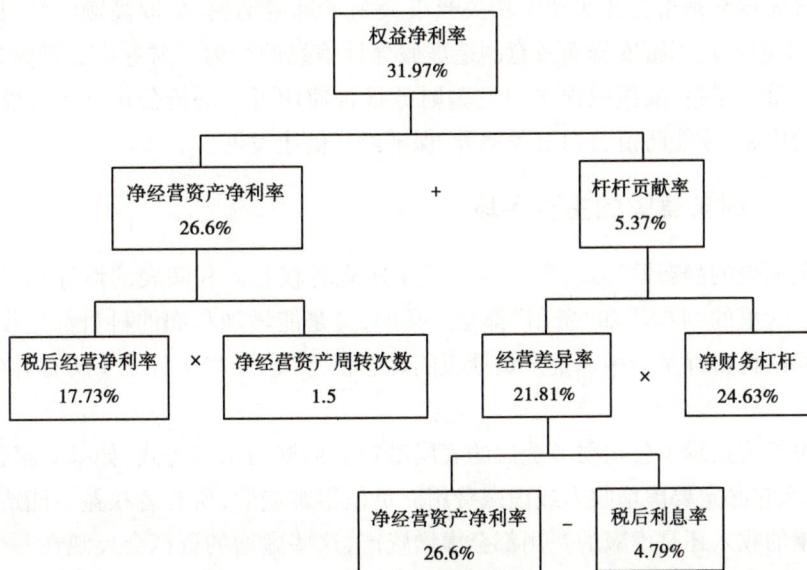

图13.4 海天味业改进杜邦分析逻辑图

①税后利息率的分析。

税后利息率的分析，需要使用报表附注的明细资料。2020 年税后利息率为 4.79%，比 2019 年上升了 0.13%，变化不大。

②经营差异率分析。

经营差异率是净经营资产净利率和税后利息率的差额，它表示每借入 1 元债务资本投资于净经营资产所产生的净收益偿还税后利息后的剩余部分。2020 年经营差异率下降了 1.04%，该剩余归股东享有部分较上一年有所下降。主要是净经营资产净利率下降 0.91% 及税后利息率上升 0.13% 共同作用所致。

经营差异率是衡量借款是否合理的重要依据之一。如果经营差异率为正，借款可以增加股东报酬；如果为负，借款会减少股东报酬。从增加股东报酬来看，净资产经营净利率是企业可以承担的借款税后利息率的上限。

③杠杆贡献率分析。

杠杆贡献率是经营差异率和净财务杠杆的乘积。如果经营差异率不能提高，是否可以进一步提高净财务杠杆呢？2020 年杠杆贡献率 5.37% 较上年上升 0.16%，主要是净财务杠杆上升导致的，以"净负债/股东权益"衡量的净财务杠杆，表示每 1 元权益资本配置的净负债。

④净经营资产净利率分析。

# 13.6 财务报表舞弊识别

财务报表舞弊是指会计活动中相关当事人为了逃避纳税、分取高额红利、提取秘密公积金等，事前经过周密安排而故意制造虚假会计信息的行为。财务报表舞弊是公司在财务报告中蓄意错报、漏报或误导以欺骗财务报告使用者。剖析公司财务舞弊的动因，制订有效的措施，才能防范公司财务舞弊，保证经济健康发展。

## 13.6.1 财务舞弊的主要手段

资产负债表的静态恒等式：资产 = 负债 + 所有者权益。利润表的恒等式：收入 − 费用 = 利润。这里的"收入"和"费用"都是广义的，凡是能增加利润的科目都是收入；凡是能减少利润的科目都是费用。资产负债表的动态恒等式：资产 = 负债 + 所有者权益 + 收入 − 费用。

动态恒等式揭示了公司财务造假的底层逻辑。根据动态恒等式，如果一家公司要虚增利润，那么它必定要虚增收入或虚减费用。负债很难造假，所有者权益不能造假，所以无论是虚增的收入还是虚减的费用都会虚增资产，这些虚增的资产会反映在一个或数个资产科目中，所以只要有财务造假行为，就一定会在资产负债表的资产科目中留下痕迹。

①虚构交易事实或掩饰交易。虚构交易事实的行为包括虚构销售对象、填制虚假发

票和出成单、在核算中混淆会计科目等,掩饰交易成事实的行为指对应该披露的重人事项,如委托理财、关联交易、诉讼、担保、大股东占用资金等,不予披露或不及时披露,造成投盗者利益受损。

②在会计核算上利用会计政策的可选择性,随意变更或者选择不恰当的会计政策和会计估计。如借款费用在建工程和财务费用之间分配不合理,把投资成本收回作为投资收益核算,不计提或少计提利息、折旧、减值准备,提前确认收入、推迟全占转成本或提前确认成本费用、推迟确认收入等行为。

③虚增公司资产价值。如将已经没有生产能力的设备、3 年以上的应收账款、质量残次的存货、超过受益分摊期限的待摊费用、待处理财产损失等长期挂账,不做核销或减值处理。

④在公司盈利预测中脱离实际,虚估可能的收入盈利水平。这样的行为有:运用不恰当的预测基础,过分乐观估计盈利前景;虚构未来交易;选用不恰当的盈利预测方法。

### 13.6.2　财务报表舞弊的识别

公司要虚增利润,要么虚减费用,要么虚增收入,要么同时进行,财务造假虚增利润有两种途径:一是虚增收入;二是虚减费用。虚增收入可分为两种,一种是不产生现金流的虚增收入,看起来很假的财务造假;一种是产生现金流的虚增收入,看起来很真的财务造假。财务造假虚减费用可以分为两种情况:一种是虚减现金费用;另一种是虚减非现金费用。虚减现金费用操作难度较大,虚减非现金费用是常常被采用的方法。

由于上市公司财务造假水平、财务造假预算、业务模式的不同,有的上市公司会选择第一种方式,有的上市公司会选择第二种。财务舞弊的分类如图 13.5 所示。

1) 不产生现金流的虚增收入

不产生现金流的虚增收入又可以分两种情况,一是虚增收入,不虚增货币资金;二是虚增收入,虚增货币资金。

(1)虚增收入,不虚增货币资金的财务造假

这种财务造假往往和关联公司签订购销合同,形成应收账款,通过虚增应收账款的方式虚增收入,虚增利润。因为增加的是应收账款,所以货币资金没有增加。这种造假相对比较容易识破,因为这种造假方式必定导致应收账款占总资产的比率异常高,比如大于 20%,甚至大于 30%。这种造假方式其实是低水平的造假方式,很容易被识破。

(2)虚增收入,同时虚增货币资金的财务造假

具体的手段有:利用营业收入造假伪造销售回款,虚增货币资金,伪造大额定期存单,财务不记账或虚假记账等。虚增货币资金指账面上增加了货币资金,但实际上银行账户里并没有这笔现金。采用这种方式造假的公司也是和关联公司签署购销合同,然后虚增货币资金科目里的金额而不是应收账款科目里的金额,这样通过财务报表就相对不容易被发现,但是这很容易被审计发现。因为银行里明明没有那么多钱,财报上却显示有那么多钱。

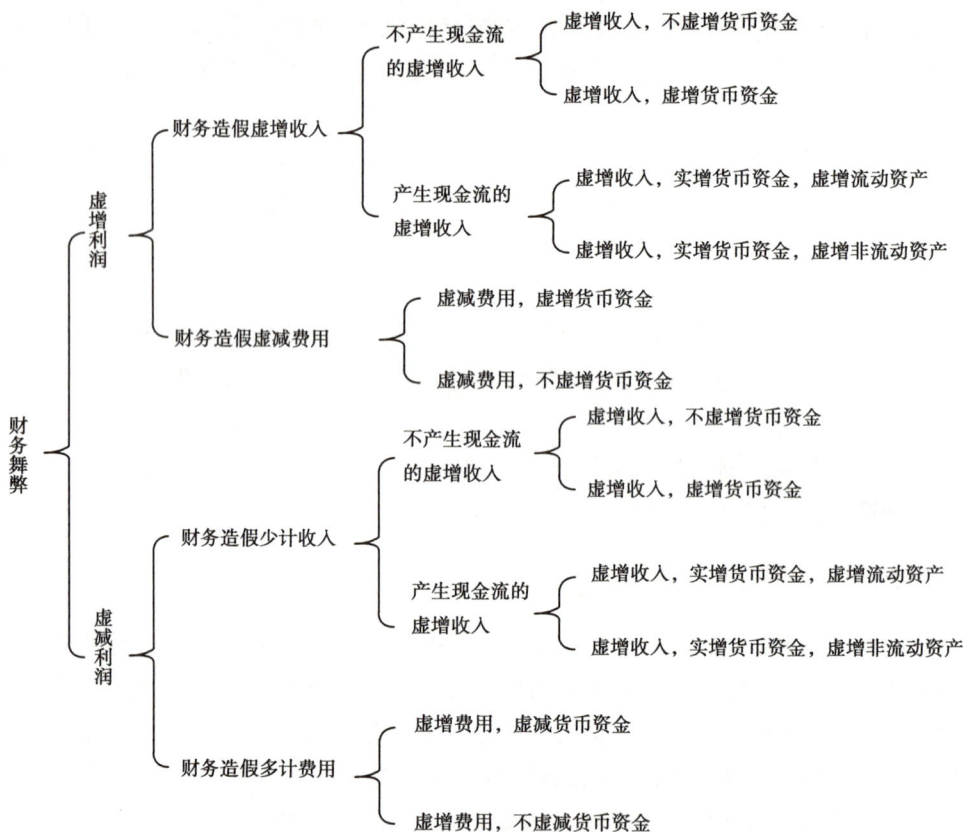

图 13.5　财务舞弊分类

通常情况下造假公司通过私刻印章、虚假回函、伪造存单、伪造流水等手段来骗过审计。其实货币资金造假依然是有迹可寻的，可以通过利息收入、利息支出及有息负债金额是否有异常来判断货币资金造假的可能性。如果货币资金是真的，每年的利息收入应该大于货币资金金额的 2.5%，如果每年的利息收入小于货币资金金额的 2%，则货币资金的真实性很可能有问题。另外还可以结合有息负债的金额和利息支出来看，如果一家公司账上有很多钱，但同时又有很多有息负债，每年需要支付高额利息，那么这家公司的货币资金很可能有问题。

**2) 产生现金流的虚增收入**

产生现金流的虚增收入又可分两种情况：一种是虚增收入，实增货币资金，虚增流动资产，比如预付款项、其他应收款等；一种是虚增收入，实增货币资金，虚增非流动资产，比如长期股权投资、固定资产、在建工程、无形资产等。

（1）虚增收入，实增货币资金，虚增流动资产的财务造假

通过虚增预付款项、其他应收款科目的金额把钱转到关联方公司，然后通过和关联公司签订购销合同形成"真实"的现金收入，真实增加货币资金。此类造假，很难通过经营活动产生的现金流量净额与净利润的匹配来判断，也就是说收现比和净现比都会

失效。

这种造假方式虽然比较高明,但是依然会在预付款项或其他应收款科目留下痕迹,这两个科目中的一个或两个科目金额会高度异常,占总资产的比率会很高,预付款项或其他应收款或(预付款项+其他应收款)占总资产的比率一般大于10%就意味着风险很高。

(2)虚增收入,实增货币资金,虚增非流动资产的财务造假

通过虚增在建工程、固定资产等科目的金额把钱转到关联方公司,然后通过和关联公司签订购销合同形成"真实"的现金收入,真实增加货币资金。这种造假方式比实增货币资金,虚增流动资产更高明。因为预付款项和其他应收款科目的异常还是比较容易发现的,而在建工程、固定资产科目的异常就相对不容易发现了。固定资产、在建工程本来金额就很大,需要持续投入大量资金,而且很难说清楚在建工程或者固定资产究竟值多少钱,所以这里就成了藏污纳垢的好地方。而且当在建工程转成固定资产之后,就可以通过折旧或减值来销毁证据。

财务造假的高手一般喜欢在非流动资产上造假,因为只要在造假的当年蒙混过去了,以后基本就没问题了。这种"一劳永逸"的造假方式不但节省精力,而且还不容易被发现,造假风险较小。但是依然会在固定资产、在建工程等科目留下痕迹。正常经营的公司固定资产或在建工程占总资产的比率是相对稳定的,如果在某段时间固定资产或在建工程占总资产的比率有大幅增长说明什么呢?要么真的是公司的业务在快速扩张,要么是公司在干坏事。

如果公司的业务真的是在快速增长,那么公司的产品一定会很畅销,应收账款和存货占总资产的比率都应该比较低才对。也就是说如果一家公司的应收账款占总资产的比率小于1%并且存货占总资产的比率小于10%,那么公司的固定资产或在建工程占总资产的比率可以增长较快。如果公司的产品不那么畅销,比如应收账款占总资产的比率大于5%或存货占总资产的比率大于15%,固定资产或在建工程占总资产的比率增长较快,那么固定资产或在建工程很可能有问题。

财务造假虚减费用可以分为两种情况,一种是虚减现金费用;一种是虚减非现金费用。虚减现金费用操作难度较大,虚减非现金费用是常常被采用的方法。

信用减值损失和资产减值损失这两个科目是非现金费用,如果公司想要虚减费用,不计提或少计提减值损失就可以了,这操作起来非常容易。因此"信用减值损失"和"资产减值损失"一定要和资产负债表中的相关科目联系起来看。如果资产负债表中的相关科目占总资产的比率比较小,"信用减值损失"和"资产减值损失"这两个科目的金额也很小,那么公司虚减费用的可能性也很小。如果资产负债表中的相关科目占总资产的比率比较大,"信用减值损失"和"资产减值损失"这两个科目的金额却很小,那么公司就存在虚减费用的可能。

例如,某上市公司2020年的资产减值损失计提了2.95亿元,而该公司2019年的总资产为513.32亿元,应收账款、存货、长期股权投资、固定资产、在建工程5个科目的金额

之和为 292.52 亿元，占了总资产的 56.99%，劣质资产在总资产中的占比明显比较高，而 2019 年计提的资产减值金额大概只有以上 5 个科目金额之和的 1%，资产减值损失明显计提不足，有虚减费用的嫌疑。到了 2020 年公司一次性计提了 37.56 亿元的资产减值损失，导致当年利润大幅亏损。

前期少计提，虚增利润，后期藏不住了一次性大额计提的行为也叫"洗大澡"。

毛利率还可以帮助识别公司是否存在财务造假。公司的毛利率一般都是比较稳定的，虽然随着公司产品竞争力的变化毛利率也会发生变化，但是毛利率的变化一般是稳定上升或稳定下降，不会有太大的波动。如果公司的毛利率波动较大，大幅高于行业平均水平，那么这家公司可能存在财务造假。如果公司的毛利率波动较大，大幅高于行业平均水平，并且应收账款或存货与总资产的比率大幅高于同行，那么该公司很可能存在财务造假。

| 本章思维导图 | 练习题 | 习题答案及解析 |

# 参考文献

[1] 中国注册会计师协会. 财务成本管理［M］. 北京：中国财政经济出版社，2021.

[2] 魏山水. CEO 的 7 堂财务管理课：从读懂财务报表到做好企业风险管控［M］. 北京：人民邮电出版社，2021.

[3] 刘亚莉. 管理者的财务必修课：透视企业经营，精准管理决策［M］. 北京：人民邮电出版社，2020.

[4] 孙伟航. 一本书读懂财务管理［M］. 杭州：浙江大学出版社，2020.

[5] 陈玉菁. 财务管理：实务与案例［M］. 4 版. 北京：中国人民大学出版社，2019.

[6] 杜勇. 财务管理［M］. 5 版. 北京：清华大学出版社，2019.

[7] 李建军. 世界 500 强企业财务管理制度·流程·表格·文本大全［M］. 上海：立信会计出版社，2019.

[8] 尤金 F. 布里格姆，乔尔 F. 休斯顿. 财务管理：原书第 14 版［M］. 张敦力，杨怏，赵纯详，等，译. 北京：机械工业出版社，2018.

[9] 王斌. 财务管理［M］. 北京：清华大学出版社，2019.

[10] 王明虎. 财务管理原理［M］. 3 版. 北京：机械工业出版社，2018.

[11] 张希玲，曾雄旺. 财务管理［M］. 2 版. 北京：中国农业大学出版社，2020.

[12] 杨森，匡祥琳，蒋薇薇. 财务管理［M］. 西安：西北工业大学出版社，2021.

[13] 程良友，徐伟. 财务管理学［M］. 北京：经济科学出版社，2021.

[14] 余伦芳. 会计学［M］. 北京：高等教育出版社，2020.

[15] 周光云，张毓华，郭颖. 财务管理［M］. 成都：电子科技大学出版社，2021.

[16] 张勋阁. 公司理财学［M］. 大连：东北财经大学出版社，2020.

[17] 樊聪. 财务管理［M］. 上海：立信会计出版社，2021.

[18] 段顺玲，李灿芳. 财务管理［M］. 北京：北京理工大学出版社，2020.

[19] 李君，苏浩. 财务管理学［M］. 成都：西南财经大学出版社，2021.

[20] 王化成，刘俊彦，荆新. 财务管理学［M］. 9 版. 北京：中国人民大学出版社，2021.

[21] 刘淑莲. 公司理财［M］. 3 版. 北京：北京大学出版社，2020.

[22] 任成枢. 财务思维：财务精英的进阶之道［M］. 天津：天津人民出版社，2020.

[23] 屠建清. 非财务经理的财务管理［M］. 北京：人民邮电出版社，2021.